本书为天津市哲学社会科学规划资助项目成果，项目名称为大数据背景下天津市中小学“大课间体育活动互联网+”建设研究，项目编号为 TJTY17-007

互联网+大课间体育活动设计与实践

孙爱华◎著

天津社会科学院出版社

图书在版编目（CIP）数据

互联网+大课间体育活动设计与实践 / 孙爱华著. --天津 : 天津社会科学院出版社, 2023.5
ISBN 978-7-5563-0886-6

Ⅰ. ①互… Ⅱ. ①孙… Ⅲ. ①体育课一课程设计一中小学 Ⅳ. ①G633.962

中国国家版本馆 CIP 数据核字(2023)第 099899 号

互联网+大课间体育活动设计与实践
HULIANWANG+ DAKEJIAN TIYU HUODONG SHEJI YU SHIJIAN
选题策划：柳 晔
责任编辑：柳 晔
责任校对：王 丽
装帧设计：高馨月
出版发行：天津社会科学院出版社
地　　址：天津市南开区迎水道 7 号
邮　　编：300191
电　　话：（022）23360165
印　　刷：北京建宏印刷有限公司
开　　本：787×1092 1/16
印　　张：16.5
字　　数：270 千字
版　　次：2023 年 5 月第 1 版 2023 年 5 月第 1 次印刷
定　　价：78.00 元

前　言

本研究构建的中小学“大课间体育活动+互联网”可以作为天津市中小学体育教学活动和大课间体育活动组织与应用，其中设计的不同学段大课间体育活动内容和模式，能够涵盖校园大课间体育活动开展的各个方面，提高了活动方案的科学性、有趣性、建构性和实施互联网+的可行性。大课间评价体系可作为工具和模板，对推动大课间体育活动内容创新和模式的更新迭代，推进大课间体育活动促学生健康发展的服务体系建设，全面贯彻《“健康中国2030”规划纲要》，学校体育事业可持续发展提供了理论依据和实践指导。

本书共分为四章：

第一章，介绍了大课间体育活动的由来、制约因素和育人功能，对体育运动在儿童青少年健康促进中的地位、作用与路径进行了深入分析，对新冠疫情期间天津市中小学体育活动现状进行了调查。

第二章，对大课间体育活动的内容进行了创新设计，特别是针对不同学段学生特点设计了丰富多彩、难度递进的内容，并以二维码的形式实现了“扫码立即看”。以羌族舞蹈为例全面详细地阐述了广播体操如何与民族民间内容相融合，如何创编出风格鲜明的校本特色内容。

第三章，围绕互联网+体育运动的发展与应用情况进行了梳理和总结。还对“天津智慧体育”体育类小程序与市民健身运动的融合；可穿戴设备的发展、功能、分类、交互影响以及积极因素和局限性因素；二维码与体育活动的融合分别进行了阐述。

第四章,通过对天津市中小学科学健身运动远程服务平台建设情况的梳理和提炼,精选编制了体质健康、身体形态评价、运动损伤防治、体育中考居家锻炼、体育游戏以及天体护眼操等内容。为学校和家长共同努力促进青少年体质健康和培养全面发展的人提供理论指导和实践参考。

本书通过以上四章,旨在设计构建一套基于大数据背景下中小学大课间体育活动互联网+的应用体系。具有较强的针对性和实用性,可供学校体育教师和管理者参考,也可供家长和学生参阅。尽管作者竭尽全力,但书中可能仍有不当或疏漏之处,敬请读者批评指正!

目 录

第一章　大课间体育活动的发展

第一节　我国大课间体育活动简介

一、大课间体育活动的由来

大课间体育活动最初是由课间操逐步演变而来，以广播体操为主的课间体育活动形式在我国学校体育执行了很久。由最初的15分钟逐步增加到60分钟，从学校体育的常规内容发展为具有独特功能和特色的大课间体育展示。全国各地有许多学校在结合本地民族传统的基础上，因地制宜实事求是地制定了大课间体育实施方案，并在实践和探索中不断完善、形成特色，例如校园篮球、校园排球、花样跳绳、二十四式简化太极拳、啦啦操等充满活力的项目。

二、制约大课间体育活动开展的因素

（一）学校领导的重视程度

学校领导重视体育，教师会被激发出责任感，学生们参加体育的积极性也易于被调动起来。如果领导不重视就容易出现应付了事的现象。那么重

视与否背后的原因是什么呢？一方面，有些学校领导、教师、家长认为分数是第一位的，时间有限，要将更多的时间用于涨分的学科课。“体育老师被生病”就会常常成为主课教师占用体育活动的理由；另一方面，领导如果“重文轻体”，育人观念被应试教育捆绑，也会出现“体育就是陪衬”的潜在导向。

（二）安全因素

体育活动本身难免会出现跌倒或损伤，由于教师担心学生在运动中受伤，害怕学生受伤后家长追究校方和教师责任，出现伤害事故后会带来意外人力、财力、物力的无底支出。这种情况就会给体育教师带来不小的担忧。再加之有关学生发生运动伤害事故的相关政策、保障、保险机制尚未建立健全，教育管理部门、学校领导在出现伤害事故之后难以获得合理的对待。

（三）学生学习的负担程度

虽然国家推出了“减负”的政策，但“学生负担”这个魔咒却是由明转暗，由教师转为家长，不但没有减下去，反而成几何级数增长。学生在学校学完回家还要学，做完老师布置的作业还要做家长布置的作业，双休假日补课由大班改小班，许多教育机构由正当式转为隐蔽式家教，甚至许多在校大学生也通过寒暑假做家教。学生自主、自由的时间非常有限，压力见增不见减，“减负”仍然任重而道远。

（四）体育活动内容是否丰富？活动组织形式是否多彩？

集体、统一的活动内容和活动模式是大多数学校大课间体育常年不变的项目，学生通常会感到单调无趣、枯燥无味，难以调动他们锻炼的积极性。没有了兴趣和乐趣，学生在体育活动中自然会出现动作松懈、应付了事的状态，锻炼效果也会大打折扣。传统的大课间体育活动开展的跑步、广播操练习，如果一直沿用老套路，没有新元素、新变化，学生就难以保持兴趣和主动参与。所以教师只有经常变化更新，才能满足学生的需要。

（五）场地器材设施是否有更好的保障

当前，我国中小学学校的体育器材老化、体育锻炼场地不充足的问题，仍然是困扰学校推动体育发展的重要因素，这样一来难以满足学生渴望参加各种各样体育活动的需要。体育器材使用率高、老化损坏的程度较大，即使有的学校资金实力雄厚，如果主管领导认为体育不能给学校带来直接的经济效益，那么对体育场地器材设施的投资就会非常有限，导致体育器材的损坏和报废不能及时维修保养，成为制约大课间体育活动开展的主要因素。

三、大课间体育活动内容

大课间体育活动内容主要由身体操练练习、轻器械练习、跑步和体能练习等内容组成。身体操化练习内容丰富多样，可以是传统的广播体操，也可以是有校本特色的校操，还可以是具有民族传统风格的主题广播操、健身操舞、啦啦操、有氧舞蹈等。轻器械练习内容种类非常丰富，比如借助哑铃、棋子、皮筋、花环、沙包、彩带、花球、绳梯等。跑步是最常见的一项身体锻炼活动。围绕体能练习的内容也非常多，如不同方向的跑、不同形式的跳等。

第二节　大课间体育活动的育人功能

一、育身功能

（一）培养正确的身体姿势

体育锻炼对培养学生正确的体态具有重要作用。教师通过讲解与传授，培养学生养成正确的坐、立、行姿势，并要求在以后的学习生活中养成习惯，同时还应该告诫学生不良的身体姿势，如坐时歪脖扭身、站时斜肩驼背、走时低头弓腰将会带来哪些危害。这些体态问题通过体育锻炼可以很好地预防或纠正,让祖国的花朵健康快乐成长。

(二)促进生长发育,提高身体机能水平

1. 对骨骼发育的促进。中小学生正值迅速生长发育的关键时期,每天定量的体育锻炼可以促进他们的生长发育。适当的体育锻炼既能改善血液循环,又可以使骨组织得到更多营养,促使骨骼增粗,骨密质增厚,运动会对骨骼起到一种机械的刺激作用,这对学生的身高有促进作用。运动时身体各大关节需要大幅度地运转,这会促进活动范围的增大,身体的灵活性也会随之得到锻炼。

2. 对心血管系统的促进。体育锻炼会使心跳加速,心脏每搏输出量增加。同时,运动后又会使安静时的心率逐渐徐缓下来,这些由运动引起的系列变化,都可提高心血管系统的机能。另外,对呼吸系统的良好影响表现在呼吸肌的功能加强、肺活量增加、安静时呼吸频率慢且呼吸深度加深,负氧债能力提高。

二、育心功能

有关"运动是良药"的相关研究发现,运动通常会发生两种健心功能。因此,通常学生走出教室,投入跑步、做操、跳舞、游戏等活动后,会促使精神的束缚感消除,诱发愉快的情绪,有效地促进心理健康。

(一)体验巅峰时刻,感受忘我自豪

"巅峰体验"是人本主义心理学派代表马斯洛定义的,他认为人们在日常工作、学习、运动或投身大自然时,经过不懈的努力,情绪越来越饱满、高涨,能感受到一种奇妙的、着迷的、忘我的、自豪的与外部世界融为一体的幸福感。

例如,在激烈的跳高比赛中,随着横杆高度的升高,参赛者既是跟对手竞争,又是跟自己比拼,当越过新高度刷出自己的最好成绩,或是获得最终的胜

利时，自豪感和荣誉感会瞬间爆升。运动比赛也会使参赛者更加自信、乐观、活跃，事后会获得情绪的放松和满足。同时也会诱发更加自律的态度，以更高的标准进行自我管理，其包括时间管理、情绪管理和饮食起居管理等。

（二）培育同理心，强化换位思考

在某些具有肢体接触特点的集体运动项目（足球、篮球）中，发生身体的碰撞是常见事，甚至有些碰撞会造成身体的损伤。这时，参与运动的学生可能会面临“是我把他弄伤了”“如果我被对方伤害会怎么办？”等这样的顾虑这会使学生默默地思考，有意识地做出犯规动作和攻击性行为后产生的后果，从而减少这样的不良行为。同理心的培育既是体育锻炼中常见的心理教导内容，又是共情、共感的重要育心功能。

三、育美功能

（一）增进活力美

体育锻炼可以增进学生的活力美，如明亮的眼睛、良好的肤色、充沛的精力、充沛的活力，焕发朝气蓬勃的生命力，让他们以饱满的精神、活跃的状态投入学习和生活。

（二）塑造体形美

体育锻炼可以塑造中小学生优美的肌肉线条、美化身形，去除多余的脂肪、增进健康。对女生来说，体育锻炼可以塑造苗条的体型，并且具有区别于男生所特有的轮廓线条，男生可通过运动能造就魁梧的身材，尽显阳刚之气。

（三）养成姿态美

姿态美主要是指人在坐、立、走、跑等基本活动时体现出的某种身体姿势。例如身体中正、挺拔。另外良好的坐、立、走、跑的姿态也是社会生活中的礼仪要求之一，在社会交往中可以呈现出良好的风度。在当今社会生活中，不管是工作、应酬、日常交际都要注意个人形象，所谓个人形象不仅指一个人的外表或者是容貌，究其外在而言，除了要注意个人外表、衣着合适与否、精神状态之外，在交往中还应做到行为举止合适得体，一举一动、一颦一笑都要体现出优美的姿态，这样会使人际交往更加顺利，也会给别人留下良好的印象。可见，身体姿态美对我们气质的形成是多么重要，需要我们从小培养。

（四）规范动作美

动作美要求学生从小要有正确、端正的行走动作，不同的举步形态，给人以不同的美感。跑动的时候双臂要放松配合脚步协调摆动，僵硬的夹臂动作给人以不舒服的感觉；脚下矫健的步伐会给人一种健康活力感，而歪斜松散的步伐则给人以丑陋、懒散、不认真的印象。此外，身体动作美还要求在做动作时必须灵活、敏捷、从容，尤其对一些具有艺术美感的运动项目，如果动作迟缓或者拖泥带水，都不能展现出动作的美，动作敏捷、轻盈、从容、具有节奏能带给别人轻柔、优雅的美感，彰显出练习者的美。特别是在体操锻炼时，老师会强调动作姿态和动作规范，例如做动作时要求脚离地就要绷脚尖，腿部、躯干、手臂、头部都需要有意识地控制和用力。要想做到动作具有美感其实并不简单，需要不断强化锻炼才能展现出令人赏心悦目的动作。而通过大课间体育活动，在体育教师的指导下，学生多加练习后都可以做出规范、优美的动作，有效培养中小学生的身体动作美。

第三节　体育运动在儿童青少年健康促进中的地位、作用与路径

儿童青少年的健康发展是世界各国及社会组织共同关注的热点问题。然而当下，由于科技的进步和交通的便利，带来了学习和生活方式的大变革，导致的久坐行为和身体活动不足已成为心血管疾病、癌症和糖尿病等慢性非

传染性疾病的重要风险因素之一,也给儿童青少年的健康促进带来了一系列困难和挑战①。身体活动不足已被世界卫生组织列为全球第四大死亡风险因素②。在我国,有 80% 以上的儿童青少年每天中等到大强度身体活动不足 1 小时③。由于身体活动不足导致的一系列健康问题引起了国家及社会的高度关注。对儿童青少年来说,身体活动的内容和途径主要是参加体育运动。可以说,提高他们的体育运动水平,促进其身体健康,既是贯彻落实“健康中国”战略和“体育强国”建设的重要举措,也是积极回应社会各界关注的现实问题,更是事关国家和民族未来发展的长远问题④。因此,探讨儿童青少年时期体育的重要地位、价值作用和路径是非常必要的。

一、体育运动的本质与功能

体育运动经历了从玩耍—游戏—运动—竞技—赛事等逐步演进的历程,甚至包括从祭坛到奥运圣火的脱胎换骨的发展。关于体育运动概念和本质的争论与演化,始终没有统一的定论。体育、运动是外来词汇 P. E、Sport 翻译而来,体育(P. E)是个人以身体活动(PA)为基本手段,获得身体知识、运动技能和对健康的态度,促进身体发展和幸福感的教育过程;运动(Sport)是个人或团体进行的不同层次的具有高度规则性和竞争性的身体活动(PA),旨在获得奖励和享受的娱乐活动,如奥运会、亚运会、NBA 等⑤。应该说从胎儿的第一次胎动开始,身体活动就进入了锻炼和发展过程。身体活动是产生一切体育和运动的源头,也就是说体育和运动二者同根同源,是人类对身体

---

① 共建健康中国 共享发展福祉[N]. 中国人口报,2016-8-22(001).

② WHO. Global Strategy on diet, physical activity & health [EB/OL]. (2018-09-22) [2020-04-10]. http:www. Who. Int /diephysicalactivity / Pa / en.

③ WHO. Global Strategy on diet, physical activity & health [EB/OL]. (2018-09-22) [2020-04-10]. http:www. Who. Int /diephysicalactivity / Pa / en.

④ 汪晓赞,杨燕国,孔琳等. 中国儿童青少年体育健康促进发展战略研究[J]. 成都体育学院学报,2020,46(03):6-12.

⑤ 齐娜. 从欧美体育文献中 P. E 和 Sport 的使用探究 P. E、Sport 的本意及关联[D]. 广西师范大学,2019:1.

活动多元价值取向的追求促成了体育运动具有丰富多样的意义，使其有着千丝万缕的关联。我们为了获得人类自然属性的身体活动能力，需要对自身各大生物结构系统进行不同强度的刺激，并且掌握各类身体活动技能。如下肢只有会站、会走才能发展跑、跳的技能；上肢只有会抓握、屈伸，举落才能发展投掷、悬垂、支撑的技能；躯干只有会屈伸才能发展扭转、翻滚的技能等。伴随着各种运动能力的发展，在丰富多样、更具挑战的体育运动过程中，人不仅得到了生理需求的满足，心理需求也获得了诸多满足，这体现在健康感、自由感、成功感和幸福感的体验中。当然，体育运动带来的心理体验并不全是积极的，也包括无奈、挫败、失望、紧张、恐惧，甚至是愤怒与绝望，但这些负面的心理体验往往又能在进一步地锻炼中使人获得勇敢、坚毅、顽强、拼搏等精神品质。这些特有的属性决定了体育运动的本质，也决定了体育运动的功能。儿童青少年的健康促进不仅是国家的使命，更是学校、家庭和个人责无旁贷的重要任务。

二、儿童青少年体育健康促进的内涵

世界卫生组织（WHO）将健康定义为健康不但是没有身体缺陷和疾病，还要有完整的生理、心理状况和社会适应能力。之后，WHO又对健康促进定义为运用行政或组织手段，广泛协调社会各相关部门以及社区、家庭和个人，使其履行各自对健康的责任，共同维护和促进健康的一种社会行为和社会战略①。虽然体育健康促进的概念目前还没有形成统一的概念界定，但许多研究已表明，体育运动是健康促进的有效干预手段，通过科学的运动干预能促进个体的健康水平，达到健康促进的目的。汪晓赞教授认为，体育健康促进是通过各种科学合理的、系统规范的、以体育运动为载体的社会行为和生活方式，有效提高人们的身体活动水平，达到强身健体、预防疾病、改善生活质

① WHO. *Ottawa Charter for Health Promotion First International Conference on Health Promotion*[C]. Health & WelfareCanada / canadian Public Health Association, 1986. 77(6):425.

量的目的[①]。因此,儿童青少年的健康需要引起国家、学校和家庭的高度重视,加大提高体育供给水平,才能使他们认识到体育是伴随自身生命健康成长必不可少的“营养素”和“供给源”。当这一认知根植于学生头脑,学校内外(职能部门)、体育课内外(体育教师和教练)、家庭(家长和成员)通过各司其职与共同推动,合理地安排体育运动时段,科学系统地进行体育健康教育,长期持续地进行体育锻炼,定期进行健康发展水平监测,最终实现儿童青少年的健康促进。

三、体育运动在儿童青少年健康促进中的地位与价值

体育作为“健康中国”战略的重要组成部分,其终极价值是“全人教育”。体育的目的是让孩子的身心都得到健康成长并能够受益终身。虽然疾病和虚弱使人无法参加体育活动,但科学的运动不但能使虚弱的人变得强壮,让某些疾病得到改善或痊愈,甚至能够促进儿童大脑的发育与塑造,提升学业表现。陈爱国等学者揭示了,通过短时中等强度有氧运动可增加儿童静息状态下脑功能局部一致性,改善脑的可塑性和提高儿童执行功能[②]。要想获得这些好处,需要每周 5 天,每天进行 20 分钟至 60 分钟的有氧运动才能促进脑的健康,实现提高认知和脑储备的积极作用。体育锻炼通过降低负面情绪、增强同学间的互动、促进同学的积极行为、增强自信心等 4 种渠道提升青少年学业表现,每天坚持合适剂量的运动对青少年学业表现的促进效应是最优的[③]。其原理是经常进行体育锻炼能促进大脑能量物质与氧气的充足供应,使脑神经细胞得到良好的发育,使大脑神经系统的结构和功能获得改善和提高。运动不仅能促进头脑活跃、精力充沛,也能够提升专注力,使学习效

---

① 汪晓赞,杨燕国,孔琳等. 中国儿童青少年体育健康促进发展战略研究[J]. 成都体育学院学报,2020,46(03):6-12.

② 陈爱国,朱丽娜,王鑫等. 短时中等强度有氧运动对儿童脑的可塑性影响:来自脑功能局部一致性的证据[J]. 体育科学,2015,35(8):24-29.

③ 张云亮,柳建坤,何晓斌. 体育锻炼对青少年学业表现的影响及其中介机制——基于中国教育追踪调查的实证分析[J]. 上海体育学院学报,2021,45(01):29-39.

率增加的同时，体验专注带来的内在愉悦感。2021 年全国新高考 I 卷，毛泽东的《体育之研究》成为语文作文的阅读材料，可见，今天人们对加强体育运动的呐喊是如此之强烈。新时代的"体育强、中国强、少年强、中国强"的体育价值新判断，也凸显出体育运动在儿童青少年健康促进中的重要地位。

四、体育运动对儿童青少年身体、心理与意志品质的促进作用

众所周知体育运动有增强体质、健全心理、锤炼意志的作用。但体质如何增强？心理如何健全？意志如何锤炼？尚需进一步探讨。

（一）体育运动是促进儿童青少年身体健康的"基础疫苗"

0 至 3 岁是视觉、动觉、触觉、知觉整合的关键时期，也是人一生非自主性动作（如条件反射和印记）和自主性基本动作（如走、跑、跳、投和击打）发展的关键期，是人一生身体活动的基础。进入儿童期和青春期的孩子在人体结构、体重等方面，以及各项身体素质的发展变化进入分水岭，这两个阶段的体育运动对孩子的影响是巨大的。而长期不运动会给健康带来一些隐患，如器官机能下降、血液循环变慢、新陈代谢降低、肥胖等，由此会引发心血管疾病、糖尿病、癌症等，是过早死亡的主要风险因素之一。而通过运动可以减少炎症反应，改善血管内皮功能、线粒体功能来增加心肌细胞的活性。从心血管影响因素来说，运动能促进脂蛋白活性，提高高密度脂蛋白含量，改善胰岛素受体功能，降低胰岛素抵抗，减少血小板聚集来降低血压①。对呼吸系统来说，有氧运动可以改善呼吸机能状态，促进免疫因子的活化并增加新陈代谢，从而提高免疫功能，抵御外界致病体的侵害。对骨骼肌系统来说，运动能够阻断因久坐导致的肌肉萎缩，缓解筋膜黏连僵硬导致的疼痛，增强肌肉力量和弹性。研究表明 60%THR 运动强度、36%～74%运动密度的运动负荷是

---

① 贾丽晔，郭琪，王鹏程等，运动疗法对心血管疾病患者的影响和作用机理研究进展[J]. 中国康复理论与实践，2016，22(09)1041-1044.

维持身体基本运动能力的最小阈值，55%～74%的运动密度是引起 BMI 下降的最小阈值，75%以上运动密度是健康促进效应和提高运动能力的价值阈[①]。另外，针对青少年近视问题，研究发现户外运动、球类运动、跑步、柔道、太极拳等运动项目均有良好的改善作用。这是由于球类运动速度快、方向变化多，练习者的眼睛要密切追踪球的运动轨迹以做出判断。因此，对眼睛屈光度的调节、睫状肌的收缩机能都能得到增强，眼睛的神经反应能力和血液代谢会得到提高，可有效消除视疲劳[②]，从而预防或缓解近视问题。可见，体育运动对身体的积极作用非常多。虽然现代医疗手段和药物能够治疗许多疾病，但体育运动却能预防许多疾病的发生。因此，从科学的健康角度来说，预防远比治疗更重要，运动既是“良医”也是“良药”，其安全性高、易获取是非常有效的基础性“疫苗”。

（二）体育运动是促进儿童青少年心理健康的“催化剂”

2017 年世界卫生组织的报告显示，抑郁症已成为人类致残的首要且独立因素，中国的患病人数已超过 5400 万，位列疾病负担的第二位[③]。这令人心惊的数据背后，还伴随着一桩桩青少年极端事件。与之相比，体育从业者或是热爱体育运动的孩子却鲜少患有抑郁症。詹姆斯·布鲁门萨尔是杜克大学的一位神经系统科学家，致力于抑郁症的研究。他的一项实验结果表明，用运动的方法治疗抑郁症与通过药物手段治疗的效果几乎完全相同，且运动治疗的复发率大大低于药物治疗的复发率。体育活动与心理健康之间存在非常显著的相关性，体育活动量越大，心理健康量表得分越低[④]。疫情

---

① 蔡瑞金，季浏，尹杰等. 运动密度对青少年运动能耗与体质健康的影响[J]. 上海体育学院学报，2019，43(1)：93-102.

② 吴菊花，蔺海旗，林文弢. 运动干预影响儿童青少年近视发生发展的研究述评[J]. 哈尔滨体育学院学报，2020，38(03)9-13.

③ World Health Organization. Depression and other common mentaldisorders：global health estimates [R/OL]. (2017-1-3)[2020-6] https：//www. who. nt/publications-detail/depres-sion-global-health-estimates.

④ 沈裕泰. 大学生体育活动量与心理健康的关系研究——以扬州大学广陵学院为例[J]. 体育科技文献通报，2020，28(11)：54-56.

期间选择“运动”作为释压宣泄方式的学生健康状态得分最高①。那么,运动是怎样发挥了这样的作用呢？运动促使大脑中神经化学物质多巴胺的分泌,产生愉悦的情绪使心理放松,进而消除心理疲劳感,缓解压力。运动能重塑大脑海马的结构与功能,改善情绪、增强记忆,对促进个体心理健康具有重要意义②。可见,体育运动引发的身体内部产生的一系列生理生化反应,能促进消极负面情绪的宣泄,释放心理压力,激发积极心理情绪,从而锻炼情绪调节能力和自我效能感,增加心理的柔韧性。所以,体育运动是促进孩子心理健康的“催化剂”。如果爱孩子,就让他运动吧。

(三)体育运动是锤炼儿童青少年意志品质的“发酵场”

意志是人自觉地确定目的,并根据目的调节支配自身的行动、克服困难、去实现预定目标的心理过程③。意志品质是个体在成长过程中与环境和各种条件相互作用下形成的能动的自我调节消极与积极情绪的心理能力。意志品质体现在:目的性、独立性、果断性、勇敢性、坚韧性、自制性、自觉性、自信心等8个维度④。意志力的强弱对人的生存和全面发展具有重要的影响。提高意志品质不仅需要教育,更需要在运动实践中进行锤炼。那么,运动是如何锤炼意志的呢？运动是自主发起的行动,运动员明白练习的目的和意义,无论是学习技术、体能训练还是参加比赛,是在挑战—失败—成功—再挑战—再失败—再成功中循环往复,螺旋上升或下降。运动员通过听取改进意见,积极纠正错误,坚定不疑的执行决定,忍耐这一过程中的疲劳和疼痛,不断克服外部困难,调节内心情绪,承受考验;在教育、激励和鞭策中遇强不怯,

① 谭文星,黎年茂,阳亚等.健康中国背景下学生健康与释压方式的关联性[J].中国健康心理学杂志,2021,29(09):1416-1420.

② 满晓霞,魏高峡.运动重塑大脑海马:来自神经科学的研究证据与发展展望[J].武汉体育学院学报,2021,55(04):74-81.

③ 尚晓东.论“意志”概念的不适宜性及“意向”系统的构建[J].宁夏大学学报(人文社会科学版),2002,(01):99-101.

④ 翟向阳,魏玉龙.意志品质训练诱发大学生脑功能的正向反应效应[J].中国学校卫生,2013,34(10):1195-1197.

遇弱不怠，胜不骄，败不馁；在汗水、泪水和血水的熔炉中获得意志品质的锤炼。是体育运动为孩子创造了处理挫折、感受成功的机会，教给孩子怎样树立目标、怎样忍受煎熬、怎样战胜困难、怎样控制情绪、竭尽所能直到成功。因此，若要塑造栋梁之材，就让他去运动场中发酵升华吧。

五、儿童青少年体育运动锻炼路径

儿童青少年体育运动锻炼路径的构建和完善离不开国家的政策导向、家庭体育的扎实奠基、学校体育的全面培养、社区体育的联动支持和社会体育俱乐部的协同发展。

“体教融合”政策的出台给儿童青少年体育带来了新的机遇，加大宣传体育能促进智力发展，使文化学习与体育锻炼协同共进，培养体育锻炼习惯与健康的生活方式，形成全社会将体育作为教育重要组成部分的认知。

家长是孩子的第一任老师，家庭是孩子的第一所学校，家庭体育是孩子终身进行体育锻炼的奠基石。但目前有些家长的体育素养普遍薄弱，家长不爱运动导致的家庭体育原生动力欠缺的问题急需扭转。家庭为孩子创造了运动环境，陪伴孩子参与体育活动是不能缺失的重要路径。

学校体育责无旁贷肩负了青少年健康促进的重要使命。开齐开足高质量的体育与健康课，是体教融合背景下推进学校体育“学会、勤练、常赛”一体化模式的基本保障。设计组织好大课间体育活动是“每天运动 1 小时”的重要保障。体育社团的丰富和课后校队的强化训练都是学校体育的重要抓手。

开设社区体育活动中心，像菜市场一样成为社区服务保障的“标配”，才能使体育回归生活。科学合理地管控社会体育俱乐部的发展，使其成为青少年体育锻炼的重要补充。

生命在于运动。体育运动更要发挥“基础疫苗”的作用促进孩子的身体健康，发挥“催化剂”的作用，促进学生心理健康，发挥“发酵场”的作用锤炼青少年意志品质。政策的导向与落地、家长的引领与陪伴、学校的保障与强化、社区社会组织的配置与补充是通往儿童青少年健康的重要路径。

第四节　新冠疫情期间天津市大中小学体育活动现状调查

一、参与调查人员的基本情况分析

2020 年初我国爆发新冠疫情，许多大中小学教育教学活动受到了不同程度的影响，天津也不例外。2022 年我们针对天津市大中小学体育活动情况进行了调查。调查涵盖了天津市和平区、滨海新区、河西区、河东区、河北区、西青区、南开区、蓟州区、红桥区共九个辖区，48 所大中小学，114 名教师和 724 名学生。

表 1-1　调查学校层次分布情况（N=48）

学校层次	小计	占比(%)
小学	14	29.17%
中学	32	66.67%
大学	2	4.16%

表 1-2　调查教师基本情况（N=114）

序号	题目	选项	小计	占比(%)
1	学校人数	小学	47	41.23%
		中学	65	57.01%
		大学	2	1.76%
2	性别	男	48	42.11%
		女	66	57.89%
3	职称	初级	48	42.11%
		中级	45	39.47%
		高级	21	18.42%

续表

序号	题目	选项	小计	占比(%)
4	执教学段	特级	0	0
		小学	49	42.98%
		初中	47	41.23%
		高中	18	15.79%

从表1-1和表1-2可知,参与教师调查的以中学教师居多,占66.67%,其次是小学占29.17%。其中天津市和平区中心小学17人,天津港保税区空港学校10人,天津市第一中学8人,天津市第十九中学8人,天津市河西区中心小学7人,天津市汇文中学6人,天津市耀华中学5人,天津市蓟州区西龙虎峪镇初级中学5人,蓟州区出头岭镇龙泉中心小学3人,天津市汇森中学、和平小学、天津市河东区田庄中学、天津市梅江中学、天津师范大学南开附属小学、天津市第五中学、天津市滨海新区大港第十中学、逸阳梅江湾国际学校、天津市滨海新区塘沽第六中学、天津市蓟州区下营镇初级中学、天津市第五十五中学、天津市第十九中学、天津市第二十中学、天津市滨海新区大港第三中学、天津理工大学、北师大天津附属中学、天津市塘沽第一职业中等专业学校、天津市第四十七中学、燕各庄中心小学、龙泉小学、天津市第四中学、衡水一中、天津市滨海新区大港第三中学、贾小、西青体校、大冯中心小学、藏山庄中心小学、天津市佟楼中学、南蔡村中学、天津市第一轻工业学院、天津市益中学校、天津市滨海新区云山道学校各1人。参与调查的男老师为42.11%,女老师为57.89%,职称的分布分别为初级42.11%、中级39.47%、高级18.42%(表1-2),执教学段为小学42.98%、初中41.23%、高中15.79%。从数据结果看参与本次调查的教师性别比例比较均衡,职称的分布也较为合理。

表1-3 学生所在学校层次分布情况(N=13)

学校层次	小计	占比(%)
小学	4	30.77%

续表

学校层次	小计	占比(%)
中学	8	61.53%
大学	1	7.7%

表 1-4 学生基本情况(N=737)

序号	题目	选项	小计	占比(%)
1	学校人数	小学	630	85.48%
		中学	104	13.97%
		大学	4	0.55%
2	性别	男	396	53.73%
		女	341	46.27%

从表 1-3 和 1-4 可知,参与学生调查的学校数以中学较多,学生人数则是小学多。其中小学有和平中心小学 574 人,南开中心小学 12 人,河西区中心小学 38 人,空港小学 6 人,中学有天津港保税区空港学校 49 人,第十九中学 39 人,天津市第一中学 7 人,天津二十中学 4 人,耀华中学 2 人,天津三中、汇森中学、新华中学各一人,大学有天津体育学院 4 人。从学生的性别比例来看男生占 53.73%,女生占 46.27%,比例较为均衡。

二、疫情期间学校教师提供在线体育课的情况分析

新冠疫情前我国各大中小学几乎未经历过长时间大面积的线上教学,体育更是如此。从传统的线下面对面的体育课改为线上体育课程,给学生和老师带来了诸多困难和不适。中华人民共和国教育部和各省市教育部门都发出了要利用网络平台,做到“停课不停学”,开启“互联网+体育”的模式,该模式强有力地打破了传统大课间体育活动模式。笔者针对疫情期间学校和教师提供在线体育课的情况进行了调查。

针对是否提供了在线体育课教师和学生的数据结果基本一致。教师喜

欢直播的 30. 7%，喜欢录课的 28. 95%，喜欢健身 APP 打卡的 27. 19%，这三种模式几乎平分秋色。而学生喜欢录课的则占了七成多，录播 21. 03%，健身 APP 打卡 18. 59%，说明有更多学生喜欢跟着老师录好的课进行体育锻炼。

三、疫情期间师生进行线上体育锻炼的情况分析

体育课不同于文化课，文化课是通过认知、理解和思考练习来完成学习，而体育除了需要认知、理解和思考外，更重要的是通过身体全面的活动、协调运作和同伴配合来完成运动和锻炼。一旦缺少了场地、空间、器材、同伴，许多运动就会受到制约，难以实现体育运动应有的作用。受新冠疫情影响学校实施线上体育运动到底进行得如何？为此，课题组对疫情期间天津市中小学居家体育锻炼情况开展了调查，并设计了调查问卷。问卷的制定遵循体育科研方法原则和社会调查方法原则。通过微信群以及教师宣传向天津市部分中小学的师生发放，其中发放教师卷 120 份，回收有效问卷 114 份，有效率达 95%；发放学生卷 800 份，回收有效问卷 737 份，有效率达 92%。随后对问卷进行梳理，对数据进行了数理统计分析。

表 1-5 疫情期间教师实施线上体育教学的情况(N=114)

序号	题目	选项	小计	占比(%)
1	停课时间	1 个月	45	39. 48%
		2 个月	38	33. 33%
		3 个月	25	21. 93%
		一学期	6	5. 26%
2	带领锻炼次数	1~3 次	67	58. 77%
		4~6 次	35	30. 7%
		7~9 次	4	3. 51%
		10 次及以上	8	7. 02%
3	上课地点	家中	109	95. 61%
		学校办公室	4	3. 51%
		学校操场	1	0. 88%

续表

序号	题目	选项	小计	占比(%)
4	锻炼效果	非常好	16	14.03%
		比较好	33	28.95%
		一般	48	42.11%
		不太好	14	12.28%
		非常不好	3	2.63%

从表1-5来看,线上体育运动在疫情期间的开展效果并不理想。首先从停课的时间来看有39.48%的教师停了1个月,33.33%停了2个月,21.93%停了3个月,5.26%停了1个学期,可以想象突发的新冠疫情让学校的体育教学活动措手不及。从上课地点上看95.61%的教师都在家中,说明教师也被疫情所困。从锻炼效果的自评来看近四成的教师认为锻炼效果比较好或非常好,也有近四成的老师认为效果一般,近15%的教师认为线上体育锻炼的效果不理想。教师的评价是较为客观的,这也说明天津市中小学在疫情居家隔离阶段的效果相对较好,体育教师和学生也逐步适应了“互联网+”体育活动的交流新模式。从带领学生进行线上体育锻炼的次数来看,每周带练1~3次,每周带练4~6次,超过的老师每周带练超过了7次,可见体育老师们尽自己最大的能力带领学生居家运动。从访谈中我们进一步了解到线上体育首先受到的制约因素就是场地和器材,大多数家庭的室内空间难以支持体育运动所需的场地,还有许多家庭没有支持互联网+体育的硬软件。其次是教师无法像线下体育锻炼那样能够及时观察学生的运动实况,也无法及时判断进行运动的学生练习得是否正确,难以及时指导纠错,学生遇到了困难,教师只能隔着屏幕干着急,无法给予帮助,增加了诸多教学困难。另外就是线上体育锻炼需要依靠学生的自觉能动性,一旦学生犯懒、逃练,老师就难以实施教育教学。最后就是能够安排的体育活动内容被大大限制。因此,教师的实时观察、判断、沟通难以完成,场地、器材、在线体育运动所需的软硬件难以保障,教学方式的改变缺乏灵活有效的线上教学经验,以及学生自律难、自控难、自我激励难,都是线上体育锻炼的难题。

四、疫情期间教师和学生应用在线体育锻炼资源的情况分析

早在 2016 年 5 月国务院办公厅发布的《关于强化学校体育促进学生身心健康全面发展的意见》文件中关于深化教学改革，强化体育课和课外锻炼就提出“充分利用现代化信息技术手段，开创和创新体育教学资源，不断增强教学吸引力”。借助移动互联网强大的存储能力、社交功能，以及移动网络的灵活性和移动应用的广泛性，促进其与体育教学紧密结合。疫情之前各类体育类的 App 不断涌现，包括新闻资讯类、健身娱乐类、智能运动类等，但针对中小学生的内容和应用不多。我们分别对教师和学生两个群体进行了使用在线体育锻炼资源情况的调查。

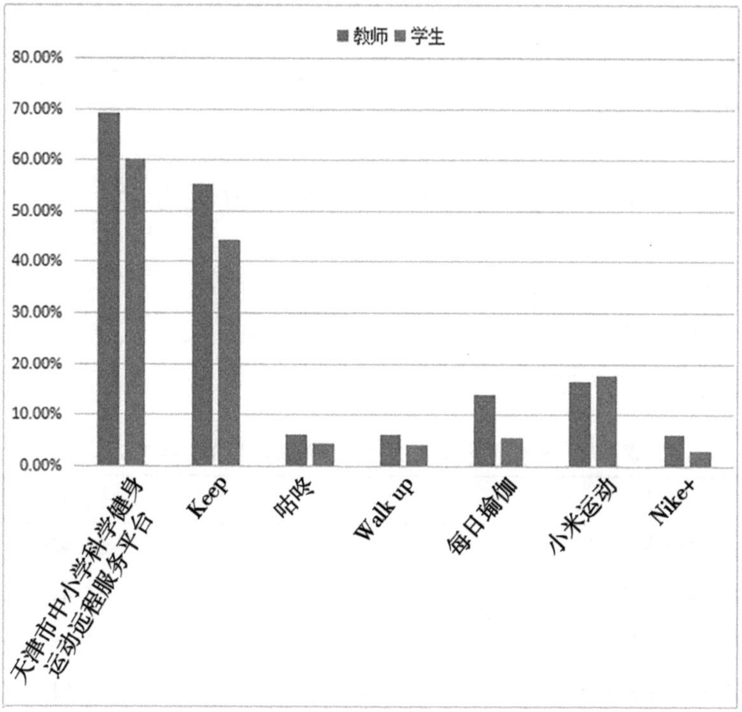

图 1-1　疫情期间教师和学生应用在线体育锻炼资源的情况

从图 1-1 可以看出本次调查中应用了“天津市中小学科学健身运动远程服务平台”的教师和学生有近 7 成，占据了绝对多数，使用“Keep”的师生

人数居第二位,然后依次是"小米运动""每日瑜伽""Nike+""Walk up""咕咚"。由于这种线上平台都需要个人到户外进行跑步、徒步积累步数才能正常使用,疫情期间国家倡导居家隔离,许多时候无法满足这类平台的使用准则。而使用比重较大的平台如"天津市中小学居家科学健身运动远程服务平台""Keep 以及"每日瑜伽",这些平台不需要使用者走出家门,而是在家中就可以进行体育锻炼,大大适应了疫情期间居家隔离的限制条件,因此这三种平台的使用比重较大。各种各样的在线体育锻炼平台也表明了教育部门及体育教师在在线体育锻炼资源方面的用心。特别是"天津市中小学科学健身运动远程服务平台"在疫情期间为中小学体育锻炼发挥了重要作用。

与线下不同,线上体育活动的开展在时间上更加充裕、场景更为固定、内容更为丰富,但是学生面对的是屏幕,难以"身临其境",这就需要学生适应这种状态的方案和计划加以教师良好的引导,使学生积极投入线上体育教学活动中去。教师应选择适合学生身心特点的方案和计划,充分调动学生的学习积极性,做好疫情期间中小学居家体育活动。

五、疫情期间学生进行体育锻炼的情况分析

疫情期间学生群体是如何看待自己的体育锻炼呢？我们针对锻炼目的、锻炼内容、每天锻炼的时间、每周锻炼的次数、锻炼的场地、锻炼时的强度和锻炼效果进行了深入调查。

表 1-6　疫情期间学生进行体育锻炼的目的(N=737)

锻炼目的	小计	占比(%)
完成体育课程内容	250	33.92%
提高身体机能	490	66.49%
保持身体健康	613	83.18%
满足自身爱好和需求	258	35.01%
其他	57	7.73%

从表 1-6 可知绝大多数的学生对疫情期间进行体育锻炼的目的有着正

确的认知，认为体育锻炼能够促进身体健康的有83.18%，居首位；提高身体机能占66.49%，是次之；满足自身爱好和需求的占35.01%，完成体育课内容的占33.92%，分别占第三和第四位。这说明体育锻炼的重要作用和思想意识已经在学生的观念中建立起来，学生参与体育锻炼不再是被动参与，而是主动寻求体育锻炼带给自己良好的情感体验，并通过参与体育活动获得快乐，促进学生养成体育锻炼的良好习惯。这要归功于相关教育部门与一线体育教师的辛勤努力，学生对于体育活动与体育锻炼的喜爱从侧面证明了线上体育教学活动模式是有效的。

表1-7　疫情期间学生进行体育锻炼的内容(N=737)

锻炼内容	小计	占比(%)
趣味性游戏	421	57.12%
球类	332	45.05%
体操	343	46.54%
健身	312	42.33%
瑜伽	27	3.66%
武术	33	4.48%
其他	284	38.53%

从表1-7可知疫情期间学生进行体育锻炼的内容占比排序，依次为趣味性游戏、体操、球类、健身、其他、武术、瑜伽，说明在居家进行体育锻炼中利用有限的空间进行体育锻炼是学生们的最爱，其次是体操，这可能与无须太多空间器材限制就能进行身体操练有关。选择球类和健身的学生也非常多，一方面说明球类对学生的吸引力很大，如在社区里一个个篮球使许多不相识的小朋友都能快速玩到一起，完成体育运动的同时也结交了新朋友。另一方面健身运动所需要的空间条件也相对简单，有许多徒手的动作就能快速激活身体、锻炼肌肉。"工欲善其事必先利其器"，要开展好线上体育活动和体育教学，就要拥有较为全面的方案和计划。体育活动形式更是多种多样、不拘一格，这一点在线上体育活动中同样适用。因此，疫情期间要想开展好线上体

育教学活动，就要不断丰富锻炼内容和形式，建立较为完备的线上体育活动方案和计划体系，以便应对各种突发情况。

表 1-8　疫情期间学生每天锻炼的时间（N=737）

锻炼时间	小计	占比（%）
0~15 分钟	184	24.96%
30~60 分钟	471	63.91%
60~90 分钟	60	8.14%
90~120 分钟	22	2.99%

从表 1-8 可知有 63.91%的学生疫情期间每天能够锻炼 30~60 分钟，24.96%的学生能够每天锻炼 15 分钟，令我们感到意外的是有 8.14%的学生能够每天锻炼 60~90 分钟，还有 2.99%的学生能够做到 90~120 分钟。这说明对大多数学生来说疫情并没有影响他们每天的体育运动时间，甚至还未超过 10%的学生加大了体育锻炼的时间。由此可见，在疫情隔离阶段，天津市中小学学生均参与了体育锻炼，并且参与锻炼的时间已经足够达到保持身体健康的目的，这与天津相关教育部门和众多一线体育教师的努力是分不开的，另一方面证明学生逐渐适应了参与线上体育活动与体育锻炼的模式。

表 1-9　疫情期间学生每周进行线上锻炼的课次（N=737）

课次	小计	占比（%）
1~3	184	58.30%
4~6	471	30.34%
7~9	60	4.49%
10 次以上	22	6.74%

从表 1-9 可知有 58.30%的学生疫情期间每周能够锻炼 1~3 次，30.34%的学生每周锻炼 4~6 次，我们也欣喜地看到有 4.49%的学生每周能够锻炼 7 次以上。这说明不少学生每周的体育运动次数是合理适当的，但显然有超过一半的学生每周只锻炼 1~3 次，锻炼数量是不足的。

表 1-10 疫情期间学生进行体育锻炼的场地(N=737)

锻炼场地	小计	占比(%)
家中	607	82.36%
公园	176	23.88%
小区空地	431	58.48%

从表 1-10 可见疫情期间有 82.36%的学生进行锻炼的场地是在家中进行的,23.88%的学生进行锻炼的场地是公园,还有 58.48%的是小区空地。这说明大多数学生锻炼的空间是在家中和小区空地,天气好了时间充裕了在室外玩练更开阔宽敞,时间短、线上课与课之间可能就在家锻炼。疫情期间能够在公园锻炼是相当令人羡慕了。

表 1-11 疫情期间学生每周锻炼时的强度(N=737)

锻炼强度	小计	占比(%)
呼吸顺畅身体放松	308	41.79%
呼吸急促微微出汗	394	53.46%
呼吸激烈汗流浃背	35	4.75%

从表 1-11 可见有 53.46%的学生在疫情期间的锻炼能够达到呼吸急促微微出汗,这样强度的运动接近中等程度;41.79%的学生的锻炼是感到呼吸顺畅身体放松,显然这样的运动强度偏轻,能够做到呼吸强烈汗流浃背的学生接近 4.75%,这个运动强度是偏高的。说明六成的学生每周的运动强度保持得不错。

表 1-12 疫情期间学生每周锻炼的效果(N=737)

锻炼效果	小计	占比(%)
非常有效	166	22.52%
比较有效	330	44.78%
一般	214	29.04%
不太有效	14	1.9%

续表

锻炼效果	小计	占比(%)
没有效果	13	1.76%

从表1-12可以看到学生自我对锻炼效果的认可程度,有44.78%的学生认为比较有效,29.04%的认为一般,22.52%的认为非常有效,3.66%的认为不太有效和没有效果。这说明大多数学生是认可疫情期间自己的体育锻炼效果的。

六、师生对线上、线下体育锻炼态度的情况分析

针对线上体育和线下体育的态度,无论是教师还是学生都一致认为更喜欢进行线下体育锻炼。这说明体育运动是需要面对面的,在宽敞的运动场馆里酣畅地运动,奔跑追逐、相互协作、展示欣赏,这些都是体育的魅力。疫情让教师和学生都感受到能够尽情运动是非常珍贵的,也是师生们共同的愿望。

七、复课后体育课怎么上?

针对复课后体育课该如何上的问题,教育部给出了规范性意见:体育运动一般保持1.5米间距,不得佩戴N95口罩进行体育运动,复学初期不提倡组织统一距离、统一速度的集体跑步。教育部也发布了《关于在常态化疫情防控下做好学校体育工作的指导意见》要求学校:一要为师生配备好参加体育活动必要的防疫物资,在课前课后及时对体育场地、器材设施进行适度消毒防护,合理安排使用运动器材,避免交叉使用。师生体育活动应安排在户外或通风较好的体育场馆进行,一般保持1.5米间距,或对间隔距离进行最大化安排,尽量减少接触。不得佩戴N95口罩进行体育运动。低风险地区学

生在校参加体育活动时不需戴口罩①。二要优化体育课程内容和教学方式方法,加强居家学习和复课后体育教学的衔接,复课初期可以适当降低课程标准规定的运动强度及密度要求,多安排非身体接触性的体能练习和以发展心肺功能为主的单人项目,如跳绳、踢毽、慢跑、武术、健身操等。三要切实落实每天锻炼一小时要求,条件不具备的学校要错时分段上好体育课,充分利用课间休息时间让学生多到户外参加个人体育活动,复学初期不提倡组织统一距离、统一速度的集体跑步,当前暂停学校大型聚集性活动和运动会。

教师和学生是开展线上体育课的主体,在参与本次调查的教师和学生中中学教师和小学生较多,性别分布都较为均衡,教师职称分布也较为合理,受疫情影响,大部分学校都停过1~3个月左右的体育课,甚至有学校停过一学期的体育课,在此期间学校大多会选择开设线上体育课,主要的授课方式有直播、录播、体育APP打卡等,同时学校也会提供在线体育资源供教师和学生使用,主要有7种资源,其中“天津市中小学生居家科学健身运动远程服务平台”最受教师和学生欢迎。在线上体育课期间,95%的教师会在家带领学生进行体育锻炼,一周1~3次左右;部分教师带领学生锻炼次数较多,一周达4~6次;少数教师会每天带领学生进行锻炼,而学生基本也是一周练习1~3次,部分学生可以做到一周练习4~6次甚至7次以上,练习内容以趣味性游戏、球类、体操、健身为主,瑜伽和武术较少,每天练习时间不到一小时,基本达到呼吸顺畅或者微微出汗的强度。在练习场地的选择上,由于学生无法在操场上体育课,只能自行选择运动场地,82%和58%的学生选择在家和小区空地进行体育锻炼,场地舒适且环境较好,只有少数学生会在公园进行锻炼。线上不比线下体育课,在日常练习中教师无法直面指导学生的动作,因此42%的教师都认为线上锻炼效果一般,甚至有部分教师认为锻炼效果非常不好,只有少数教师认为锻炼效果较好。学生对线上锻炼效果的反馈恰好相反,由于大部分学生是为提高身体机能或保持身体健康而进行练习,不仅

① 教育部应对新冠肺炎疫情工作领导小组办公室,关于在常态化疫情防控下做好学校体育工作的指导意见[EB/OL].http://www.moe.gov.cn/srcsite/A17/moe_938/s3273/202005/t20200520_456669.html

仅是为完成体育课程,良好的动机促使学生得到了更好的锻炼效果,因此更多的学生认为线上体育锻炼效果较好,只有极少数学生认为锻炼没有效果,即使是这样,由于线上体育课无法比拟的上课氛围和运动环境,几乎所有教师和学生还是更喜欢线下体育课。

第二章　中小学大课间体育活动设计

本章围绕大课间体育活动的设计理念、目标、原则、内容、组织模式方法和流程进行分析，并围绕中小学生身体素质设计了适合不同学段学生的锻炼内容，选择经典时尚的运动项目，如健身操舞、武术、田径、足球、篮球等分别设计了不同难度级别的锻炼内容和动作组合，为中小学体育教师提供了大量活动素材，并运用互联网+的手段设计制作成了“扫码立即看”的高效应用和便捷的路径。同时设计了三套不同大课间体育活动组织模式，为教师进行室外、室内大课间体育活动提供参考。

第一节　设计的理论基础

一、设计理念

许多学校都有过这样的经历，A 校举办了全市体育大课间观摩展示会，为了赢得来参观的领导、专家、教研员和各校体育老师的好评，体育老师精心挑选班级和表现突出的学生，集中时间突击排练，最终现场展示效果非常震撼，获得了一等奖。几个月后，某区的一所学校联系观摩学习事宜被婉转地回绝了。经了解，A 校的大课间体育活动在观摩展示会结束后就处于时断时续的状态，活动内容也变为集体练习一遍广播体操而已。而另外一种现象，B 校在观摩展示会期间没有集中排练，只是对活动衔接、场地设计、服装统一方面强化了准备，最终获得了二等奖。该校的大课间体育活动是根据季节的更迭和不同阶段的学生身体素质特点，进行阶段性地变换活动内容，每次变化都是全体学生参与，接受表现好的和不好的学生，对待出现的问题逐一改善和解决。

上面两种对待大课间体育活动的态度和做法，您的看法是什么呢？这种观摩时精彩纷呈，观摩后则侵占挪用的现象其实并不少见。究其原因，一方面是学校领导管理观念滞后，对待大课间体育活动的重要性认识不够，但又要做好面子工程，又要工作成绩。另一方面可能是人力物力投入不足，出现了“遇到展演很重要，可以突击强化，展演过后可不要，可以放任或挤占”的不良倾向。而作为体育老师您会怎么做呢？您是倾向 A 校的做法，还是倾向 B 校的做法呢？您的回答反映了您对大课间体育活动的理念，并且这个理念会影响到您在大课间体育活动中的抉择。

（一）POPP 流程：从理念到行动

在上面的例子中，我们不讨论哪个学校对，哪个学校错。老师是根据自己的理念和学校目标来做决定。这是我们所说的 POPP 流程，也就是说老师在大课间体育活动中的行为是以各自的理念、目标和原则为指导。如图 2-1 所示，POPP 流程从设计者的个人理念开始，然后依次进行目标、原则和实践的设计。理念是指个人秉持的基本价值观和信念①。每个老师的个人价值和信念引导着他一步一步经过 POPP 流程。体育老师首先要明确本校大课间体育活动的目标或者想要实现的结果，然后确定将要遵循的原则是什么，即预先制定的关于如何做决策的指导原则，最后就是活动方案的实践，也就是做什么以及如何做，在最初理念的引导下，设定目标和原则，然后依据目标和原则进行决策和具体的行动。

大课间体育活动是学生每天有限的体力活动，对学生的身心健康具有重要的作用。因此，科学的理念、目标和原则对学生的体育实践至关重要。

---

① ［美］罗宾·S. 维莱，梅利莎·A. 蔡斯著；徐建方，王雄译. 青少年体育运动指导与实践［M］. 北京：人民邮电出版社，2017. 11：42.

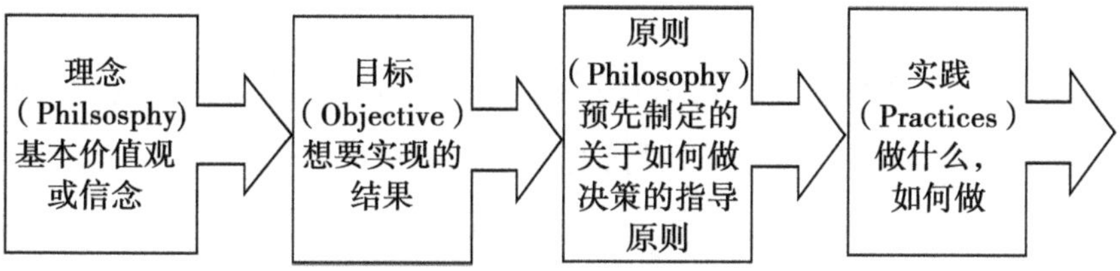

图 2-1　POPP 流程简释

(二)“促进学生健康的大课间”的理念和目标

我们的理念是“促进学生健康的大课间”，强调以学生为中心的大课间体育活动的基本理念。具体体现在下面这三个方面：

一是有利于所有学生在参与大课间体育活动时能够得到身体层面、心理层面和社会发展层面的体验和锻炼；

二是有利于学生在参与大课间体育活动时能够培养他们的身体素质、运动技能、合作互助、意志品质，发现学生的运动天赋；

三是有利于培养学生体育运动兴趣和科学的运动习惯贯穿一生。

这三点是设计大课间体育活动的核心理念，您可以在后面具体的锻炼方案设计和组织模式设计中细细品味琢磨，您也可以结合自己的需求选择其中一个或几个进行自由组合，为学生带来丰富多彩的大课间体育活动。

二、设计目标

目标和理念是一致的，且更具体明确。有些人可能认为“目标”就是管理者使用的行话，可实际上“目标”非常重要。中小学生体育运动最大的需求之一是认真考虑和采用适合发展的理念和一系列目标。这个目标不是固定不变的，而是阶段性动态变化的，这些目标为校长、教师团队、学生和家长们澄清大课间体育活动的性质和重点。在众多体育运动项目和有不同运动技能与兴趣的学生面前，“目标”有助于所有参与锻炼的学生找到自己的“角色”。“目标”可以确保大课间体育活动贯彻并实施“一切为了学生”。

目标一：让学生在大课间体育活动中获得身体、心理和社会发展的体验与锻炼；

目标二：让学生在大课间体育活动中获得身体素质、运动技能、合作互助、意志品质等方面的培养与教育，发现学生的运动天赋；

目标三：让学生在大课间体育活动中找到贯穿一生的体育运动兴趣，获得科学的运动习惯。

许多媒体的注意力常常过多地关注中小学生耸人听闻的负面事件。许多作者认为，中小学生体育运动是一个残破的系统，其中有家长过度担忧学生可能会在运动中受伤，运动多了会疲劳，影响学习，体育老师怕学生多、场地狭小出现意外，学生过于活跃不听指挥或是懒散不愿运动等。我们不同意这个观点，虽然有些老师确实在工作中有这些现象，但通过我们的调查和观察，大多数体育老师非常努力地推动体育活动，积极探索如何提高大课间活动质量。所以我们更需关注和明确如何实现"一切为了学生"为中心的体育运动的承诺，满足中小学生的发展需要。

第二节　小学生大课间体育活动内容设计

大课间活动是将体育、艺术、团队精神培养融为一体的重要教育教学活动，形式内容应是多种多样的，要多元化、趣味化，需要根据场地、器材、师资等情况，设计出合理且适合本校的活动内容，设计要严谨周密，避免设计不合理而造成预想之外的后果。

依据我们的设计理念和目标，大课间体育活动的内容设计是围绕身体运动展开的，并运用互联网+的手段和路径，为每个动作和组合分别设计制作了二维码，无论是教师还是学生都可以通过微信扫码立即观看每个动作的做法和锻炼形式，大大提高了学习的效率和应用的便捷性。

大课间体育活动内容设计包括：适合小学生和中学生的身体素质类锻炼，其中分为力量素质、速度素质、耐力素质和灵敏素质；还有学生们喜闻乐见的经典运动项目，其中有健身操舞、武术、田径、足球和篮球。活动内容尤为重要，可以是现代的，也可以是民族民间传统的；可以是流行的，也可以是独创的；可以是快节奏的，也可以是舒缓的；可以是军事体育风格的，也可以是体育舞蹈风格；可以是体能锻炼的，也可以是游戏娱乐的内容。

只有运动素材丰富和内容多样，才能支持体育老师实现体育活动内容的灵活组合和常变常新。如果体育老师勤奋肯干，甚至可以做到每个月锻炼内容都不同。

一、小学生身体素质锻炼内容设计

（一）力量素质锻炼内容

1. 上肢力量

（1）平躺式飞鸟（适合水平一学生，水平二学生可以双手握一瓶矿泉水）

平躺式飞鸟/双臂侧平举/俯身

目的：发展学生肩带力量及上臂、前臂的肌群。

方法：平躺在瑜伽垫上，屈双膝双脚踩地，双脚打开与髋同宽，双手肘关节微屈，手掌握拳手腕略向内收，挺胸双臂向上向内环抱，到达最高点时双拳不接触，固定动作 2 秒，然后缓慢回落手臂，重复 5 至 8 次。上举时呼气，下放时吸气。

练习组数：2 组。

每组强度：5 至 8 次。

组间休息：1 分钟。

场地器材：空地、瑜伽垫、矿泉水。

（2）双臂侧平举（适合水平一学生，水平二学生可以每只手拿一瓶矿泉水）

目的：发展学生肩带力量及上臂、前臂的肌群。

方法：两脚自然开立，背部挺直，手握拳，肘部微屈垂直于身体两侧。双臂同时向侧上方平举至双肩水平位置，固定姿势 2 秒，然后回到开始位置，重复5至8次。上举时呼气,下放时吸气。手臂抬起固定时,三角肌肌肉收缩明显。

练习组数:3组。

每组强度:5至8次。

组间休息:1分钟。

场地器材:空地(矿泉水)。

(3)俯身(适合水平三学生)

目的:发展学生上臂力量。

方法:俯撑在瑜伽垫上,双脚并拢,臀部腹部收紧。右手和右脚同时向右侧平移一步,左手左脚向右并拢右手右脚,向右再做一次移动。然后向左侧移动两次回到起始姿势,感受手臂肌肉对身体的稳定支撑。

练习组数:4组。

练习强度:10次。

组间休息:2分钟。

场地器材:空地、瑜伽垫。

2. 下肢力量

(1)开合跳(适合水平一的学生)

开合跳/过头深蹲/侧向弓步

目的:增强学生的下肢力量和协调性。

方法:自然站立,双手放于身体的两侧,分腿跳同时双手头上击掌,然后双腿跳回并拢同时双手还原,控制节奏,注意手脚配合。

练习组数:2组。

练习强度:5次。

组间休息:1分钟。

场地器材:空地。

(2)过头深蹲(适合水平二学生)

目的:增强学生的下肢力量和深蹲的动作模式。

方法:双脚打开与髋同宽,双手持棍上举,握距宽于肩,保持体操棍始终在头顶,后背收紧,缓慢屈膝成深蹲,慢下慢起。注意膝关节运动方向与脚尖一致,重复5至8次练习。

练习组数:2组。

练习强度:5次。

组间休息:2分钟。

场地器材:空地、木棍。

(3)侧向弓步(适合水平三学生)

目的:增强学生的下肢力量和重心移动的动作模式。

方法:准备,两脚与肩同宽站立,右脚向右侧迈一大步,屈膝降重心下蹲至右大腿与地面基本平行,重心向右腿一侧偏移,躯干微微前倾,左腿伸直成弓步状态,然后右腿发力蹬直,屈左膝降重心下蹲至左大腿与地面基本平行,重心向左腿一侧偏移,躯干微微前倾,右腿伸直成弓步状态。左右各做两次,回到站立位。

练习组数:4组。

练习强度:5次。

组间休息:1分钟。

场地器材:空地。

3. 腹部力量

(1)仰卧起坐(适合水平一学生)

目的:发展腹肌、髂腰肌等肌肉力量。

方法:仰卧在瑜伽垫上,屈双膝使大小腿成90度,另一个学生坐在仰卧位学生的脚背上,双手环抱他的小腿。仰卧位学生双手置于左右耳朵旁,利用腹部力量坐起后,肘部触膝,重复5至8次练习。

仰卧起坐/坐立转体/简易两头

练习组数:2组。

练习强度:5至8次。

组间休息:2分钟。

场地器材:空地、瑜伽垫。

(2)坐立转体(适合水平二学生)

目的:发展腹内、外斜肌和腰背肌的力量。

方法:两人背靠背分腿坐,两手侧平举互拉,连续向左右转体。要求转体应稍用力,转体至极限时稍停。

练习组数:2 组。

练习强度:5 个。

组间休息:1 分钟。

场地器材:空地、瑜伽垫。

(3)简易两头(适合水平二、三的学生)

目的:增强学生的腹部力量。

方法:仰卧于垫上,腹部收缩,双腿弯曲,双膝向胸前方向运动,双手触碰小腿,缓慢地回到准备动作。

练习组数:水平二学生练习 2 组、水平三学生练习 3 组。

练习强度:水平二学生练习 5 至 8 次、水平三学生练习 6 至 10 次。

组间休息:2 分钟。

场地器材:空地、瑜伽垫。

(4)侧撑肘膝(适合水平三的学生)

目的:发展学生腹部力量。

方法:以右侧撑为例,右手撑于右肩正下方,右腿屈膝支撑,左腿伸直,左臂于耳侧伸直,支撑稳定后,核心发力,屈左膝和左肘,使左膝碰左肘,连续动作后,换方向练习。

练习组数:左右各 3 组。

练习强度:5 个。

组间休息:1 分钟。

场地器材:空地、瑜伽垫。

4. 背部力量

(1)反船(适合水平一、二的学生)

目的:发展学生的上背部力量。

方法:俯卧准备,双腿并拢,双臂向头前方伸直,吸气,腰腹部用力使胸部和双腿前侧离地,让手与脚在同一水平线上,保持几秒后回到俯卧位,重复 5 至 8 次练习。

反船/俯卧划船

练习组数:4 组。

练习强度:5 至 8 次。

组间休息:2 分钟。

场地器材:空地、瑜伽垫。

(2)俯卧划船(适合水平三学生)

目的:发展学生背部力量。

方法:俯卧姿势,双腿伸直,双臂于头顶伸直,掌心向下手持毛巾(或弹力带),握距约等于肩宽,后背主动发力,躯干微微向上抬起,同屈双肘向两侧至胸部位置,然后缓慢还原到起始姿势,重复 5 至 8 次练习。

练习组数:3 组。

练习强度:5 至 8 次。

组间休息:2 分钟。

场地器材:空地、毛巾、弹力带、瑜伽垫。

(二)速度素质锻炼内容

1. 反应速度

(1)听口令加速跑(适合水平一学生)

目的:培养学生的反应能力和跑的能力。

方法:先慢跑准备,听口令后突然加速快跑 10 米。

练习组数:2 组。

练习强度:2 次。

组间休息:2 分钟。

场地器材:跑道。

(2)背向起跑(适合水平二学生)

目的:培养学生的反应能力和跑的能力。

准备:在平坦的场地上画一条起跑线。在前方 30 至 50 米处平行画一条终点线。平均分成 5 至 8 条分道。然后学生按实力分成若干小组,在起跑线后站立。

背向起跑

方法:让学生背对起跑方向做原地小碎步跑,当听到“预备—跑”的口令后,迅速向反方向跑。

规则:每名学生必须听口令起跑;必须在自己的跑道内跑。

练习组数:2 组。

练习强度:2 次。

组间休息:2 分钟。

场地器材:跑道或者空地。

(3)抢接球(适合水平三学生)

目的:培养学生的反应能力和跑的能力。

方法:学生在足球场站成一排,教师在他们身后向前抛球,同学们看见球后快速启动抢接球。

练习组数:2 组。

练习强度:3 次。

组间休息:1 分钟。

场地器材:足球、足球场。

2. 动作速度

(1)摆臂练习(适合水平一学生)

摆臂练习/
小步跑/
高抬腿

目的:培养学生快速完成一个动作的能力。

方法:学生听口令并击掌做摆臂练习,节奏由慢到快,快慢结合。

练习组数:3 组。

练习强度:20 秒。

组间休息:2 分钟。

场地器材:空地。

(2)小步跑(适合水平二学生)

目的:培养学生的动作速度。

方法:学生在跑道上小步跑30至50米,两腿频率越快越好,大腿发力,小腿放松,膝关节放松,落地后有“扒地”动作。

练习组数:4组。

练习强度:2次。

组间休息:3分钟。

场地器材:跑道。

(3)高抬腿(适合水平三学生)

目的:培养学生的动作速度。

方法:学生在跑道上先进行10至15米的快速小步跑,然后接着高抬腿跑40米,小步跑要放松而快,转高抬腿跑时频率不变,只是动作幅度加大。

练习组数:4组。

练习强度:4次。

组间休息:3分钟。

场地器材:跑道。

3. 位移速度

(1)30米跑或者50米跑(适合水平一、二学生)

目的:培养学生的位移速度。

方法:以班级为单位,成四列纵队,在老师的口令下进行30米或50米跑。

练习组数:2组。

练习强度:2次。

组间休息:2分钟。

场地器材:跑道。

(2)跑格练习(适合水平三学生)

目的:培养学生位移速度。

方法:在跑道上放置6至7个标志物,间隔1至2.5米,根据练习者的步长和要求放置,练习步长,间距大;练习步频,间距小。要求快速并尽量准确跑到放置点,动作连贯自然。

跑格练习

练习组数:5 组。

练习强度:2 次。

组间休息:2 分钟。

场地器材:跑道、标志物。

(三)耐力素质锻炼内容

1. 阶梯式变速跑(适合水平一和水平二的学生)

目的:培养学生的耐力素质。

方法:在场地内,采用阶梯式变速跑的方法,水平一的学生按 10 米快—10 米慢—10 米快—10 米慢的方式进行,总跑量在 100 至 200 米之间。水平二的学生按 20 米快—30 米慢—20 米快—30 米慢的方式进行,总跑量在 200 至 400 米之间。

练习组数:2 至 4 组。

练习强度:2 至 3 次。

组间休息:2 分钟。

2. 两人追逐跑(适合水平三的学生)

目的:培养学生耐力素质。

方法:两人一组,相距 20 米听口令后起跑,后面的人追逐前面的人,400 至 800 米以内追上有效,追上的人则停止练习,被追上者要求跑完剩下的全程。

练习组数:3 组。

练习强度:2 次。

组间休息:3 分钟。

场地器材:跑道。

3. 原地间歇高抬腿跑(适合水平三的学生)

目的:培养学生耐力素质。

方法:在空地上,听口令进行高抬腿练习,要求动作规范,动作要不间断地完成。

练习组数:2 至 3 组。

练习强度:50 至 100 次。

组间休息:2 至 4 分钟。

场地器材:空地。

原地间歇

高抬腿跑

(四)灵敏协调性锻炼内容

1. 两点左右跑(适合水平一学生)

目的:培养学生协调性及跑的能力。

方法:放两个标志物,两个标志物之间的距离可根据情况自行掌握。让学生使用跑的姿势在两个标志物之间进行快速移动。

灵敏协调性

练习

练习组数:2 组。

练习强度:5 次。

组间休息:2 分钟。

场地器材:标志物、空地。

2. 绳梯跑(适合水平二学生)

目的:培养学生的协调和跑的能力。

(1)触脚开合跳。

(2)横向分腿前后跳。

(3)双脚进单脚出。

练习组数:5 组。

练习强度:2 次。

组间休息:3 分钟。

场地器材：足球场、绳梯。

3. 搬地雷（适合水平三学生）

目的：发展学生的协调及跑的能力。

器具：乒乓球6个。

游戏准备：首先在平地上画一条直线当作起跑线，在起跑线前20米处画1个直径为2米的两个平行的圆，作为弹药库。然后将学生按人数平均分成两组，在起跑线后站立准备，两组的排头队员每人拿3个实心球。

方法：当听到教师喊开始时，两组站在排头的同学迅速出发，把实心球放在弹药库内迅速返回，回到起点拍另一位同学的手后，另一位同学再开始跑向弹药库，把3个实心球再运回起点交给下一位同学，游戏继续进行。直到最后一名同学返回起点时结束，以最后一名同学通过起点的先后判别名次。

规则：必须把实心球都放在弹药库内；跑的途中如实心球发生掉落则由本人捡起后再跑。

（五）柔韧素质锻炼内容

1. 虫子蠕动（适合水平一学生）

目的：培养学生柔韧素质。

方法：在平地或草坪上进行。学生先直臂俯撑在地，两手固定不动，两腿伸直以小碎步向双手的位置靠近，直到两脚不能前移为止。然后，两脚不动，两手前移还原成直臂俯撑姿势，接着两脚再向前移动，反复4至6次练习，像一条虫子一样向前蠕动。

规则：膝关节伸直，不得弯曲，否则无效。

虫子蠕动/反躬拍踵/超级链接/猜拳移步

2. 反躬拍踵（适合水平二学生）

目的：培养学生的柔韧素质。

方法：在平地或者草坪上进行。学生两脚自然开立、屈膝，上体慢慢后仰，用两手指尖触拍脚后跟。若两手不能触碰到脚后跟，先用手拍打自己的臀部，再依次去拍打大腿背面、膝关节后面、小腿肚子，最后触拍到脚跟，并能坚持 3 至 10 秒为成功。

规则：不得借助外物或外力来完成。

3. 超级链接（适合水平二学生）

目的：培养学生的柔韧素质。

方法：在平地或草坪进行，将学生均分成若干组，各组成纵队站好。比赛开始，各组队员依次纵叉或横叉，相邻两人的前后脚相抵，全组队员连成一条线状，并坚持 5 至 15 秒为成功，看看哪一组最长。

规则：比赛前一定要安排学生进行热身和拉伸练习，防止拉伤；前后相邻两人的脚须相抵，不得脱节，否则无效。

4. 猜拳移步（适合水平三学生）

目的：培养学生的柔韧素质。

方法：在平地或草地上进行，两人一组面对面站立，每人两脚前后相连成"一"字型（以各自的左脚在前为例），两人的左脚尖相碰。双方开始猜拳，胜者左脚后移至右脚后；负者右脚不动，左脚向前移动，左脚尖碰到胜者的右脚尖。然后继续猜拳，每次胜者将前脚移到后脚后面，脚尖碰脚跟；负者后脚不动，前脚前移，使自己的脚尖碰到胜者的脚尖。依此类推，负者向前移动的距离越来越远，直到一方脚碰不到另一方脚尖为失败，另一方胜出。

规则：劈叉有难度时可用手扶地面。

二、小学生不同运动项目活动内容设计

（一）操舞类活动内容

1. 热身操

（1）适合水平一学生的热身操

第一节：头部运动（头部左中右、上中下、颈部环绕）（4×8 拍）

第二节：肩部运动（左右肩向后环绕、肩部上下摆动）（4×8 拍）

第三节:腰部运动(腰部向前后左右扭动)(4×8 拍)

第四节:膝关节运动(膝部向四个方向轻轻扭动)(4×8 拍)

热身操

第五节:手腕脚踝关节运动(4×8 拍)

(2)适合水平二学生的热身操

第一节:踏步(4×8 拍)

第二节:并步(两个方向)(4×8 拍)

第三节:交叉步(两个方向)(4×8 拍)

第四节:抬膝击掌(可提踵)(4×8 拍)

(3)适合水平三学生的热身操

第一节:平伸后踢腿运动(4×8 拍)

第二节:挥臂点地运动(4×8 拍)

第三节:扩胸点地运动(4×8 拍)

第四节:高抬腿运动(4×8 拍)

第五节:抬腿斜拉运动(4×8 拍)

第六节:抬腿下压(4×8 拍)

第七节:前踢腿(4×8 拍)

第八节:交叉踢腿(4×8 拍)

第九节:空手跳绳运动(4×8 拍)

第十节:跳跃运动(4×8 拍)

第十一节:交叉放松练习(4×8 拍)

2. 健身操

(1)适合水平一、二学生的健身操

第一节(8×8 拍)

第一个八拍:吸气迈右脚双手向两侧打开,呼气放下。

第二个八拍:头部绕圈一周。

健身操

第三至四个八拍:手指触肩向后(两次);手臂伸直向后

(两次)。

第五至八个八拍:向侧延展腰部,双臂伸直打开;换另一侧重复动作,双臂伸直打开,收回。

第二节(4×8 拍)

第一个八拍:踏步向右绕圈一周。

第二个八拍:一字步向前,双手握拳屈臂放于胸前、退后双手还原于体侧。

第三个八拍:踏步向左绕圈一周。

第四个八拍:一字步向前,双手握拳屈臂放于胸前、退后双手还原于体侧。

第三节(4×8 拍)

第一个八拍:1-4 拍,侧并步,双手握拳交替画圈(左右各两拍,共四拍),5-8 拍,侧交叉步,右手并掌从左往右划开(四拍)。

第二个八拍:V 字步,双手并掌依次上 V,再握拳交叉于胸前。

第三、四个八拍重复第一、二个八拍。

第四节(4×8 拍)

第一个八拍:迈右脚,手臂向上伸直掌心相对保持一个八拍。

第二个八拍:俯身向下,掌心触地保持一个八拍。

第三、四个八拍左右弓步移动(八次)。

第五个八拍:踏步还原(四次);原地并步跳(四次)、手臂跟随摆动。

第五节(4×8 拍)

第一个八拍:小马跳,直臂握拳一上一下(一个八拍)。

第二个八拍:迈步点地冲拳(四次,一个八拍)。

第三、四个八拍重复第一、二个八拍。

第六节(1×8 拍)

呼吸伸展;右脚点地的同时右手推向左边;结束动作比胜利的手势。

(2)适合水平三学生的健身操

准备 1-2 拍,胸前上方小臂交叉。右腿支撑,左脚脚尖前点地。

第一节(4×8 拍)

第一个八拍:1-4 拍,上肢两臂打开,左臂上绕至后上举,右臂后摆置至前下举。下肢右腿屈膝支撑,左腿前伸点地。5-8 拍,上肢:左臂上举,右臂经下绕至上举。下肢:足尖碎步立。

第二个八拍:1-4 拍,上肢两臂曲臂交叉,下肢屈膝微蹲。5-8 拍,上肢两臂肩侧上屈,手型:花掌。下肢并立。

第三个八拍:1-4 拍,上肢右臂波浪,下肢出右脚向右弓步,左脚尖点地。5-8 拍,上肢:左臂波浪,下肢:出左脚向左弓步,右脚尖点地。

第四个八拍:上肢 1-2 拍,一位;3-4 拍,二位;5-6 拍,七位;7-8 拍,还原体侧。下肢:1-4 拍,左腿支撑,右脚前点;5-6 拍,侧点地;7-8 拍,还原立正。

第二节(4×8 拍)

第一个八拍:1-4 拍,上肢自然握拳曲臂摆动,下肢左右脚各脚跟前点地一次。5-8 拍,上肢左右开掌从反向各曲臂平振一次,下肢左右各一次单并步。

第二个八拍:1-4 拍,“V”字步,1 拍左臂左前上举,2 拍右臂右前上举,3 拍两臂头上击掌,4 拍曲臂下振 5-6 拍,出左脚,左右交替顶髋 2 次,5 拍左臂侧平举,右臂胸前平屈,6 拍右臂侧平举,左臂胸前平屈,7-8 拍,同 5-6 拍。

第三个八拍:1-4 拍,上肢右臂收于体侧,左臂经上绕至下举,下肢交叉步向左,4 拍左转 90 度。5-6 拍,上肢:5 拍双臂前平举,6 拍右臂曲臂后拉。7-8 拍同 5-6 拍。

第四个八拍同第三个八拍,反向右边动作。

第三节(4×8 拍)

第一个八拍:下肢 1-2 拍上左脚顶髋,3-6 拍出右脚右后转体 360 度,7-8 拍开合跳。上肢:1-2 拍两臂经体前交叉向外绕至侧上举,3-6 拍自然摆臂,7-8 拍侧平举。

第二个八拍:下肢右脚开始跨步后屈腿四次。上肢:1-2 拍右臂经下饶至肩侧上屈,3-4 拍左臂经下饶至肩侧上屈,5-6 拍两臂胸前交叉一次打开,

7-8 拍两臂上举一次再还原至肩侧上屈。

第三、四个八拍同第一、二个八拍，但方向相反。

第四节（5×8 拍）

第一个八拍：下肢：左脚开始小马跳，左右各一次，弹踢腿两次。

上肢：1-2 拍右臂上举，左臂下举，3-4 拍右臂右侧下振臂两次，左臂叉腰，第 5 拍右臂前平举，左臂侧平举，第 6 拍双臂交叉扶肩，第 7 拍右臂侧举，左臂上举，第 8 拍还原体侧。

第二个八拍：下肢：1-4 拍左右各一次恰恰步，5-7 拍左前方，左脚前后点地三次，8-还原立正。上肢：1-4 拍自然摆臂，5-6 拍右臂胸前平曲，左臂自然后摆，第 7 拍反向动作，第 8 拍胸前击掌。

第三、四个八拍同第一、二的八拍，方向相反。

第五个八拍：下肢：1-4 拍"一"字步，5-8 拍左脚左跨一步。上肢：第 1 拍握手前平举，第 2 拍还原，第 3 拍两臂侧上举，第 4 拍体侧下举，5-6 拍左臂背体后，右臂前举，开掌（立），7-8 拍左臂不变，右臂上举。

结束动作 1 拍。

下肢：重心右腿支撑左脚点地。上肢：右臂胸前上屈。

3. 椅子操

（1）适合水平一学生的椅子操

准备动作：准备一把椅子，坐在椅子二分之一处，腰部挺直。

椅子操

动作一：双手相扣，直臂摇摆运动，左右各 8 个。（2 拍一动，共 4×8 拍）

动作二：侧身单手交替，触底运动，左右各 8 个。（2 拍一动，共 4×8 拍）

动作三：双腿弯曲摇摆运动，上下各 8 个。（2 拍一动，共 4×8 拍）

动作四：单手摸头侧身运动，左右各 8 个。（2 拍一动，共 4×8 拍）

动作五：左腿搭右腿，侧身运动，左右各 8 个。（2 拍一动，共 4×8 拍）

(2)适合水平二学生的椅子操

第一节　展臂调息(4×8 拍)

坐在椅子上,随着吸气,双手手臂从体侧向头上方慢慢举起,与此同时抬头,目视前上方,随着呼气放下手臂,从体侧落下还原成起始坐姿,完成一次练习。本次动作共练习 8 次后结束。

第二节　双肩绕环(4×8 拍)

坐在椅子上,自然呼吸,两臂慢慢侧平举,手心向上,然后屈双肘,双手变钩状垂于肩上方;先逆时针慢慢旋转肩关节,连续旋转 2 次后再做反方向旋转 2 次后还原。

第三节　坐姿侧弯(4×8 拍)

坐在椅子上,自然呼吸,双手侧平举,手心向下,然后右手向上举起,手指向上,手心向内,手臂靠近头侧,向左侧弯腰拉伸身体右侧,同时左手向下运动置于腹前侧,并向右侧伸展,头向左转,眼睛看左下方,稍作停顿,还原成侧平举,换方向练习,动作相同,唯方向相反。一左一右为一次练习,共做 4 次。

第四节　坐姿转体(4×8 拍)

坐在椅子上,自然呼吸,双手臂抬于胸前,手心向下,指尖相对,以腰为轴慢慢向左转体 45 度,然后返回正中位置,重复练习 4 次再换方向练习,动作相同,唯方向相反。

第五节　坐起练习(4×8 拍)

坐在椅子上,自然呼吸,目视前方,双手臂于胸前交叠合抱,慢慢起立,伸直双膝,然后慢慢坐下,完成一次练习。该动作重复练习 4 次后还原。

第六节　脚部练习(4×8 拍)

站在椅子后,双手扶椅子背,目视正前方。抬起脚跟以脚趾做支撑保持 1 秒放下,重复练习 4 次还原。

第七节　小腿拉伸(4×8 拍)

站在椅子后,双手扶椅子背,后背挺直,目视前方,左腿向后迈出一步,脚尖向前方,慢慢屈右腿,重心下降,直到感觉小腿肌肉被拉伸,保持 1 秒后还原,换另一侧练习,一左一右为一次练习,共练习 4 次还原成自然站姿。

第八节 腿部侧展(4×8 拍)

站在椅子后,双手扶椅子背,后背挺直,目视前方,抬起左腿向左侧慢慢摆腿,直到你感觉到左腿内侧肌肉被拉伸后还原,该动作重复练习 4 次;换另一侧练习,动作相同唯方向相反,练习 4 次还原。

第九节 放松练习(4×8 拍)

返回坐姿,做放松练习,随着习气,双手臂从体侧向头上方举起,与此同时抬头,目视前上方,随着呼气放下手臂,从体前侧落下,同时低头,目视前方,完成一次练习,共 8 次。

(3)适合水平三学生的椅子上的运动

动作一:身体斜靠于椅背,将外侧腿伸直;双手在头顶交叉,且掌心向上;将外侧伸直的腿抬起、放下;重复 15 至 20 次,换另一侧练习,注意抬头挺胸,不可弯腰操作。

动作二:正面端坐,双腿并拢,双腿垂直于地面,上身向前下方下压,与大腿完全贴伏,双手牢牢锁定椅背下部;缓慢抬头向前上方,重复步骤 5 至 8 次。

动作三:正面端坐,后背紧贴于椅背,双手锁定椅背下部;仰头、挺胸、挺腰、后仰,重复该步骤 5 至 10 次。注意该步骤需缓慢进行,不要憋气,向后仰望时可借助口鼻呼气。

动作四:正面端坐,双腿并拢,双手放于膝关节,然后站立,坐下,重复 8 至 10 次。

动作五:直立站于椅背后,大腿紧贴椅背,上身沿椅背下压,双手紧握于椅座两侧;双腿直立,膝盖不可弯曲,借助上肢将头抬起,后复位,重复该操作 8 至 10 次。

动作六:正面端坐,双腿并拢,挺直后背;将手臂向躯体两侧展开,后合掌,同时上身向前下方压至大腿上,重复 8 至 10 次。注意下压时要保证头部始终与上身齐平。

动作七:正面端坐,双腿并拢,双腿垂直于地面;将右腿膝关节上抬至胸口处;双手紧抱小腿,用力向腹部收缩;腰部挺直,保持姿势 20 秒;左右交换练习,可重复多次。

4. 关节操

(1)适合水平一学生的关节操

第一节　肩关节操

一臂由前方从颈旁伸向背部，手指触背，同时另一臂从侧方(腋下)伸向背部，手指触背，尽量使两手手指在背部接触。左右交替为一组，每次 20 至 25 组，每组坚持 8 至 10 秒。

第二节　肘关节操

手掌向上，两臂向前平举，迅速握拳及屈曲肘部，努力使拳达肩，再迅速伸掌和伸肘，然后两臂向两侧平举，握拳和屈肘运动如前。一前一侧为一组，每次 20 至 25 组。

第三节　腕关节操

两手合掌，用力向一侧屈曲，左右交替为一组，每次 30 组。

第四节　指关节操

握拳与手指平伸交替运动。一抓一伸为一组，每次 30 组。

第五节　髋关节操

下蹲运动，一起一蹲为一组，每次 10 至 15 组。

第六节　膝关节操

弯曲左腿，将左脚外脚踝放在右膝上，脚面保持与小腿成直角，左手放在左腿膝盖内侧，右手放在左脚脚后跟上，缓缓用力下压。换右脚重复同样的动作。

第七节　踝关节操

坐位，踝关节分别作屈伸及两侧旋转运动。四个方向为一组，每次 3 至 5 组。

(2)适合水平二学生的关节动作

动作一：点头操。

低头，让下巴尽量接触胸部，缓慢抬头看屋顶，重复循环动作 7 至 10 次，注意不要用力过猛，要缓慢适度。

动作二：抱颈抬头。

双手十指交叉，放在脖子后边，两手手掌用力按压脖子，同时抬头看天花板，重复 6 至 8 次。双手不要太用力，抬头不要过猛。

点头操

动作三：举手投降。

站立放松，双手举过头顶，手掌向前，手臂尽量到达耳部，手臂自然下甩，尽量到达臀部位置，双腿自然屈伸，重复 5 至 8 次，举手高度不要勉强，下甩时要放松不要用力。

动作四：单双抡臂。

自然站立放松，左臂向前抡圆圈 5 至 8 圈；右臂向前抡圆圈 5 至 8 圈；双臂同时向后抡圆圈 5 至 8 圈；肩周不太好的同学，适度减量。

动作五：双曲肘。

自然站立放松，双臂水平抬起到身体两侧，弯曲小臂，尽量让手到达肩膀，重复 6 至 9 次。双臂尽量放平，抬小臂不要太用力。

动作六：甩手。

上半身自然直立放松，双手放到腹部前，手指自然张开，用手腕带动手部甩动，坚持 30 秒左右。上身不要用力，手指放松，频率要缓和。

动作七：腿部钟摆。

自然站立，轻抬起一条腿，离开地面即可，以胯骨髋关节轻轻用力，前后甩腿，双腿交替进行，每只腿 10 次。重心要稳，可以扶桌子。

动作八：扭扭腰。

自然站立放松，双手叉腰，顺时针转动腰部，带动胯骨和膝盖一起旋转，再逆时针转，顺时针 5 至 8 圈，逆时针 5 至 8 圈。腰椎不太好的同学，要注意尺度。

动作九：扭扭膝。

双腿并拢轻微下蹲，两手按在膝盖上，上身前倾，以膝盖处为主动力旋转，带动脚腕、腰部旋转，顺时针 5 至 8 圈，逆时针 5 至 8 圈。转动过程要缓慢，注意不要摔倒。

动作十：踮脚。

自然站立双脚稍微分开，双臂向前水平抬起，吸气时提起脚跟，呼气时慢慢落下，同时双臂自然落下，重复 7 至 10 次。

(3)适合水平三学生的关节操

第一节　擎天玉柱

双手指交叉，掌心向上，尽量向高伸直；同时抬头，仰望天空，连续做 5 次。

第二节　双肩旋转

挺胸直立，双手握拳、屈肘，双肩肌肉绷紧。双肩向后、向上、向前旋转，然后再向上、向后、向下旋转，最后回到原位，连续做 5 次。

第三节　双肩开合

挺胸直立，双手握拳、屈肘拳心相对，肩部肌肉绷紧，先做扩胸运动，使肩部尽量张开，然后用力回收，使双臂合拢原位。

第四节　卧位屈髋

平卧位，腰部自然充分伸直，然后双髋、双膝关节缓慢屈曲，双手抱膝关节尽量让大腿与腹部贴近，坚持 1 分钟。

第五节　双拇指顶腰

站立位，双腿分开，双手叉腰，大拇指在后顶在腰眼上，腰部尽量挺直后仰。大拇指同时按摩腰部，使腰部肌肉快速放松。

第六节　髋关节外展

站立位或卧位，下肢肌肉都紧绷，大腿缓慢向外侧尽量抬起，再缓慢回位，反复 5 次。

第七节　伸髋屈膝

直立位，单腿站立，一腿后伸达到充分伸髋，然后缓慢抬高小腿，屈膝到最大程度，连续练习 5 次，双腿交替进行。

第八节　踝关节屈伸

双足平放地面，单足尖尽量抬高，然后换为足尖着地，足跟尽量抬高，连续练习 5 次，双脚交替进行。

(二)武术类活动内容

1. 武术健身操

(1)雏鹰展翅

动作内容与做法请扫码观看和跟练。

(2)英雄少年

动作内容与做法请扫码观看和跟练。

(3)五步拳

动作内容与做法请扫码观看和跟练。

雏鹰展翅　　英雄少年　　五步拳

(三)田径类活动内容

1. 趣味折返跑(适合水平一学生)

(1)打电话

准备:先在地上每间隔 3 至 5 米画一条线,共划若干条线,分别用数字 0、1、2、3、4 标示出来,让一列学生根据电话号码(如 31241324)触数字线进行折返跑,每拨一次号,要跑触一次该号数字线,每触一次数字线,必须回到中间位置一次,如此往返去完成拨号打电话任务。

打电话

(2)钻城门(适合水平二学生)

学生 6 至 8 人为一组,分别站在起跑线后,起跑线正前方 25 米处由两名学生手拉手搭建一座“城门,或者由物拼建一“城门”,每一小组的第一名学生跑钻过“城门”后,回到起始位置拉着本队第二名学生再跑钻城门,以此类推，直至本组所有学生手拉手跑钻城门回到起点位置。

(3)折返跑(适合水平三学生)

活动区域为篮球场，学生站在场上的固定点位上保持固定间距。每声哨响后，学生按指定动作移动至身后第三个点，然后折返回来。

指定动作：慢跑、单脚跳(左右脚)、鸭子步、花手+单脚跳、蛙跳、左右甩臂走等。

2. 绑腿跑

场地器材：足球场，绑腿绳若干条。

规则：每队3至8人男女不限；所有参赛队员只能穿运动鞋，不得穿钉鞋、跟鞋等；

方法与规则：发令前，每队按横排立于起点线后，分别将相邻队员的左右腿用绑绳绑在一起(绑在踝关节附近)。所有队员以站立方式起跑，听到发令后，同时走或跑向终点，以最后一名队员通过终点线为计时终止，用时少者名次列前。行进中所有相邻队员两腿自始至终要用绑腿绳绑在一起，如遇脱落，须在原地重新系好后才可继续行进否则成绩无效。如中途有队员摔倒，待整理好后可继续行进。最终以各队比赛所用时间多少进行排名。

绑腿跑

3. 梯子上的跑

(1)单脚连续跳。

(2)双脚Z字形跳。

(3)隔一格跑。

(4)双脚侧面跑。

(5)单脚进出跳。

(6)单脚侧跳。

(7)高抬腿。

(8)内外跳。

(9)滑雪跳步。

梯子上的跑

(四)足球类活动内容

1. 足球操

(1)适合水平一、二、三学生的足球操

足球操

第一节 踩球

将足球放置体前,用双脚前脚掌交替踩踏足球侧上方,使球运动并保持身体平衡,加快交替踩踏速度时注意身体协调。一拍一动,共4个8拍。

第二节 前后左右滚球

前后滚球用脚底,左右滚球(拨)用脚内侧和脚外侧,左右脚交替,共4个8拍。

第三节 :钟式摆球

这个动作看似最简单,学生最容易失误。球置于脚下,用双脚内侧交替来敲球的中部,共4个8拍。

第四节 交叉步拨球

用右脚的脚底拨球,之后做一个前交叉,用左脚挡住足球,然后做相反的动作。共4个8拍。

第五节 V字推拉球

本节两个动作,首先做动作的是倒V:左脚用脚底把球拉到自己原本左脚的位置,然后用左脚内侧推至正前方,用右脚停住球后拉到原本右脚的位置再用右脚脚内侧推至正前方,循环4个8拍。其次做的动作是正V:左脚用脚底把球拉到自己原本左脚的位置,然后用左脚内侧推至左前方,用右脚停住球后拉到原本右脚的位置再用右脚脚内侧推至右前方,循环4个8拍。注意身体的转动。

2. 足球球性练习

(1)适合水平一、二学生的足球球性练习

水平一二三
足球球性练习

第一节　左、右脚交替踩球

身体直立,两脚前后开立,左脚支撑身体,右脚掌踩球的上部。动作开始后,两脚做一个交换跳动作,使左脚踩在球的上部,右脚支撑,这样两脚连续做交换跳练习。

要求:踩在球上的脚不要用力踩球,轻轻地踩球即可,动作熟练后眼睛要目视前方,两脚的交换跳动作要快。

第二节　胯下左、右脚传球

上体直立,两脚左右开立,大于肩宽,足球放在两脚之间,靠近右脚内侧处。动作开始后,用右脚内侧把球传至左脚内侧,传完球后右脚立刻落地支撑,这时左脚内侧传球回右脚,传完球后立刻落地支撑。这样两脚交替在胯下进行传球练习。

要求:初次练习时眼睛可观察胯下的传球动作,待动作熟练后眼睛要目视前方,脚下的传球动作要逐渐加速。两脚动作和身体重心要注意配合协调。

第三节　左、右脚交替向后拉球

上体直立,两脚前后开立,左脚支撑身体,右脚踩在球的上部。动作开始后,右脚踩球向后拉球使球向后滚动,拉完球后落地支撑身体,这时右脚踩球的上部向后拉球,拉一下后马上落地支撑身体。这样两脚交替做向后踩球拉球和落地支撑练习。

要求:每次踩球力量不要过大,拉球的距离不宜太长,身体重心要控制好。

(2)适合水平三学生的足球球性练习

动作一:横向拉球停球。

用一只脚脚底将球横向拉向身体另一,再用另一只脚将球停住,如此往复形成一个循环练习,建议能不间断地做超过 10 个来回算是真正熟练该动作。

动作二:3次脚底拉球。

一只脚为支撑腿,连续使用另一只脚脚底完成向内—向外—向内三次拉球动作。然后换另一只脚做相同的动作。如此在两只脚之间完成交替循环。

动作三:左脚拉球、右脚拨球。

先用左脚脚底向支撑腿右脚内侧拉球,再用右脚内侧将球推回原来的位置,换右脚拉球,左脚拨球。

动作四:脚背正面拨球—拨球—停球。

右脚脚背正面拨球,右脚再一次拨球,再用右脚停球。换左脚重复右脚的练习。

3. 传球接力

(1)螃蟹夹球(适合水平一、二学生)

准备:在12×12米的场地上摆放足球、标志碟、标志筒若干。

方法:两人一队,每队面对面拉手将球置于胸前固定,然后两人合力用横向滑步的方式搬运球(不能用手扶球),率先到达终点的组合获胜。

(2)夹球跳(适合水平二学生)

准备:15×15米的足球场。

方法:每人一球,将球夹在两脚中间,听教师指令后向前夹球跳跃,率先到达的学生获胜,全程球不可离开身体。

夹球跳

(3)传球"过山车"游戏(适合水平三学生)

准备:在相距20米处画出标志线或用标志杆摆放成2条平行线,每条线长10米,1条为起跑线,另1条为终点线,终点线上相隔6米各放1个标志杆。再准备2个足球。

方法:先将队员分成人数相等的2个队,每队8人左右为宜。在起跑线后,每队1路纵队的面向1个标志杆站立,队员前后之间的距离1米左右。当听到教师鸣哨后,排头的第1名队员,用双手持球背向第2名队员,从头上双手传球给第2名队员;第2名队员用双手接球后,从胯下传球给第3名队员;第3名队员用双手接球后,再从头上传给第4名队员;第4名队员用双手接球后,再从胯下传给第5名队员;第5名队员用双手接球后,再从头上传给第6名队员……后面的队员依次从胯下和头上做“过山车”的传接球，直到队伍最后的第8名排尾队员接球，用脚带球绕过终点线上的标志杆，回到队伍前面双手拿起球转身，背向站在队伍已向后移动，留出最前面的1个空位上，从头上传球给身后的第1名队员，第1名队员用双手接球后再从胯下传给后面的第2名队员，全体队员依次从头上、胯下做“过山车”传接球，直到第7名的排尾队员接球后，用脚带球绕过标之杆，这时全队再依次向后移动1位，当第7名队员，带球回到队伍最前面留出的1个空位上，双手拿起球，转身背向从头上传球给排头的队员，排头队员双手接球后，依次从胯下和头上按顺序做“过山车”传球给后面的队员，直到两队的全部队员都做“过山车”传接球，给向后移动到排尾的原第1名排头队员，第1名队员手接球后，再用脚带球绕过标志杆回到本队的起点线时，先持球站到本队前的队获得最终胜利。

游戏规则：首先带球必须绕过标志杆才能返回，带球队员和球要同时回到队前才能传球给本队排头队员，否则犯规算失败。然后“过山车”传球不能漏人，上下传球动作顺序做错要重做，否则犯规算失败。

(四)篮球类活动内容

1. 篮球操

(1)适合水平一学生的篮球操

准备姿势：双手抱球自然放于胸前成立正姿势，五指分开，掌心空出。

篮球操

第一节　伸展运动(4×8拍)

第1个8拍：

1-2拍：双手抱球从胸前推至前平举，同时左脚向左迈出，与肩同宽。

3-4拍：从前平举向上呈上举姿势，手臂伸直。

5-6拍：从上举回到前平举。

7-8拍：双手从前平举回到胸前，同时左脚收回成立正姿势。

第 2 个 8 拍：

换右脚，手臂姿势与第 1 个 8 拍相同。

第 3 个 8 拍：

1-2 拍：球经左手托住，从胸前经下左侧平举，同时左脚向左迈出，重心移至左脚，眼睛看左手，右臂自然放于体侧。

3-4 拍：左脚同时收回呈准备姿势。

5-8 拍与 1-4 拍相同，方向相反。

第 4 个 8 拍与第 3 个 8 拍相同。

要求：手臂伸直。

第二节　膝腿运动(4×8 拍)

第 1 个 8 拍：

1-2 拍：左脚向前迈一小步，同时双手向上呈上举。

3-4 拍：右脚向前抬起，大小腿呈 90 度，同时双手从上前将球收到右腰间。

5-6 拍：手和脚回到原来位置。

7-8 拍：左脚收回，双手收回放于胸前。

第 2、3、4 个 8 拍与第 1 个 8 拍相同。

第 4 个 8 拍的右脚向右呈马步姿势为结束姿势。

要求：屈腿时大腿与地面平行，大小腿垂直。

第三节　转身跨步运动(4×8 拍)

第 1 个 8 拍：

1-2 拍：以左脚为轴，右脚逆时针转身 180 度。

3-4 拍：同样以左脚为轴，右脚再逆时针转体 180 度。

5-6 拍：以左脚为轴，右脚顺时针转体 180 度。

7-8 拍：动作和 5-6 拍相同，右脚再顺时针转体 180 度回到原点。

第 2 个 8 拍与第 1 个 8 拍动作相同。

第 3 个 8 拍：

1-2 拍：左脚不动，右脚向右前方迈出呈弓步，同时双手抱球从胸前移至右腰间。

3-4 拍:手脚同时收回呈原来的姿势。

5-6 拍:左脚不动,右脚向左前方迈出,双手移到左腰间。

7-8 拍:手脚收回到原来位置。

要求:双腿收回站立时,双腿弯曲呈马步姿势。

第四节　双手拨球运动(4×8 拍)

第 1 个 8 拍和 2 个 8 拍:

双手放于胸前,球从右手拨到左手,再从左手拨到右手,双手之间的距离与肩同宽,一拍一动。

第 3 个 8 拍和第 4 个 8 拍:

1-4 拍:双手在拨球的同时向上移到第 4 拍双手到最高点。

5-8 拍:双手拨球向下移动,第 8 拍双手到胸前。

要求:五指分开,掌心空出。

第五节　单手拍球运动(4×8 拍)

第 1 个 8 拍和第 2 个 8 拍:

第 1 拍右脚向前迈出,左手拍球,球在身体的左前方,一拍一动,右手弯曲放于体前呈阻挡姿势。

第 3 个 8 拍和第 4 个 8 拍:

第 1 拍球从左手反弹到右手,同时左脚向前迈出,球在身体的右前方,一拍一动,左手弯曲放于体前呈阻挡姿势。

要求:眼望前方,大臂带动小臂。

第六节　双手体前反弹球运动(4×8 拍)

第 1、2、3、4 个 8 拍动作相同。

第 1 个 8 拍的第 1 拍左脚从上一节的单手拍球姿势收回呈马步姿势,同时球经右手反弹到左手,再从左手反弹到右手,球的运行轨迹呈 V 字。

第 4 个 8 拍第 7-8 拍收球,双手抱球收于胸前,双脚呈立正姿势。

要求:眼望前方。

第七节　提膝绕球运动(4×8 拍)

第 1 个 8 拍:

第 1 拍:左腿弯曲抬起,大腿与地面平行,小腿自然下垂,球从右手经左腿内侧经下方传到左腿的外侧。

第 2 拍:左手接球左脚落下。

第 3 拍和第 4 拍:抬右腿,球从左手经右腿内侧经下方传到右腿外侧,右手接球,右腿自然落下,如此重复。5-8 拍重复 1-4 拍。

第 2、3 个 8 拍与第 1 个 8 拍相同。

第 4 个 8 拍:

1-4 拍:双手抱球下蹲,将球平稳地放于身体前方。

5-8 拍:起身立正站好。

要求:上身直立,动作连贯。

第八节　单手臂上投篮运动(4×8 拍)

第 1 个 8 拍:

1-4 拍:原地慢跑,同时向右转体 90 度。

5-6 拍:右脚向前一小步,同时双臂抬起呈单手肩上投篮姿势。

7-8 拍:单手投篮,做压手腕,手指拨球的动作,同时重心向上提起。

第 2、3、4 个 8 拍与第 1 个 8 拍相同。

要求:手臂向上伸臂压腕。

(2)适合水平二、水平三学生的篮球操

第一节　左右手运球(4×8 拍)

第 1 个 8 拍:两脚开立,身体稍前倾,右手运球,一拍一动,共一个 8 拍。

第 2 个 8 拍同第 1 个 8 拍。

4 个 8 拍同第 1、2 个 8 拍。换左手运球。

第二节　跪地式运球(4×8 拍)

第 1 个 8 拍:右脚向后退一步成单脚跪立,右手运球,一拍一动,共一个 8 拍。

第 2 个 8 拍同第 1 个 8 拍。

第3、4个8拍同第1、2个8拍。换左脚后退一步成跪立，左手运球。

第三节　坐姿运球(4×8拍)

双腿盘坐在地上，右手运球，一拍一动，共一个8拍。

第2个8拍同第1个8拍。

第3、4个八拍同第1、2个8拍，换左手运球。

第四节　胯下8字绕球(4×8拍)

第五节　开合跳运球(4×8拍)

一拍一动，共4个8拍。右手运球两个八拍，换左手两个八拍。

2. 绕杆运球

(1)适合水平一学生的篮球绕杆接力练习

篮球绕杆接力

方法：根据学生数量平均分为6至8组，每组一路纵队站好，第一名学生拿球。听到教师哨声后，第一名学生运球出发，到达第一个标志碗后换手换方向运球前进，绕标志碗运球直到对面边线最后一个标志碗，绕过最后一个标志碗后直线运球返回本队。当回到本队前方时跳步停球，将球传给下一名学生，下一名学生拿到球后出发。

规则：最先完成接力赛的小组获胜。

(2)适合水平二、三学生的篮球绕杆接力

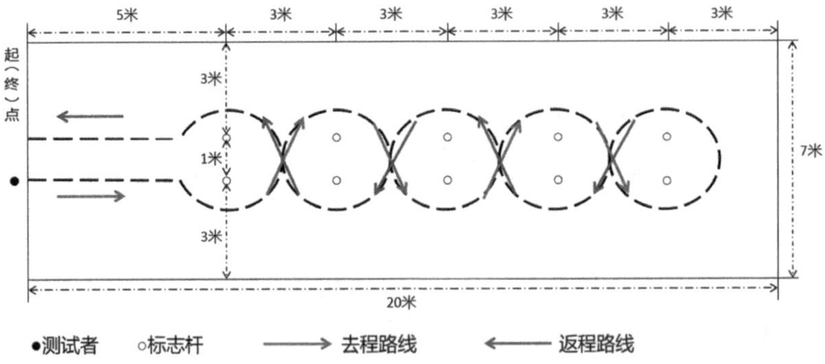

图2-2　篮球绕杆接力示意

学生在起点线后持球站立，当听到出发口令后，按图中箭头所示方向单手运球往前依次过5排标志杆，返回时再依次过5排标志杆，当学生和球均越过终点线时结束。每人练习两次，记录最好成绩。

3. 传球练习

传球练习

（1）学生两两传球练习（适合水平一的学生）

动作一：原地胸前传球，学生之间相距1至2米。

动作二：原地击地反弹球，学生之间相距1至2米。

动作三：行进间胸前传球，学生之间相距1至2米。

动作四：行进间击地反弹球，学生之间相距1至2米。

（2）圆圈传球练习（适合水平二的学生）

方法：首先七名学生一组围成一圈，1至7报数，7号学生站在圆心位置，1号学生拿球。练习开始后，1号学生可运用任意一种传球技术动作将球传给中间学生，同时喊出1至6任意数字。被叫到号的学生迅速击掌两次之后做好接球准备姿势。中间学生接到1号学生的传球后，根据1号学生所喊出的数字，将球传给相应同学。练习一分钟后，交换中间学生。

（3）六角形传球跑位（适合水平三的学生）

方法：首先五名学生一组，每名学生站在两个标志物中间，一名学生拿球。练习开始后，拿球学生传接球技术，将球随机传给一名同学，然后向没有人的一边跑动。可选择的技术动作分别有：双手胸前传接球技术、双手击地传接球技术、双手头上传接球技术、单手体侧击地传接球技术。其他同学应准备好接球，接到球的同学应运用相同技术动作，将球传给下一名同学，并且向没有人的位置跑动，其他同学依次进行练习。

4. 球性练习（适合水平二、水平三的学生的球性练习）

原地高、低姿运球练习，以右手运球为例，体会手指、手腕上吸下按运球动作以及手触球的部位和控制力度的大小。

球性练习

（1）原地高运球低运球。

（2）原地胯下运球。

（3）运球后转身。

（4）背后运球跑。

第三节　中学生大课间体育活动内容设计

一、中学生身体素质锻炼内容设计

(一)力量素质锻炼内容

1. 上肢力量

(1)宽距俯卧撑(适合水平四的学生)

宽距俯卧撑/臂屈伸/鳄鱼俯卧

目的:发展三角肌的前部、胸大肌以及肱三头肌等上肢肌肉的力量。

方法:练习者俯卧撑于垫上,腰背挺直,从侧面看身体呈一条直线,双手撑于胸部两侧,间距较标准俯卧撑宽。屈臂俯身至肘关节略高于躯干,然后伸臂起身还原,屈臂吸气,伸臂呼气。发力时动作加快,注意动作节奏。

练习组数:2 组。

练习强度:20 个。

组间休息:2 分钟。

场地器材:空地。

(2)臂屈伸(适合水平五的学生)

目的:培养学生上臂的力量。

方法:屈腿坐,两脚分开与肩同宽,脚后跟着地,两臂伸直、体后支撑,手指向前,核心收紧但不主动发力,以自身体重为负荷,做肘关节屈伸练习,臀部轻触地面,但不支撑体重。

练习组数:3 组。

练习强度:10 次。

组间休息:2 分钟。

场地器材:操场、瑜伽垫。

(3)鳄鱼俯卧(适合水平五的学生)

目的:培养学生上臂的力量。

方法:标准俯卧撑姿势开始,身体向下同时,右手稍向前,提左膝于体侧,左脚可落地保持平衡但不要发力,右手左膝同时还原后,换成左手右膝。若要减小难度可变成提膝之后,脚着地发力支撑;若要提高难度可变成提膝之后,脚不着地。

练习组数:3 组。

练习强度:10 次。

组间休息:2 分钟。

(4)俯卧撑交替摸肩(适合水平五的学生)

目的:发展学生上肢力量。

方法:练习者身体呈俯卧撑准备姿势,屈臂俯身至肘关节略高于躯干,然后伸臂推起还原,同时抬起一侧手臂经胸前触摸另一侧肩关节后还原。然后做第二次俯卧撑,另一侧手臂重复相同动作。注意动作节奏。

练习组数:4 组。

练习强度:10 次。

组间休息:3 分钟。

场地器材:空地。

2. 下肢力量

(1)抗阻跳远(适合水平四的学生)

目的:培养学生的下肢力量。

方法:站立位,将弹力带绕过腰腹部,选择合适弹力后将弹力带固定于身后。双臂摆动的同时向前跳远,然后慢慢回到原位。

抗阻跳远

练习组数:2 组。

练习强度:8 次。

组间休息:1 分钟。

场地器材:空地、弹力带。

(2)抗阻弓箭步走(适合水平五的学生)

目的:发展下肢力量。

方法:站立位,将弹力带绕过腰腹部,选择合适弹力后将弹力带固定于身后。吸气时将脊柱往上延伸,呼气时抗阻弓箭步走,重复练习数次。

练习组数:3 组。

练习强度:8 步。

组间休息:1 分钟。

场地器材:空地、弹力带。

(3)全蹲(适合水平五的学生)

目的:发展下肢力量。

方法:上体直立,目视前方,双腿开立与肩同宽,收腹塌腰,腰背挺直,平稳屈膝下蹲,屈膝下蹲至水平位置后快速用力伸腿还原成准备姿势,重复 5 至 8 次练习。

练习组数:4 组。

练习强度:8 个。

组间休息:2 分钟。

场地器材:空地。

3. 腹部力量

(1)平板支撑(适合水平四的学生)

目的:发展学生的腹部核心力量。

方法:练习者俯卧在瑜伽垫上,肘关节弯曲使前臂紧贴地面,双脚脚尖触地。保持头部、肩部、背部、胯部和踝部在同一平面,收紧腹部和臀部。双眼正向看着地面,保持匀称的呼吸。

平板支撑

练习组数:3 组。

练习强度:30 秒。

组间休息:2 分钟。

场地器材:空地。

(2)平板支撑交替抬腿(适合水平五的学生)

目的:发展学生的腹部力量。

方法:练习者肘关节弯曲使前臂紧贴地面,双脚脚尖触地。保持头部、肩部、背部、胯部和踝部在同一平面,收紧腹部和臀部。抬起左腿保持 2 至 3 秒,下落换右腿。双眼正向看着地面,保持匀称呼吸。

练习组数:3 组。

练习强度:左右各 10 次。

组间休息:2 分钟。

场地器材:空地。

(3)收腹举腿(适合水平五的学生)

目的:发展腹肌和髋关节屈肌群的力量。

方法:仰卧在瑜伽垫上,两腿伸直处于水平位置,两臂伸直自然置于体侧,收腹向上举起双腿至垂直部位,再慢慢放下成原来姿势。

练习组数:3 组。

练习强度:15 至 20 次为一组。

组间休息:2 分钟。

场地器材:瑜伽垫、空地。

4. 背部力量

(1)弹力带—站姿—反向飞鸟—弹力(适合水平四的学生)

弹力带/站姿/反向飞鸟

目的:发展学生的背部力量。

方法:首先双脚分开站立,距离与肩同宽。双手握住弹力带两端,双臂前平举,掌心向下,保持弹力带有一定的张力。双臂水平向两侧打开,做反向飞鸟练习,动作过程中保持双臂伸直。

练习组数:5 组。

练习强度:10 次。

组间休息:1 分钟。

场地器材:空地、弹力带。

(2)弹力带—剪草机后拉—单臂(适合水平五的学生)

目的:发展学生的背部力量。

方法:首先右脚在前、左脚在后站立,右腿屈曲,呈高分腿姿势。将弹力带的一端固定在右脚下,左手握住另一端。向前俯身,右手支撑于右侧膝关节上,左臂置于身体左侧,保持弹力带有一定的张力。右臂、躯干及下肢保持稳定,左臂屈肘后拉弹力带。

练习组数:5 组。

练习强度:10 次。

组间休息:1 分钟。

场地器材:空地、弹力带。

(二)速度素质锻炼内容

1. 反应速度

(1)大扫荡(适合水平四的学生)

目的:发展学生的反应速度。

方法:练习者围圈面向对圈内站立。持杆者站在圆心手持长竹竿,将竹竿逆时针或顺时针扫过练习者的脚下。竿经谁脚下即起跳,不让竿打上脚,被竹竿触及者要做相应的素质练习并换做持竿者继续练习,持竿者可突变划圈方向,训练练习者的反应。

大扫荡

组织形式:分小组进行,围成一个大圆圈。

(2)喊号追人(适合水平五的学生)

目的:发展学生的反应和跑的能力。

准备:在空地上,画一直径为 10 米的圆圈。

方法:学生围成一个大圆圈,从排头开始 1 至 4 向后报数,要求每人记住自己的号码。游戏开始，每人按规定方向沿圆圈慢跑，在跑步中听到教师喊某个号码时，该号码的人立即离队从队外沿圆圈向前疾跑去追赶前边的同号人。在跑回原位之前以手触及前面同号者得1分，如追不上，跑至自己原位时归队，重新开始。

规则：追逐者必须从圈外跑，没听到号者不得阻拦。

(3)跨下传球接力(适合水平四、五的学生)

目的：培养学生的反应能力、灵活性及跑的能力。

器具：两个篮球或足球。

跨下传接球

准备：首先在一块空地上，将学生分成人数相等的两个组，各成一路纵队站立，双脚分开，前后俩人控制好一定的距离。每队第一个人拿好球做准备。

方法：听到开始的口令后，每队第一人迅速把球从胯下向后滚，通过每个人的胯下滚到排尾，再由排尾的同学拾起后迅速跑到最前面，再重复上列动作，直到第一个人再次成为排头时结束，以先完成的小组为胜。

规则：球必须通过每个人的胯下到排尾，如停在中间则由附近的人接着向后滚。

2. 动作速度

(1)30米变向跑—30米加速跑(适合水平四的学生)

(2)快速跳绳(适合水平五学生)

方法：左右单脚跳10至15次—双脚交替跳20次—双脚前脚掌跳20次。

快速跳绳

练习组数：5组。

组间休息：1分钟。

场地器材：空地、长绳。

3. 位移速度

(1)交叉步接加速跑

先做5米交叉步跑，然后转体做加速跑20米。要求交叉步符合技术规格,动作协调,加速跑要发挥速度。每组 2 至 3 次,重复 2 至 3 组,组间歇 1 分钟。

位移速度

(2)加速跑变交叉步跑

加速跑 20 米接交叉步跑 5 米。要求加速跑达到一定速度,交叉步符合规格,动作协调。每组 2 至 3 次,重复 2 至 3 组,组间歇 1 分钟。

(3)倒退跑接加速跑

向后做倒退跑,听信号后急停向前加速跑。要求加速跑要发挥高速度,也可计时进行。每组 3 至 5 次,重复 3 至 5 组,组间歇 1 分钟。

(4)后蹬跑接加速跑

行进间后蹬跑 20 米,听信号后变加速跑 20 至 30 米。要求后蹬动作规范,用力方向向前,加速跑速度越快越好。重复 2 至 3 次为一组,重复 2 至 3 组,组间歇 1 分钟。

(5)单足跳接加速跑

开始做 10 至 15 米单足跳,听信号后变加速跑 20 至 30 米。要求以左右脚各做一次练习后变换,加速跑要达到最快速度。每组 2 至 4 次,重复 2 至 3 组,组间歇 1 分钟。

(三)耐力素质训练内容

1. 跳连环马(适合水平四的学生)

目的:发展学生的耐力素质。

方法:10 至 15 人一组,间隔 2 米成纵队,每人俯背摸腿成“人马”,排尾开始连续跳过人马至排头即加入“人马”行列。

练习组数:6 至 8 组。

练习强度:1 次。

组间休息:3 分钟。

场地器材:空地。

2. 双杠支撑连续摆动(适合水平五学生)

目的:发展学生的耐力素质。

方法:双杠上直臂支撑,以肩为轴做摆动,前后摆两腿要摆出杠面水平,两腿并拢、伸展。

练习组数:4 至 5 组。

练习强度:5 至 8 次。

组间休息:2 分钟。

场地器材:体操馆、双杠。

双杠支撑连续摆动/双杠支撑前进

3. 双杠支撑(适合水平五的学生)

目的:发展学生的耐力素质。

方法:双杠上直臂支撑,两臂交替前移,两臂各前移 5 次才返回。

练习组数:3 至 5 组。

练习强度:前移 5 次。

组间休息:2 分钟。

场地器材:体操馆、双杠。

(四)灵敏协调性训练内容

1. 听信号(适合水平四的学生)

目的:发展学生的灵敏协调性。

方法:排球场或空地,将学生分成人数相等的甲乙两个队。比赛开始,教师发出一声哨音后即计时,甲队队员追拍乙队队员。教师发出两声哨音时,乙队队员反过来拍甲队队员。当听到教师发出第三声哨音时,则全体学生原地站好。游戏进行到一定时间时,以队员拍到的对方次数多的为胜。计算集体得分时,则将每队个人的得分相加,以积分多的队为胜。

规则:必须在听到教师哨音后,才可做规定动作。逃跑者必须在规定的区域内奔跑,越出者以被拍论处。

2. 老鹰抓小鸡(适合水平五的学生)

目的:发展学生的灵敏协调性。

方法:根据学生的人数,平均分成两个组,使每组在 5 至 10 人之间。

方法:每组站成一排,后面的人抱住前面人的腰组成一个整体。游戏开始的命令下达后,各组之间相互混战,如有一组排头抓到另一组蛇尾时,被抓到的一组立刻淘汰出局,没有被抓到尾巴的一组,即是胜出组。

3. 不断的蛇(适合水平五的学生)

目的:培养学生的协调配合能力和跑的能力。

器具:标志物 10 个。

不断的蛇

游戏的准备:首先在一块平坦的场地,画一条起跑线,在起跑线的前方每隔 5 米放置 1 个标志物,共 10 个,在距起跑线前方 60 米处平行画一条终点线。将游戏者按人数平均分成两个组,在各自起跑线后成纵队站立,后面的人抱住前面人的腰做好准备。

方法:当听到"跑"的口令后,各队迅速出发,绕过标志物呈蛇形前进,以排尾先过终点的队为获胜。

规则:必须听口令起跑;每名学生不得碰撞及跨过标志物;如队伍发生散开时,应原地集合后方可前进。

(五)柔韧素质训练内容

1. 足跟竞走(适合水平四的学生)

目的:发展学生的柔韧性。

方法:在平地上,画两条相距 50 米的平行线,分别作为起点和终点线。学生成横队站在起点线后,大家脚跟着地,前脚掌和脚尖抬起离地,发令后两腿伸直,用脚跟交替向前行走,看谁最先到达终点线。

规则:行走中,两腿要求伸直,否则需回到起点重新开始。

2. 直腿拍球(适合水平五的学生)

目的:发展学生的柔韧性及球性。

方法:学生手持一个篮球,两脚伸直与肩同宽,然后用手拨球绕两脚做“8字形”地滚球2至5次,接着两脚向外移动一脚距离,同样再进行拨球,以此类推,直到两脚分开到极限为止,看谁两脚分开距离最远且能完成拨球。

规则:必须两腿伸直,否则无效。

3. 凌波仙子(适合水平四、五的学生)

目的:发展学生的腰部柔韧性。

方法:在平地或者草地上,两名学生手握竹竿两端,高度约与胸部同高。其他学生身体呈后仰姿势依次从竹竿下面通过,手及臀部不着地。顺利通过后再降低竹竿高度,以此类推,最后以能通过最低限度的为优胜者。

规则:首先身体任何部位不能碰到竹竿,否则为失败;每人每个高度允许挑战两次。

凌波仙子/步步高升

4. 步步高升(适合水平四、五的学生)

目的:发展学生大腿的柔韧性。

方法:学生2人一组,一起站在“肋木架”的一面,采用正压腿方式,将一只脚放于“肋木架”最下方的横杠上,坚持5至15秒,然后往“肋木架”上移一格,依此类推,达到自己的极限即可。

二、中学生不同运动项目活动内容设计

(一)操舞类活动内容

1. 健美操

(1)大众一级健美操

动作内容与做法请扫码观看和跟练。

(2)大众二级健美操

动作内容与做法请扫码观看和跟练。

大众一级 健美操　　大众二级 健美操

2. 关节操

(1)适合水平四学生的关节操

关节操

第一节　头部前屈后伸(2×8 拍)

双手叉腰,抬头后仰,同时呼气,双眼望天,停留片刻;缓慢地向前胸部位低头,同时吸气,双眼看地。

第二节　头部左右侧屈(2×8 拍)

头部缓缓向左肩倾斜,使左耳贴于左肩,停留片刻后,头部返回中位;然后再向右肩倾斜,同样右耳要贴近右肩,停留片刻后,再回到中位。

第三节　头部左右旋转(2×8 拍)

双手叉腰,先将头部缓慢转向左侧,同时吸气于胸,让右侧颈部伸直后停留片刻,再缓慢转向右侧,同时呼气,让左边颈部伸直后,停留片刻。

第四节　头部环转(2×8 拍)

双手叉腰,头部缓慢由左向右旋转一周,停留片刻后,反方向再旋转一周。

第五节　胸椎开合(2×8 拍)

双手放在肩关节,吸气时肘关节向两侧展开,挺胸仰头,呼气时肘关节相合,含胸低头。

第六节　肩关节绕环(2×8 拍)

双手放在肩关节,肘关节向上、向后环转,肩胛骨尽量贴近,(2×8 拍),肘关节向上、向前环绕。

第七节　肩关节提起与下沉(2×8 拍)

肘关节自然下垂,吸气时提起肩膀,想象肩膀碰到耳朵,呼气时肩膀下沉。

第八节　振臂(2×8 拍)

站立位,一侧上肢上举向后用力,同时另一侧上肢向下向后用力,双臂同时用力向后振。

第九节　扩胸(2×8 拍)

站立位,臂与肩平,双臂折弯,双手端于胸前,用力向后振动双臂,把两个肩关节充分打开。

第十节　腰部环绕(2×8 拍)

双手叉腰,腰部缓慢由左向右旋转一圈,停留片刻后,反方向再环转一圈。

第十一节　腰部侧伸展(2×8 拍)

两脚分开,略宽于肩,右手臂抬起,身体向左侧伸展,两腿保持伸直。

第十二节　膝关节旋转(2×8 拍)

两脚并拢,背部挺直,抬头半蹲,从左向右,旋转膝关节,转换方向,从右向左,再次旋转膝关节。

第十三节　手腕与脚踝旋转(2×8 拍)

双手十指正面交叉与胸平齐,做环绕腕关节活动,同时一脚脚尖点地,脚背朝前,以脚尖为重心做环绕活动。

(2)适合水平五的学生的关节操

第一节　唤醒关节(4×8 拍)

动作要点:

预备:站立。

第 1 个 8 拍:

1-4 拍:左脚向侧一步,比肩稍宽,上体向后伸展,双臂上举、外旋,手呈花掌,抬头 45 度。

5-8 拍:左脚并于右脚,两腿微屈成半蹲,同时含胸,双臂后伸、内旋,五指并拢,掌心向外,低头45度。

第2个8拍同第1个8拍,出右腿。第三至四个八拍同前两个八拍。

作用:缓慢伸展,牵伸全身关节,激活身体。

第二节　灵动关节(4×8拍)

预备:直立。

第1个8拍:

第1拍:左脚向前一步,双臂侧平举,掌心朝下。

第2拍:左膝弯曲成前弓步,双臂经前平举,左臂外旋并屈双肘,左掌心向右,右掌向下。

第3拍:左膝伸直,左臂内旋与地面平行,右臂外旋与地面垂直,左掌心向下,右掌向左。

第4拍:收左腿还原成站立姿势。

5-8拍同1-4拍,但方向相反。第二至四个八拍同第一个八拍。

第三节　下润关节(4×8拍)

预备:直立。

第1个8拍:

第1拍:右脚向后一步,双臂侧平举,掌心朝下。

第2拍:左膝弯曲成弓步,同时左臂侧下举,掌心向下,右臂侧上举,屈肘,手触左侧肩胛骨上缘,掌心向前,头转向左下45度。

第3拍:左膝伸直,两臂回到侧平举,掌心朝下。

第4拍:收右腿还原成站立姿势。

5-8拍同1-4拍,但方向相反。第二至四个八拍同第一个八拍。

作用:增加躯干下肢向后移动稳定性,同时提高上肢复合功能。

第四节　上滑关节(4×8拍)

预备:直立。

第1个8拍:

第1拍:左脚向一步,双臂侧平举,掌心朝下。

第2拍:左膝弯曲成弓步,同时左臂侧上举,掌心向下,右臂侧下举,屈肘,手触左侧肩胛骨下缘,掌心向后,头转向左上 45 度。

第 3 拍:左膝伸直,两臂回到侧平举,掌心朝下。

第 4 拍:收左腿还原成站立姿势。

5-8 拍同 1-4 拍,但方向相反。第二至四个八拍同第一个八拍。

作用:增加躯干下肢向前移动稳定性,同时提高上肢复合功能。

第五节　稳定关节(4×8 拍)

预备:直立。

第 1 个 8 拍:

第 1 拍:左脚向左侧一大步,约两倍肩宽,同时屈双膝至半蹲,两臂侧举,掌心向下。

双膝伸直,上体向左侧屈 45 度,两侧手臂垂直地面,手掌心向前,头向右转,眼看右手。

第 3 拍:上体回正,屈双膝至半蹲,双臂还原侧举。

第 4 拍:收左腿还原成站立姿势。

5-8 拍同 1-4 拍,但方向相反。第二至四个八拍同第一个八拍。

作用:增加躯干侧屈功能,提高躯干下肢额状面的动态稳定性。

第六节　协调关节(4×8 拍)

预备:直立。

第 1 个 8 拍:

第 1 拍:提膝至大腿平行地面,双臂侧举屈肘,掌心向前。

第 2 拍:双臂收于胸前,掌心相对,同时左髋打开。

第 3 拍:双臂外展,左髋内收,回到(第 1 拍)。

第 4 拍:收左腿还原成站立姿势。

5-8 拍同 1-4 拍,但方向相反。第二至四个八拍同第一个八拍。

作用:提高手腿协调性,增加旋转动作时身体的稳定控制力。

第七节　强壮关节(4×8 拍)

预备:直立。

第 1 个 8 拍:

第 1 拍:跳成分腿站立(微屈膝),两臂平举、屈肘 90 度,左臂外旋,掌心向前,右臂内旋,掌心向后。

第 2 拍:跳成并腿站立(微屈膝),左臂内旋,掌心向后,右臂外旋,掌心向前。

第 3 拍:跳成分腿站立(微屈膝),双臂侧上举,抬头 45 度。

第 4 拍:跳成并腿站立(微屈膝),同时两臂至体侧。

5-8 拍同 1-4 拍,但方向相反。第二至四个八拍同第一个八拍。

作用:加强心肺锻炼和重力刺激,同时提高全身的协调稳定能力。

第八节　整理关节(4×8 拍)

预备:直立。

第 1 个 8 拍:

第 1 拍:左脚向左侧一大步,约两倍肩宽,双臂侧举。

第 2 拍:两脚以前脚掌为轴向左转体 90 度,曲左膝成弓步。

第 3-4 拍:两臂经前摆至侧上举,掌心相对,抬头 45 度。

第 5-6 拍:两臂经前至体侧。

第 7 拍:两脚以前脚掌为轴向右转体 90 度,伸直双膝。

第 8 拍:收左腿还原成站立姿势。

第二个八拍同第一个八拍,出右腿。第三至四个八拍同前两个八拍。

作用:整理恢复,缓慢伸展,促进最大范围的全身活动。

3. 瑜伽操

(1)适合水平四学生的瑜伽操

体式一:猫伸展式。

四足跪姿进入,双腿双脚分开与肩同宽,脚掌蹬地,大腿垂直于地面,双手打开于肩宽垂直于地面,指尖朝前,吸气凹腰翘臀眼睛看向前上方,呼气低头弓背眼睛看肚脐,还原正位时,手掌依次推地还原成四足跪姿。建议重复完成两次练习,注重呼吸配合。

瑜伽操

体式二:猫扭转式。

四足跪姿进入,双腿双脚分开与肩同宽,脚掌蹬地,大腿垂直于地面,双手打开与肩宽垂直于地面,指尖朝前,吸气脊柱保持不动,呼气脊柱向左弯曲,头部和臀部偏向右侧,吸气时还原正位,呼气时反方向。建议重复完成三次练习。注重呼吸配合。

体式三:门闩式。

跪立,左脚脚掌蹬地,将右脚向右侧迈开一大步,脚尖指向正右方,右脚内侧与左腿膝盖在一条直线上,上体直立,双手侧平举;吸气时保持不动,呼气身体向右侧弯,右手放在右腿上,左手向上,大臂贴耳,向左转头,透过大臂内侧看向上方;再有能力者,深呼气再向下至双手抓握脚踝。反方向动作相同方向相反。建议重复完成三次练习。注重呼吸配合。

体式四:骆驼式。

跪立,双脚打开与髋同宽,双脚脚掌蹬地,大腿肌肉上提,收臀收腹,双手扶髋,双肘内收,胸骨上提,双眼目视正前方,呼气,身体后弯,双手依次放在双脚上,头保持在脊柱的延长线上,胸腔打开,髋部与膝盖在一条直线上并垂直于垫面。建议重复完成三次练习。注重呼吸配合。

体式五:三角扭转伸展式。

双脚分开约一腿长,初学者可以距离小一点,吸气延展脊柱,双手侧平举,掌心朝下,转左脚向左 90 度,膝盖与脚尖同向,右脚向左转 45 度。呼气,躯干向左及向下扭转,带动右手掌抓握左脚脚踝,左臂向上伸直,双手臂成一条直线垂直垫面,转头眼睛看上方手指尖的方向,伸展肩部。反方向动作相同方向相反。建议重复完成三次练习。注重呼吸配合。

(2)适合水平五学生的瑜伽操

体式一:幻椅式。

山式站立,双手体侧上举,呼气屈髋屈膝,臀部向后向下坐,大腿向下沉降,小腿往后推,胸腔上提,双肩放松下沉大腿肌肉收紧,保持 5 个呼吸。

体式二:战士 2 式。

山式站立,双脚分开大于一腿长距离,右脚尖外展 90 度,左脚微内扣。吸气,手臂侧平举,脊柱向上延展,呼气,屈右膝,身体垂直向下,保持 5 个呼吸,换另一侧。

体式三:三角式。

山式站立,双脚分开一腿长距离,右脚外展 90 度,左脚内扣 45 度,双手侧平举,身体向右侧屈,右手抓小腿胫骨或撑地,左手向上,转胸腔肚脐朝向正前方,保持 5 个呼吸,换另一侧。

体式四:加强侧伸展式。

三角式进入,转胸腔朝向右脚方向,吸气,脊柱延展向上,双腿伸直,呼气,上半身前屈向下,髋部中正,上半身平行地面,双手背后掌心相对,保持 5 个呼吸,换反侧。

体式五:三角扭转式。

加强侧伸展式进入,呼气,转胸腔肚脐朝向左侧,落右手在左脚外侧撑地,伸直左手臂向天花板,转头看向上方手指尖,保持 5 至 8 个呼吸,换反侧。

体式六:下犬式。

板凳支撑进入,脖颈、双肩放松,腋窝展开,腹部内收,坐骨推向最高点,脚跟向下踩,保持 5 个呼吸。

体式七:海豚式。

下犬式准备,依次落手肘向下,手掌心、小臂贴地,核心收紧,脖颈自然放松,脚跟向下踩,保持 5 个呼吸。

体式八:斜板式。

下犬式移重心向前到斜板式,腕在肩膀正下方,脚尖踩地,核心收紧,大腿收紧上抬,脖颈放松,保持 5 个呼吸。

体式九:弓式。

仰卧在垫面上,弯曲双膝,手臂从外侧抓握脚背脚踝,大腿收紧上抬,小腿往后推,带动身体、胸腔向后向上,脊柱延展,保持 5 个呼吸。

体式十:骆驼式。

跪立,双脚分开与髋同宽,双手扶髋,手肘内夹,吸气,胸腔延展,双肩后展,呼气推髋向前,身体后弯,双手抓脚跟,头在脊柱延长线,保持 5 个呼吸。

(二)武术类活动内容

1. 武术操《旭日东升》(适合水平四、五的学生)

动作内容与做法请扫码观看和跟练。

2. 太极拳(二十四式太极拳适合水平四、五的学生)

动作内容与做法请扫码观看和跟练。

3. 八段锦

动作内容与做法请扫码观看和跟练。

武术操　　太极拳　　八段锦

(三)田径类活动内容

1. 折返越障跑

(1)借用器材功能进行折返跑(适合水平四的学生)

画两条相距 100 米的横线作为起点和终点,在终点的前方画两个大圆圈,在圆圈里放置篮球、足球、排球、跳绳等,让学生每折返跑动一次,就利用圆圈中的某一个器材做一些适合边跑边“动”的动作。如跑跳绳,篮球、足球运球,排球垫球,利用球类边跑边绕腰、边跑边自抛自接、边跑边做腿下“8”字穿梭等方法进行折返跑。要求每折返跑动一圈,就选择圆圈中的任一器材进行边跑边“动”的练习,直至将圈中所有器材使用一遍,再换人进行下一组练习。

(2)穿越障碍(适合水平五的学生)

目的:培养学生的灵活性及奔跑能力。

器具:栏架 8 个(每队 4 个)

游戏的准备:面对起跑线,距起跑线 10 米处放一高 1.067 米栏架,距此栏 10 米处再放一栏架，高 1.067 米（高栏），距此栏 10 米处再放一低栏架，距此栏 10 米处再放高栏架。然后将游戏者分成人数相等的两个组，成纵队立于起跑线后。

方法：听到比赛开始的口令后，排头队员跑至低栏处跨过此栏。向前跑至高栏处钻过高栏，再依次跨过低栏、钻过高栏，然后跑回本队，拍下一位同学的手后，该同学再开始重复上一位同学的练习。依次进行，以最先完成并跑完全程的队为胜。

规则：不得碰倒栏架，如碰倒栏架则必须把栏架扶起并原样放回原处。

2. 二人三足（适合水平四、五的学生）

目的：培养学生的灵活性及跑的能力。

器具：柔软结实的尼龙带若干。

游戏的准备：在平坦的场地上画一条起跑线，在起跑线前 25 米处放小旗子或标志物。将学生分成偶数人数相等的两个组，在起跑线后站立，每组学生二人一组并排站立，把相邻的两腿用尼龙带绑好。

二人三足

方法：听到游戏比赛开始的口令后，二人向前用三足快跑，绕过标志物后返回，拍下两位同学的手后，另外两位同学再继续跑，依次类推，直到全部同学跑完全程，哪组同学先跑完全程为胜。

规则：必须绕过标志物才能返回。

3. 变向接力跑

（1）折返跑（适合水平四的学生）

器具：接力棒两个

游戏的准备：在一块平坦的场地上画一条直线做起跑线。在起跑线的前方每隔 5 米画一条平行线，共 5 条线，最后一条线为终点。将学生按人数平均分成两组，在起跑线后站立，第一名同学拿接力棒。

折返跑

方法：当听到“跑”的口令后，各队第一名同学迅速出发，用手触及 5 米线后返回，用手触及起跑线后再返回，再用手触及10米线后返回，用手触及起跑线后再返回，依此类推，直到触及最前面的线后再返回起点，将接力棒交给下一位同学，依次进行，先做完的队为胜。

规则：必须听口令起跑，必须触及白线后方可跑进。如未触及白线则返回后重新触及白线后方可跑进。

(2) 跨栏接力跑（适合水平五的学生）

目的：培养学生的跑及跨栏的能力。

器具：栏架6个，接力棒两个。

游戏的准备：在平坦的场地上画一起跑线，起跑线前方（距离视情况而定）放一栏架（低栏），一定距离后再放置两个栏架，高度、距离都相等。将游戏者分成人数相等的两个组，成纵队立于起跑线后。

方法：听到游戏比赛开始的口令后，第一名队员持接力棒向前跑，跨过3个栏架后返回，将接力棒传给下一个同学，下一个同学重复进行，依次到最后一名同学后游戏结束，以先完成的队为胜。

规则：不得碰倒栏架，如碰倒栏架则必须把栏架扶起并原样放回原处，必须依次通过每一个栏架。

(3) 背人接力跑（适合水平四、五的学生）

目的：发展学生的腿部力量及跑的能力。

准备：需要两个接力棒，在一块平坦的场地上画一条直线做起跑线。在起跑线前15米处插一面红旗作为返折点。将学生按人数平均分成两组，每组中两人一小组，一名同学背另外一名同学，在起跑线后站立。两组的两个排头队员被背者拿接力棒。

方法：听到开始的口令后，两组排头的两个同学迅速出发，绕过返折点后返回，在起点把接力棒传给下一位被背的同学，游戏继续进行。以最后一名同学通过起点的先后次序判别名次。

规则：每位同学必须背别人跑一次，也必须被别人背跑一次。途中如有掉下者在原地背上后继续进行。

4. 好玩的跳

(1)看谁先到(适合水平四的学生)

目的:发展学生的协调能力及下肢力量。

游戏的准备:在一块平坦的场地上画两条相距40米的直线做各自的起跑线。将学生按人数平均分成两组,在各自的起跑线后站立。

方法:当听到教师喊开始时,两组排头同学用蛙跳迅速出发,当两组排头同学相遇时,两人猜拳,胜者继续前进,败者队的同学立即下场,另一同学迅速从起点出发,当两人再相遇时,依然猜拳,重复进行。哪队的同学先到达对方的起点为胜。

规则:每位同学必须用蛙跳前进,后出发的同学不得提前出发,败的同学不得阻拦对方队员前进。

(2)夹足球接力比赛(适合水平五的学生)

目的:发展学生的灵活性及腿部力量。

准备:需要足球数个。在一块平坦的场地上相距10米左右画两条平行线作为起点和折返点。将学生两人一组,起点和折返点各站一人,起点的同学用两腿膝关节夹住球,在起跑线后站立。

夹足球接力赛

方法:当听到教师喊开始时,所有起点的同学夹球向前跳,到折返点后,把球和队友交接后由队友夹球跳回起点。以先回到起点的组为胜。

规则:球不得掉到地上,如球掉到地上,则由掉球者捡起后返回掉球处重新开始。

5. 梯子上跑(动作内容与做法请扫码观看和跟练)

(1)单脚连续跳。

(2)闭合跳。

(3)跳飞格。

(4)快速跳。

(5)前前后。

梯子上跑

（6）后滑雪步。

（7）90 度转身。

（8）跳三退一。

（9）闭合蹲跳。

（三）足球类活动内容

1. 足球操

第一节（4×8 拍）

双手持球于胸腹部，原地踏步。

第二节（4×8 拍）

足球操

第 1 个 8 拍：

1–4 拍：双手持球于胸腹部，上举至头顶，两臂贴住耳朵，同时两脚踏步。

5–8 拍：将球前平举胸腹部，同时两脚踏步。

第 2 个 8 拍：

1–4 拍：将球在胸腹部，身体向左转 90 度，同时两脚踏步。

5–8 拍：身体向右转 90 度，平举胸腹部，同时两脚踏步。

第 3 个 8 拍：

1–4 拍：将球在胸腹部，身体向右转 90 度，同时两脚踏步。

5–8 拍：身体向左转 90 度，平举胸腹部，同时两脚踏步。

第 4 个 8 拍：

1–4 拍：双手持球于胸腹部，上举至头顶，两臂贴住耳朵，同时两脚踏步。

5–8 拍：两臂弯曲双手将球处于胸腹部，同时两脚踏步。

第三节（4×8 拍）

第 1 个 8 拍：

1–4 拍：将球挎在左腰侧，向前慢跑 4 步（左脚先开始）第 4 拍时右腿提膝大小腿 90 度。

5–8 拍：向后退 4 步还原到原位。

第 2 个 8 拍：

1–4 拍：将球挎在左腰侧，向前慢跑 4 步（右脚先开始）第 4 拍时左腿提膝大小腿 90 度。

5–8 拍：向后退 4 步还原到原位。

第三、四个八拍同第一、二个八拍。

第四节（4×8 拍）

4×8：将球放在地面球与脚 30 厘米处，左右脚交替踩球的正上方。

第五节（4×8 拍）

第 1 个 8 拍：

1–4 拍：将球举过头顶，向前慢跑，（左脚先开始），3 拍时双手向前抛球动作，4 拍时双手回到头顶

5–8 拍：向后退 4 步还原到原位。

第 2 个 8 拍：

1–4 拍：将球举过头顶，向前慢跑，（右脚先开始），3 拍时双手向前抛球动作，4 拍时双手回到头顶

5–8 拍：向后退 4 步还原到原位。

第三、四个八拍同第一、二的八拍。

第六节（4×8 拍）

第 1 个 8 拍：

1–4 拍：将球放到距离自己 4 步的位置（左脚先开始），慢跑，4 拍时左脚在球的侧后方 10 厘米，右脚向右 90 度脚心触球的中后方。

5–8 拍：向后退 4 步还原到原位。

第 2 个 8 拍：

1–4 拍：右脚先开始慢跑，4 拍时右脚在球的侧后方 10 厘米，左脚向左 90 度脚心触球的中后方。

5–8 拍：向后退 4 步还原到原位。

第 3 个 8 拍：

1–4 拍：将球放到距离自己 4 步的位置，（左脚先开始），慢跑，4 拍时左

脚在球的侧后方 10 厘米，右脚向右 90 度脚心触球的中后方。

5-8 拍向后退 4 步还原到原位。

第 4 个 8 拍：

1-4 拍：右脚先开始慢跑，4 拍时右脚在球的侧后方 10 厘米，左脚向左 90 度脚心触球的中后方。

5-8 拍：向后退 4 步还原到原位。

第七节（4×8 拍）

第 1 个 8 拍：

1-4 拍：一人将球双手举到头顶 45 度方向，距离自己 4 步的位置，（右脚先开始）慢跑第 4 拍时左脚起跳，头向球的方向顶。

5-8 拍：向后退 4 步还原到原位。

第二至四个八拍同第一个八拍。

第八节（4×8 拍）

第 1 个 8 拍：

双手持球于胸腹部，1 拍双脚跳开，将球从身前上举至头顶，2 拍双脚并拢，将球下拉至腹前，3-8 拍重复 1-2 拍。

第二个八拍同第一个八拍。

第 3 个 8 拍：

双手持球于胸腹部，1 拍双脚跳成小右弓步，将球从胸腹部向前平举，2 拍双脚并拢，双手收回将球持于胸腹部，3-4 拍重复 1-2 拍，5-8 拍同 1-4 拍。

第 4 个 8 拍同第 3 个 8 拍。

2. 颠球比赛

组织：比赛分为男子组和女子组，比赛时每位选手有一分钟的颠球时间（在规定时间，规定区域内进行颠球），统计每位选手的颠球数量，进行取名次。颠球时，除手以外的身体任何部位均可触球，颠球过程中不得触及其他任何障碍物，可以玩花样，但仍以一个计数，若足球落地，则重新开始颠球计数，每人 3 次机会，取最高数。

3. 足球接力

(1)适合水平四学生的足球接力

场地器材:足球场、足球杆、足球.

准备:标记两个三角形(边长 15 米),分两组。每队的球员分布在三角形的三角上(标记杆标记),其中两个标记杆旁边只允许站一个球员。

颠球

方法:指令下,A 脚内侧直线运球向 B 并击掌,B 脚内侧直线运球冲刺向 C 并击掌。C 脚内侧直线运球向 A。哪一队的所有球员最先到达起点算胜利方。

(2)适合水平五学生的蛇形接力

场地器材:足球场、足球杆、足球。

组织:两根标记杆标记起始位置,每根标记杆之前放置四根标记杆,要求球员蛇形绕杆分两队。

足球蛇形接力

方法:每队第一名球员同时起跑,蛇形绕杆后跑回和下一名球员击掌,哪一队可以最先完成三次绕杆算胜利方。

4. 足球球性练习

(1)适合水平四、五学生的练习

动作一:脚掌揉球训练。

起始位置:身体直立,两脚前后开立,左脚支撑身体,右脚前脚掌踩球的上部。

合适水平四五的足球球性练习

动作要领:单腿支撑膝关节微屈,触球的脚落在球的上部。两臂自然伸开保持身体的平衡,由内向外地或者由外向内画圆,意在提高脚底对球的熟悉程度,提高脚底的球性,从用眼睛看球,到最后不用眼睛看球。

动作二:胯下推停球训练。

起始位置:大腿上的肌肉要适当放松,在停球时大腿与足球接触前的刹那间,立刻将大腿迅速撤引挡球,使球停在脚下。

动作要领：面对来球，停球腿以大腿中部对准来球，肌肉适当放松，屈膝稍前迎。当大腿与球接触前的刹那，快速后撤挡球，使球落在衔接下一个动作的位置上。

动作三：脚背外侧运球加转身。

起始位置：直立，双脚开立，膝盖稍弯曲。

动作要领：右脚前脚掌将球从身体左前方拉至身体前，换右脚脚弓触球，向身体右前方推出；左脚前脚掌将球从身体右前方拉至身体前，换左脚脚弓触球，向身体左前方推出，以此反复。

动作四：钟摆过人。

运球过程中将同侧脚向同侧跨出，落地以后，用异侧脚，脚外侧将球拨出。

（三）篮球类活动内容

1. 篮球操

（1）适合水平四、五学生的篮球操。

篮球操

第一节　双手拿球，双膝微屈伸（4×8 拍）。

第二节　右手拍球，左手抬起（4×8 拍）；完成后反之再做（4×8 拍）。

第三节　右手拍球（2×8 拍），左脚蹲下，右脚侧伸，右手拍球（2×8 拍），完了换手换脚做同样动作的 2 个（4×8 拍）。

第四节　双手交叉拍球（4×8 拍），右手拍球，左手抬起（2×8 拍），双手交叉拍球（2×8 拍）。

第五节　连续 4 个左转 90 度，每个左转 90 度，先右手拍球，左手抬起（2×8 拍）后双手交叉拍球（2×8 拍），共 16 个八拍。

第六节　右膝着地，左脚弯曲，左手指 45 度朝天指（2×8 拍），起身左手排球，右手微曲（2×8 拍），左膝着地，右脚弯曲，右手指 45 度朝天指（2×8 拍），起身右手拍球，左手微曲（2×8 拍）。

第七节　先右手拍球（2×8 拍），后双手交叉拍球（2×8 拍），再左手拍球

(2×8 拍),最后双手交叉拍球(2×8 拍)

第八节 连续 4 个左转 90 度,每个左转 90 度,先右手拍球,左手抬起(2×8 拍)后双手交叉拍球(2×8 拍),共 16 个八拍。

第九节 右手拍球(8×8 拍)

(2)适合水平四、五学生的篮球操

预备节(2×8 拍)

双手持球于胸前原地踏步两个八拍。要求身体保持正直,不能左右晃动。

第一节(4×8 拍)

第 1 个 8 拍:

1 拍左脚向左跨一步,与肩同宽,同时双手体前伸球,2 拍右脚向左脚靠拢,同时双手收回至胸前,3 拍右脚向右跨一步,与肩同宽,同时双手体前伸球,4 拍左脚向右脚靠拢,同时双手收回至胸前。

5-8 拍与 1-4 的动作相同。

第 2 个 8 拍:

1 拍左脚向左跨一步,与肩同宽,同时双手体前伸球,2 拍右脚向左脚靠拢,同时双手收回至胸前,3 拍与 1 拍相同,4 拍与 2 拍相同。

5-8 拍与 1-4 拍动作相同,但方向相反。

第 3 个 8 拍:

1 拍左脚向左跨一步,与肩同宽,同时双手向上伸球,2 拍右脚向左脚靠拢,同时双手收回至胸前,3 拍右脚向右跨一步,与肩同宽,同时双手向上伸球,4 拍左脚向右脚靠拢,同时双手收回至胸前。

5-8 拍与 1-4 拍的动作相同。

第 4 个 8 拍:

1 拍左脚向左跨一步,与肩同宽,同时双手向上伸球,2 拍右脚向左脚靠拢,同时双手收回至胸前,3 拍与 1 拍相同,2 拍与 4 拍相同。

5-8 拍与 1-4 拍动作相同,但方向相反。

第二节(2×8 拍)

第 1 个 8 拍：

V 字步,1 拍右脚右前 45 度迈出,2 拍左脚做前 45 度迈出,3 拍右脚回到站立位置,4 拍左脚回到站立位,1-4 拍双手抱球提前环绕一圈。5-8 拍重复 1-4 拍的动作。

第二个八拍同第一个八拍,但是方向相反。

第三节(2×8 拍)

第 1 个 8 拍：

1 拍左脚向左 45 度角斜跨一步,同时双手持球向前伸球,2 拍右脚向 45 度角斜跨一步,同时双手持球至右侧,3 拍左脚收回,同时双手收回至胸前,4 拍右脚收回。

5-8 拍与 1-4 拍动作相同,但方向相反。

第 2 个 8 拍：

1 拍左脚向左 45 度角斜跨一步成左弓步,同时双手持球向左前伸球,2 拍右脚向上提膝收腿,双手持球收回至身体右侧腰部,3 拍还原成第一拍动作,4 拍左脚收回,同时双手收回至胸前。

5-8 拍与 1-4 拍动作相同,但方向相反。

第四节(4×8 拍)

第 1 个 8 拍：

1-4 拍双脚开合跳做两次,手上动作双手持球前伸收回做两次,5-8 拍脚上动作同 1-4 拍,手上动作双手持球上伸收回做两次。

第 2 个 8 拍同第 1 个 8 拍。

第 3 个 8 拍：

1 拍双手持球于胸前,向左跳 90 度,2 拍双手持球于胸前,再向左跳 90 度,3 拍双手持球于胸前,继续向左跳 90 度,4 拍双手持球于胸前,还原成预备姿势。5-8 拍从左脚开始至右脚原地跳 4 个 8 拍。

第 4 个 8 拍与第 3 个 8 拍动作相同但方向相反。

第五节(4×8 拍)

体前双手互拨球 2 个 8 拍。五指自然分开,掌心相对,胸前互拨球。手指放松,第一指关节接触球,腰部绕球两个八拍。

第六节(4×8 拍)

双手拍球 2 个 8 拍,接双手互拨球 2 个 8 拍。拍球要求:屈膝半蹲,五指自然张开,用力向下拍球。互拨球要求:屈膝半蹲,五指自然分开,掌心相对,体前互拨球。

第七节(8×8 拍)

原地运球共 4 个 8 拍,右手运球 2 个 8 拍,左手运球 2 个 8 拍。右手运球时左脚在前,左手曲肘至体前,五指自然分开,眼睛平视前方;左手运球时右脚在前,右手曲肘至体前,五指自然分开,眼睛平视前方。

第八节(2×8 拍)

直线左右移动运球。第 1 个 8 拍右手运球向左移动,走一步并一步共八拍。左手运球向右移动,走一步并一步共八拍。第 2 个 8 拍重复做一遍。

第九节(2×8 拍)

原地绕圈运球:第一个八拍 1-4 拍右手向左绕运球,5-8 拍原地运球,第二个八拍同第一个八拍,但方向相反。

第十节(2×8 拍)

调整动作 2 个 8 拍:

第 1 个 8 拍:

1-4 拍为原地踏步,5-6 拍为左脚向左跨一步,屈膝半蹲,同时双手体前伸球。7-8 拍为左脚向右收回的同时双手,收回还原成立正姿势。

第 2 个 8 拍:

1-4 拍为原地踏步,5-6 拍为左脚向左跨一步,屈膝半蹲,同时双手向上伸球。7-8 拍为左脚向右收回,同时双手收回还原成立正姿势。

2. 投篮练习

(1)适合水平四、五学生的投篮练习

动作一:原地单手肩上投篮单手持球。

方法：投篮手五指自然分开，用手掌外沿和指根以上部位托住球的后下方，手心空出，手腕后仰，球的重心落在食指和中指之间。肘关节自然下垂，置球于同侧肩的前上方。以右手投篮为例（后同）右脚在前，左脚稍后，两膝微屈，重心在两脚之间，右臂屈肘略内收，上臂与地面接近平行，五指自然分开，手腕后仰，手心空出，举球右肩前上方，左手扶球的左侧，两眼注视瞄准点。投篮时，两脚蹬地，同时右臂向前上方伸出，手腕前屈，食、中指用力拨球，通过指端将球投出手向前上方自然伸展。

适合水平四五篮球投篮练习

动作二：跳投动作方法。

方法：以右手投篮为例，双手持球于胸前，两脚前后或左右自然开立，两膝微屈，重心落在两脚之间。投篮时，两脚用力蹬地向上起跳、提腰，同时双手举球至右肩前上方，方身体腾空接近最高点时，左手离球，右臂向前上方伸展，利用手腕前屈和手指拨球力量将球通过指端柔和投出。落地时屈膝缓冲，保持身体平衡。

动作三：坐姿投篮动作方法。

方法：盘腿坐在地面上，投篮时，右臂向前上方伸出，手腕前屈，食、中指用力拨球，通过指端将球投出手向前上方自然伸展。

动作四：躺姿投篮。

方法：仰卧躺在地面上，投篮时，右臂向前上方伸出，手腕前屈，食、中指用力拨球，通过指端将球投出手向前上方自然伸展。

3. 篮球球性练习

（1）适合水平四、五学生的篮球球性练习。

第一个动作：持球绕环，双手拿球在头、腰、腿区域环绕 3 组，每组三次，间歇 15 秒。

第二个动作：指尖拨球。双手持球，指尖上下拨球 3 组，每组 20 次，间歇 15 秒。

适合水平四五篮球球性练习

第三个动作：胯下 8 字绕环。由外向内和由内向外各 20

次,3 组,间歇 15 秒。

(2)适合水平四、五学生的篮球球性练习。

第一个动作:右手推拉球 20 次,3 组,间歇 15 秒。

第二个动作:左手推拉球 20 次,3 组,间歇 15 秒。

第三个动作:胯下手指拨球由外向内 20 次,3 组,间歇 15 秒。

第四个动作:胯下手推球由内向外 20 次,3 组,间歇 15 秒。

第五个动作:背后双手推拨球 20 次,3 组,间歇 20 秒。

适合水平四五篮球球性练习

4. 篮球运球练习

练习一:原地运球练习:30 秒×5 组。

动作要点:单手原地运球,双脚与肩同宽前后站立,屈膝,右手往下压球,球落点在脚外侧,球不能高于腰部。

篮球运球练习

练习二:原地体前变向运球:20 次×3 组。

动作要点:两脚开立,屈膝,两手交替拍按球的外侧上方,使球向两侧弹起,反复练习。

练习三:行进间运球练习:15 米折返 1 次×3 组。

动作要点:上体稍前倾,抬头看前方,以肘关节为轴,用手拍按球的后上方,把球的落点控制在身体侧前方。手脚协调配合,使球有节奏地向前运行。

练习四:行进间体前变向运球练习:15 米折返 1 次×4 组。

动作要点:运球前进中,右手按拍球的右后上方,使球从自己的体前右侧反弹到左侧前方,同时右脚蹬地向前跨出,上体左转,用肩保护好球,换左手运球,向前推进。

练习五:原地单手肩上投篮练习:10 个×2 组。

动作要点:以右手投篮为例,两脚左右或前后开立,两膝自然微屈,重心落在两脚掌上,右手五指自然分开,翻腕至球的后上方的位置,左手扶在球的侧下方,将球举到头部右侧上方位置,目视球篮,大小臂约 90 度,肘关节内收。投篮时下肢用力蹬地,身体随之向上前方伸展,同时抬肘向投篮方向伸臂，用手腕前屈和手指拨球动作，使球柔和地从食、中指端线投出，球离手时两臂要随球跟送，脚跟提起。

第四节 羌舞健身广播操创编与实践

一、背景

2008年汶川大地震，北川中学虽然不是震中地区，但遭受的打击却是最严重的，90%的房屋全部倒塌了，北川中学成为当时抗震救灾中人们关注的焦点。幸存的学生被安排到绵阳异地复课。震后不久天津体育学院教授杨茜萍在浏览新闻时看到了郑海洋躺在夹缝下的照片，充满求生的眼神和棱角分明的英俊脸庞，让她记住了这个学生。在杨教授的带领下学校成立了北川工作组，定点支教、援助。笔者曾作为北川工作组的成员，投入北川支教的旅程，带领支教的同学们走入北川中学的板房里，根据当地的羌族舞蹈创编了《羌舞健身广播操》。

二、研究的依据

（一）广播体操的发展与创新需要

广播体操的锻炼群体越分越细，编排的风格越来越突出，如何使操的创编不断富有新意成为诸多学者研究的热点，同时也成为制约广播体操发展的关键。因此，只有广泛吸取其他学科的营养，不断探索新途径，借鉴新元素，才能突破发展的障碍和瓶颈，更好地为学校大课间体育服务，适应时代发展与人们精神文化的需求。

（二）“操”与“舞”融合时代的需要

随着互联网+的推进、新媒体的传播推广、艺术和体育工作者的相互借鉴融合，这些因素使舞蹈和体育被挖掘开发出适合百姓健身锻炼的新内容和新形式，受到越来越多群体的追捧。这一新趋势不但使舞蹈更加贴近大众，也为广播体操的发展创新打开了更广阔的视野，创造了新的延伸领域，扩展了丰富的创作素材。将广播体操与民族民间舞蹈以一种科学合理、形式多样、简单易学的形式为特点进行开发，为“操”“舞”开拓出新空间，注入新活力。

(三)民族传统文化的利用与开发

国家体育总局制定的《全民健身计划纲要》中提出进一步发挥少数民族地区的优势，开发民族体育资源，做好民族传统体育项目的挖掘、整理和推广工作的工作方针。与此同时，《国家“十一五”时期文化发展规划纲要》也明确指出“重视中华优秀传统文化教育和传统经典、技艺的传承……加强重要文化遗产保护。”这就使继承和发扬民族传统文化，利用和开发民族传统文化成为新时期体育工作者的重要方向，为利用民族传统文化开发新型广播操创造了新契机。

羌族因汶川大地震引起关注，虽然羌族非物质文化遗产在大地震中遭到了严重损毁，同时这一文化遗产的保护和传承得到了前所未有的关注和重视。如何使这一古老的民族传统文化在现代社会中得到继承、弘扬和发展则是亟待思考和研究的问题。

(四)民族地区学校体育校本课程开发与利用

2004年中宣部、教育部制定的《中小学开展弘扬和培育民族精神教育实施纲要》指出各学科要有机渗透民族精神教育，把弘扬和培育民族精神教育纳入中小学教育全过程，贯穿在学校教育教学的各环节、各个方面。2011年国务院又在《全民健身计划(2011—2015年)》中提出：“在少数民族地区开展以民族优秀体育项目为主要内容的体育竞赛和活动，在学校体育课和课外活动中设置与优秀民族体育项目相关的教学内容……广泛开展民族传统体育教育活动，举办民族民间传统体育项目展示和竞赛活动，促进各民族、地区间交流，扩大民族民间传统体育的国际影响力。”的具体要求。不难看出国家对民族地区、民族传统文化和民族传统体育的高度重视，以及对开发校本课程的大力支持。

三、研究目的与意义、对象与方法

(一)研究目的与意义

研究羌族舞蹈主题广播操创编的目的，是为了探索在多元文化背景下我国民族民间艺术形式与体育健身项目相融、相承、共发展的可行途径。从校本课程内容开发的角度，从羌族舞蹈切入，挖掘其中具有典型风格元素的内容创编成广播操，为羌族舞蹈传承和广播操的可持续发展寻求更广阔的空间；为学校体育工作服务，拓展校本课程内容，提供开发视角和实践经验。

(二)研究对象

以羌族舞蹈动作元素和广播体操创编为研究对象，根据北川中学学校历史和生源等民族特色，创编一套具有羌族舞蹈特色的健身广播体操。

(三)研究方法

1. 文献资料法

通过文献、INTERNET 检索等方式，收集、鉴别整理有关广播体操发展历程和特征特点等研究成果，查阅了《全民健身计划纲要》《2001—2010 年体育改革与发展纲要》《国家“十一五”时期文化发展规划纲要》《羌族文化保护计划》等有关体育与文化的政策纲要，阅读了《羌去何处：紧急保护羌族文化遗产专家建言录》《中国民族民间舞蹈集成(四川卷)》等有关羌族文化著作，以及羌族舞蹈特征特点等方面的文章。根据研究目的和内容的需要，进行文献梳理、综合评价与分析，为本文的研究提供充足的理论参考。

2. 田野调查法

2009年10月和2010年3月、5月先后走访了两个羌寨，四川省阿坝州理县的桃坪羌寨和青片乡的五龙羌寨，对四川省北川羌族自治县民间艺术团团长兼领舞及部分民间艺人进行了访问。之后又分别访问了两所大学即西南民族大学和阿坝师范学院，对羌族文化研究专家贾银忠、陈兴龙和部分相关学者进行了家访和座谈。最后与北川中学校长刘亚春和全体体育教师针对本项研究进行了研讨。调查及访问内容有：

对羌族文化的认识、羌族民间艺术形式、羌族舞蹈的风格特征、羌族舞蹈的动作元素及方法。目的是了解羌族舞蹈继承和发展现状、观摩并学跳羌族舞蹈以及掌握和理解羌族舞蹈的典型风格。

表2-1 访问对象的基本情况

	教　授	副教授	教　师	民间艺人	合计
被访问人	刘亚春	周彦宏*	顾文韬*	李永红*	
	陈兴龙*	赵　东	吴　崟*	王官全*	
	贾银忠*	杨祥全*	罗　涛	王　川*	
	罗清扬*	于新保*	苟义国		
	汪静泉*		何江涛*		
	孟昭鑫				
合计	6	4	5	3	18

注：*表示有羌族舞蹈研究经历的学者

3. 录像分析法

在羌舞主题广播体操开发创编前期，通过对田野调查拍摄的羌族舞蹈录像视频的分析研究，发掘提炼出具有羌族舞蹈的典型动作元素，融入广播体操的开发创编之中。研究后期，通过录像视频对整套操的动作结构、身体参与运动部位以及动作节奏节拍等相关内容进行统计分析。

4. 问卷调查法

根据研究内容和访问调查得到的材料，遵循社会学和体育测量与评价对关于问卷的基本原则和要求，设计了羌舞主题广播操调查问卷。为保证调查结果的有效性和可靠性,对问卷进行了信度和效度检验。

(1)问卷的信度检验

本研究采用再查信度法对问卷进行检验,即对同一对象前后进行两次调查,然后比较调查结果,两次测验的时间相距两周,教师和学生分别全部再测,然后求出两次测验数据的相关系数。教师再测信度系数达到0.89以上,学生再测信度系数为0.87以上,均达到高度显著性水平,说明本问卷有较好的稳定性,调查结果能够较为真实地反映问卷填写人的情况。

(2)问卷的效度检验

采用经验评价方法,通过“内容”有效性估计问卷的有效程度,即请相关专家评价调查内容的有效性和正确性。专家对问卷的内容和结构的效度进行评价,总体评价结果为“合适”。(见表2-2)

表2-2 问卷效度检验专家评价结果一览表

相关专家	职称	非常合适	合适	比较合适	不太合适	不合适
学校体育学	教授		2			
	副教授	1	1			
心理学	教授		2			
体育统计学	教授	1				
体育教育训练学(体操方向)	教授	2	1			
	副教授	1	2			
总计		5	8			

(3)问卷的发放与回收

问卷针对北川中学师生对羌舞健身广播体操的喜爱程度、动作编排和音乐喜欢程度等方面进行调查,了解师生学习羌舞主题广播操后的体会,并对其进行分析。

以北川中学体育教师和学生为本次问卷的调查对象。体育教师总样本量为5人,发放问卷5份,回收5份,有效问卷5份,有效率100%。学生总样本量为1292,按照30%计算出调查样本数,根据每个年级总样本数的30%平均分配到每个班,最后根据每班样本指标数,按照学号顺序抽取单数学号学生填写问卷。发放学生问卷387份,回收387份,剔出无效问卷9份,有效问卷378份,有效率98%(见表2-3)。

表2-3　问卷发放与回收情况

对象	总样本量	发放(份)	回收(份)	回收率	有效率
教师	5	5	5	100%	100%
高一	456	136	136	100%	99%
高二	449	134	134	100%	99%
高三	387	116	116	100%	100%
合计	1292	386	386	100%	98%

问卷发放与回收:发放问卷时间是在师生掌握羌舞主题广播操后于2011年10月30日和11月14日分两次对北川中学师生进行问卷调查和再测,教师采取现场发放问卷,现场作答、现场回收的方式,学生是采用在体育课上发放问卷,现场作答、现场回收的方法,较好保证了问卷的回收率。

(5)数理统计法

运用SPSS17.0数理统计软件和Excel软件对所有问卷的原始数据进行统计学处理和分析。

四、研究结果与分析

(一)羌族舞蹈典型动作元素的选取与运用

创编本套操的核心目标就是取羌族舞蹈之“水”,浇广播体操之“树”,培育崭新的民族特色之“花”。因此创编过程中始终遵循每一节动作的素材都要寻找到与健身锻炼目的、要求相符合的羌族舞蹈元素,从而使整套操能够呈现出羌舞风格,突出羌舞主题。

表 2-4　各节动作羌族舞蹈典型动作元素运用一览表

动作名称	典型元素	风格特点
热身运动	踮步+碎踏步	热情欢快
四肢运动	屈伸+点地	端庄朴实
肩部运动	划手+扣膝蹲+胴体轴向转动	沉稳典雅动律下沉
踢腿运动	后撤前踏步+撩腿	腿的灵活敏捷
体侧运动	顶胯+脍脚+轴向转动+拉弓造型	顺边美欢快别致
腹背运动	顶胯步法+躯干拧倾+对天笑造型	大气粗犷豪放
踏跳运动	踮步+踏地+轴向转动+撩摆腿+甩臂	气势豪迈灵巧欢快
整理运动	三步一撩	飘逸优美

通过表 2-4 可看出每一节动作都有羌族舞蹈的动作原型,其中典型动作元素“顶胯”的胯部动作和步法被拆分后重新组合使用了 2 次。“胴体轴向转动”在经过动作变形后以躯干直立的姿态进行运用,并在肩部运动、体侧运动和踏跳运动中与其他元素组合使用了 3 次。“一顺边”也是羌舞的典型动作元素,它并不是一个独立的动作,而是以身体动作和方向一边顺的形式著称,这个元素在第四节的“踢腿运动”和第五节的“体侧运动”中能明显地看到“一顺”的呈现。“脍脚”是羌舞的另一个典型符号,在“体侧运动”中特别融入了这一元素,巧妙地与“一顺边”和“胴体轴向转动”组合成一组连贯的经典元素组合,是整套操的点睛之笔。“屈伸步”是一个对身体协调性要求较高的动作元素,在编排中特别以中等和稍慢两种节奏形式运用于第二节“四肢运动”和第三节“肩部运动”,与简单的点步或划手相组合,以突出这一动作的功能和作用。“踏步”“踮步”是羌舞中使用频率最高的步伐,从独立的动作元素本身看,技术简单,但组合起来运用就变化无穷、丰富多彩了,在本套操中这两个元素分别出现在第一节和第七节,设计第一节“热身运动”时,是基于“碎踏行进步”同踏步近似,所以与踮步结合,保留了羌族舞蹈原生态的节奏形式(两步一踮),手臂动作改为简单叉腰,使练习者的关注点集中于下肢动作;踮跳步元素作为动作主干在第七节“踏跳运动”中被多频次

使用。本套广播操中还特别借鉴了羌舞中的两个造型动作，即“拉弓纵跳步”的拉弓造型和“对天笑”中的举臂仰面朝天的身体姿态。

表 2-5　羌族舞蹈典型动作元素选取统计表

动作分类	动作元素	合计
步伐	踮步　碎踏行进步　屈伸步　后撤前踏步　三步一撩	5
下肢	踏地　点地　扣膝蹲　撩腿　撩摆腿　踹脚	6
上肢	划手　甩臂	2
躯干	胴体轴向转动　顶胯　躯干拧倾	3
造型	拉弓　对天笑	2

从表 2-5 可以看到在广播体操创编中所借鉴的羌族舞蹈元素概况，选取和运用的动作共有五类：步伐、下肢、上肢、躯干、造型。每一类经过精挑细选，改造、试编，确定了总计共 18 个动作元素，其中步伐有 5 个，下肢动作有 6 个，上肢和造型动作各有 2 个，躯干动作有 3 个。这些动作组成了羌舞主题广播操丰富而全面的动作素材库。

（二）羌舞健身广播体操创编

1. 指导思想

羌族舞蹈是中华优秀传统经典技艺，利用和开发好这一民族传统文化是新时期体育工作者的重要方向。根据羌族地区中学生学习锻炼特点开发一套具有羌族舞蹈特色的广播体操，是深入贯彻落实中华人民共和国教育部颁布的《中小学开展弘扬和培育民族精神教育实施纲要》和丰富“中小学生每天一小时校园体育活动”内容，激发学生体育锻炼意识，增强体魄和健康水平，促进昂扬向上、积极乐观的精神具有十分重要的意义。

2. 创编原则

羌舞特色、科学性、健身性、针对性、教育性、时代性。

（1）鲜明的羌族舞蹈特色

体现出浓郁的羌族舞蹈特色是创编本套广播体操要始终把握的灵魂。

因此动作的设计灵感应取材于羌族舞蹈，精心选取具有典型羌族舞蹈风格的元素和符号，使操的整体呈现出羌族舞蹈的典型风格，表现了羌族人民特有的淳朴、坚强、乐观的精神品格，点缀了羌族姑娘的端庄柔美和羌族小伙洒脱粗犷的特点。

(2)符合运动科学性

羌舞健身广播体操的创编，要符合以下科学性规律：首先要遵循运动技能学习规律，动作从简单出发，由浅入深逐步提高动作难度，使练习者无论从身体准备到精神注意都能顺利流畅地过渡到全身各部位的锻炼中；其次要遵循合理运动负荷规律，整套操的运动负荷强度要适合中学生身体状况，保证在有氧运动阈值内，符合有氧代谢的要求，运动强度适中。

(3)注重健身性

羌舞健身广播体操的创编应以生理学、心理学、教育学、社会学、运动生物力学等基础理论为指导，在设计整套操的结构和动作中，首先要突出基本体操的特点和功能，其次要注重动作的美观大气、连接流畅，在充分考虑青少年学生进行体育锻炼时身体各部位运动的全面性和运动负荷的适宜性的基础上，使学生们通过有氧运动，起到促进人体新陈代谢、改善心肺等各器官机能水平、提高肢体运动协调能力，收获健身效果。

(4)强调针对性

羌舞健身广播体操的实施对象是北川中学学生，因此操的创编要充分考虑这一群体的学习特点和生活方式，学生每天高强度、长时间的伏案学习，颈部、肩部和躯干长时间保持单一姿势，容易导致这些身体部位的疲劳、紧张和僵硬不灵，腿部因久坐而缺乏相应的运动能力，长时间用脑会出现脑部缺氧、供血不足、昏沉、困乏等状况，针对这些具体问题应有所侧重设计锻炼内容。整套操的动作类型不一定局限于传统的动作，但必须强调人体主要关节参与运动的同时，把握好上肢与下肢、头颈与躯干等主要关节的合理搭配与协调配合，切实起到缓解疲劳和压力，调节大脑机能，以及提高学习效率的目的。

(5)增强教育性

通过学练羌舞健身广播体操，深入挖掘现代教育价值，采取适当的形式和手段，向学生传播现代广播体操的锻炼目的和作用，全面了解科学有效的练习方法和标准，激发起学生积极乐观的情绪和参与运动的热情。同时，有意识地融入羌族舞蹈的文化和经典技艺内容，使学生获得更多的艺术教育，情操陶冶。

(6)体现时代性

羌舞健身广播体操虽然以民间舞蹈为主题，但在创作时不能忽略时代发展的趋势，应注意把握时代的脉搏和符号，在吸收传统广播体操优点的前提下，努力在整套操的动作和音乐上有大突破和大创新，使动作与音乐能够呈现出民族元素和时代特征相融合内容，力争创作出有独特之处和充满民族风的广播体操，满足北川中学学生的审美需求。

3. 创编要求

(1)动作难易适中，符合中学生的锻炼实际

中学阶段的青少年正处于身体发育、个性发展的快速期，学习又处于高强度、高密度的爬坡阶段，这一“快”一“高”呈现出中学生文化学习和身体锻炼的特殊要求，因此动作的设计与创编首先要把握难易适中，既不能过于简单也不可太过复杂，在看似简单中蕴含着协调和巧妙，方能激发学生学习、锻炼的兴趣；其次，动作内容要能展现北川中学学生们坚强、乐观、积极、阳光的精神面貌。根据实施对象身心发展的实际，定位创编思路，围绕健身性原则，设计身体各部分的动作内容，从而保证整套操健身功效的实现。

(2)运动强度中等，符合中学生锻炼特点

这套操的运动强度定位在中等强度的有氧代谢运动。运动强度既不能过高，也不能偏低。作为大课间的一种体育锻炼形式，操的运动负荷不能过大，否则会影响后面将要进行的课程学习效果；另外，操的运动负荷也不能偏小，否则无法实现对这一年龄阶段学生的身体产生足够的刺激和促进健康发展的作用。因此，在设计本套操的运动强度时应考虑适合中学生的程度，使学生们练习后既不感到过于疲劳，又可以促进身体素质的发展，提高有氧代

谢能力。

(3)探索“操·舞”独特风格,大胆创新广播体操

以往广播体操都有其不同的风格特点,有的体现童真、童趣,有的体现青春、活力,还有的体现健美和拼搏向上等,但从查阅到的文献资料看,还没有以某一民族文化特色为主题创编的广播体操,以及相关研究或总结。尤其是对中华民族的形成、民族文化的发展以及高原农牧文化的创建,都曾起着重要作用的“羌族舞蹈”①,为主题进行的广播体操研究。因此,在本套操的设计和创编中不但要凸显“羌族舞蹈”的民族风格,还要力求操的动作在纵向上具有层次感、渐进性和必要的衔接点,同时还要体现出羌族舞蹈的美感与广播体操的大气的巧妙融合。在这里要特别强调是,操的具体动作内容虽然取材于羌族舞蹈,但操的动作组织形式、动作结构,需要遵循广播体操特有的规律和科学原理进行组织和搭建,从而保证整套操应有的科学性。另外,音乐的创作既要抓住羌族音乐的风格,还要在配器上体现出民族乐器的特点,最重要的是要与整套操的动作编排相匹配,根据每一节操的动作特点、动作节拍、节奏处理而设计创作。从而使动作与音乐风格一致,转换流畅,呈现出一定的艺术性,形成本套广播体操的独特风格。

4. 创新方法

创编一套操的过程即是一种创作活动,创作活动最大的特点就是寻找新的突破,挖掘新的内容,产生新的成果。对创作者来说要想实现创新的目标,必先尝试新的方法和形式,合理选择和科学运用创新方法是制约创作成果是否具有创新性的关键手段和工具。从我国广播体操的创编历史来看,虽然没有关于创新方法的提炼和总结,但都遵循了一定的创新方法。根据笔者长期创作经验的积累,在借鉴龚发超“健身健美操项目创新之研究”②的基础上,按照操的整体设计方案和需要,创造性地运用了融合法、加减法、移植法和仿生法等多种创新方法进行设计创编实践。

---

① 罗雄岩. 羌族舞蹈文化传承与发展规律的探索[J]. 北京舞蹈学院学报,2006(03):30-34.

② 龚发超. 健身健美操项目创新之研究[D]. 首都体育学院,2008.

(1)融合法

融合法是本套操运用的核心方法。主要是为了实现羌族舞蹈元素与基本体操徒手操动作元素的巧妙结合,对“舞”和“操”各自独立的内容和结构进行合理地拆解后再重新组合,从而获得符合创编原则和要求的新内容与新技法。例如:第二节的四肢运动、第三节的肩部运动和第八节的整理运动运用了“融合法”,将羌族舞蹈中的屈伸步、点地、划手和三步一撩等典型元素与广播体操的动作形式结合而成,看上去既有羌族舞蹈的韵味,也是广播体操的动作组织形式,形成了崭新的风格。

(2)加减法

加减法是指根据创编的不同需要,对“操”和“舞”动作各自的规律和结构进行调整,选出需要的元素或部分,忽略或删除不需要的内容。例如,从羌族舞蹈的风格特点进行分析,选出典型动作元素后对其动作难度进行辨别和修改(降低或提高),就会呈现新的动作内容。如羌舞的顶胯元素是一个非常复杂的动作,动作形式有“脆顶”和“柔顶”,运动方向有前、后、左、右、旋转等,动作技术有关、甩、顶、转等,动作的节奏有单和双的形式,这些要素加在一起又会变化出多种多样的动作做法。因此,在创编中针对这个元素,笔者选择了“减”的方法。基于两方面的原因,一是胯部动作在“萨朗舞”中运用得最多,而“萨朗舞”又以女性舞蹈为主。由于广播体操是面对全体学生练习的内容,所以应避免出现绝对女性化或绝对男性化的动作。二是胯部位于人体的中心部分,在日常生活中起稳固躯干和重心的作用,大多数学生极少进行胯部的运动,相对其他肢体而言,胯部的协调运动能力较弱。因此,根据学生的实际情况,采用“加减法”将顶胯这个元素先进行拆分,进而减去下肢的脍脚动作,加入躯干动作,就形成了新的体侧运动的核心环节。

(3)移植法

移植法主要体现在将羌族舞蹈的部分或全部动作的引进广播体操动作中,通过适当地改造,形成有羌舞元素的广播体操动作。例如,第六节的腹背运动就是移植了盔甲舞“对天笑”动作元素的手臂和躯干造型,又改造了萨朗舞“前后交替踏地”的动作元素,再将两个动作结合在一起就形成了新的羌舞广播操腹背运动的主干动作。还有第一节的热身运动、第四节的踢腿运动和第七节的踏跳运动，在将羌族舞蹈中的典型步伐选出后，根据动作功能、节奏、方向、路线和顺序等方面的不同需要进行“乾坤大挪移”式的重组再创后形成了崭新的动作内容。

(4)仿生法

“仿生法”的运用体现在第六节腹背运动中，这节操的设计是模仿了大山中的雄鹰翱翔展翅和俯冲的体态，寓意了羌族人坚强、豪放的精神内涵。

通过以上创新方法的运用，使传统的羌族舞蹈动作元素演变成全新的具有羌族舞蹈风格的广播体操动作内容。这些动作内容既不是原先的羌族舞蹈动作，也非传统的广播体操动作，而是既有羌族舞蹈风格，又符合广播体操形式的全新的动作。

5. 创编步骤

(1)创编前的准备

首先明确创编本套操的目的、任务和要求，然后了解实施对象的各方面情况，包括年龄、性别、身体状况、运动基础等，再了解锻炼时间、场地等方面的条件，最后查阅和观看有关羌族舞蹈的文献资料和音像资料。

(2)实地采风

创编人员深入到羌族自治县——北川羌族自治县及阿坝藏族羌族自治州(桃坪羌寨、五龙羌寨)等具有标志性的羌族聚居地进行实地调访、体验生活，与民间艺术团和会跳羌族舞蹈的民间艺人进行座谈，实地观摩他们的羌族舞蹈并进行录像拍摄，以及进行家访和个别访谈，然后深入学习羌族舞蹈，亲身感受羌族舞蹈的风格特点，捕捉羌族舞蹈的典型动作元素。

(3)制定总体方案

在掌握多个方面实际情况的基础上，明确广播体操的羌舞风格，操的动作难度，操的整体结构，创编方法和工作计划。

(4)提炼羌舞典型动作元素

深入了解羌族舞蹈的历史起源、文化特征、民俗民风、种类和风格特点；大范围挖掘羌舞典型动作元素，再逐一筛选出符合全面发展和锻炼身体的动作要素，最后确定羌族舞蹈典型动作元素。

（5）创编广播体操动作

根据广播体操指导思想、创编原则、整体结构要求和每一节的具体要求，实施编排成套广播体操的具体动作，并用速记或图解的方法记录下来，形成广播体操初稿。

（6）研讨与初审

2010 年 3 月 18 日由体操、舞蹈、音乐、社会学、心理学和民俗学专家组成的专家组对羌舞健身广播体操雏形进行观看、分析、讨论和研究，并提出修改意见：一是要敢于大胆创新；二是要控制好动作难度，确保易学易练；三是调整有性别倾向的动作，应适宜不同性别学生群；四是突出整套动作的编排风格。

（7）修改与演练

根据专家组提出的四点建议，主创人员按照创编的总体要求，针对每一节不断地修改再编、演练总结，使整套操的动作有了明显的改善。

（8）再次审核

2010 年 4 月再次召开专家组研讨会议，专家在反复观看修改后的广播体操后指出：一是每节动作都或多或少看到了羌舞的影子，有了明显的创新；二是方向变化丰富，包括动作方向、移动方向、体位方向，简单但不单调，丰富但不复杂。三是有清晰的创编思路和明确的目标，敢于大胆进行创新。同时，也提出了广播体操存在的问题：一是踢腿运动还需进一步修改；二是腹背运动的手臂动作完成难度应适当降低；三是预备拍于第一节的连接处需再修改完善。

（9）精修细改

针对专家提出的问题，主创人员对整套操再次进行深度加工，在不断实践的基础上选出了最佳的修改方案，力求严谨细致、精益求精，使整套操的动作逐渐走向成熟。

（10）创作配套音乐

音乐主创人员根据整套操的动作结构和具体要求，创作与每节“操”风格特点相匹配的旋律，设计音乐引子部分和尾声部分的旋律，最后组编成与广播体操相匹配的音乐小样。广播体操的主创根据音乐小样进行动作配乐试验，再根据配乐完成动作过程中的具体情况，提出音乐修改建议。音乐主创者再对音乐进行修改完善。

（11）三审通过

2010 年 5 月第三次召开专家组会议，首先主创人员在配套音乐伴奏下展示了精心修改创作后的整套动作，并邀请部分专家和学者现场学习实验，通过专业编创与非专业实践来论证创编动作的实际可行性、科学性、针对性等特点。最后专家讨论，对动作内容新成果的特点归纳总结为：一是动作内容能看出具有明显的羌舞特色；二是“操”“舞”融合得自然、流畅、巧妙，操中有舞，舞中有操。三是动作难易结合，运动量适中；四是优美、大气、舒展、活泼。

（三）羌舞健身广播操成套动作分析

1. 成套动作编排分析

成套动作编排主要包含动作节数、动作名称、动作节拍、排列顺序、编排形式等几方面内容。动作名称体现的是一节操中运动的核心部位或是主要运动目的。动作节拍是指一节操所用的节拍数，8 拍为一小节，通常为 4 至 8 个小节。节奏形式是指一节操中动作与节拍的关系，常用的有一个动作用一拍、一个动作用二拍、两个动作用一拍，三个动作用二拍等。编排形式则是指一节操中动作的组成和排列的方式。近年来，广播体操采用 8 拍动作为一组的形式较多，排列形式常用的有一组动作先完成正反面，然后再重复一遍，也就是俗称的“A 正反—重复”；还有 A 正反—B 正反，俗称“A+B”。

《羌舞健身广播操》是由动作、配套音乐和指挥口令三部分组成。从表 2-6 可知本套操共由 8 节动作编排组成，分为热身部分（第一节）、基本部分（第二至第七节）和整理部分（第八节），运动时间总长为 2 分 50 秒，音乐时间总长为 3 分 08 秒，动作拍节总数是 288 拍，节奏形式和循环形式分别为 5 种和 3 种，动作组合形式为 4 种。

从动作名称可以看出整套操的动作编排是按照从远离心脏的肢体部分开始,逐渐过渡到靠近心脏的躯干部分的运动原则设计,具体为下肢、四肢、躯干左右和躯干前后,然后进入运动强度最大的跳跃性练习,最后通过整理进行运动恢复的顺序依次进行排列,体现出科学性原则。

表 2-6 成套动作编排要素一览表

节数	动作名称	运动时间	节拍数	节奏形式	循环形式	动作组合形式
1	热身运动	10″81	2×8	一拍一动,二拍三动	2 拍	A+B
2	四肢运动	21″93	4×8	一拍一动	8 拍	A 正反重复
3	肩部运动	21″82	4×8	一拍一动	8 拍	A 正反重复
4	踢腿运动	21″33	4×8	一拍二动,一拍一动	4 拍	A 正反+B 正反重复
5	体侧运动	19″21	4×8	一拍一动,二拍一动	8 拍	A 正反重复
6	腹背运动	21″65	4×8	二拍一动	8 拍	A 正反重复
7	踏跳运动	27″25	8×8	一拍一动	8 拍	A 正反+B 正反重复
8	整理运动	32″21	6×8	一拍一动,四拍一动	4、8 拍	A+B+C
合计		2′50″ ⋆ 3′08″	36×8 ⋆ ⋆ 288 拍	5 种	3 种	4 种

注:⋆ 表示音乐时间总长,⋆ ⋆ 表示拍节总数

从运动时间和动作节拍数的编排看,热身运动用时最短为 10 秒 81,节拍最少为 16 拍;然后是基本部分中的第二至第六节,这五节操中每节动作的节拍数都是 32 拍,运动时间为 21±1.9 秒,呈现出较为稳定的节拍变化规律,有利于学生记忆和掌握规律;接下来是整套动作节拍数最多 64 拍,节奏最快的踏跳运动,用时仅次于整理运动为 27 秒 25,成为整套动作的高潮部分;最后一节整理运动用时最长为 32 秒 21,动作节拍数居整套操的第二位是 48 拍,这是由于整理运动锻炼目的需要而决定的,动作节奏由中等速度逐渐过渡缓慢下来,才能实现由中等强度运动状态恢复到安静状态的科学性目的。在动作节拍编排中既有传统形式的 8 拍×4/一节,也有 20 世纪 90 年代后出现的 8 拍×2/一节和 8 拍×8/一节的形式,同时还创造性地设计了 8 拍×6/一节的节拍形式,体现出既轻松又富于变化的特点。

从动作节奏形式的编排看,整套操共有 5 种不同的节奏形式,可谓丰富

多彩。其中单纯一拍一动的动作有三节(第二、三、七节),纯二拍一动的动作有一节(第六节),其余均为一拍一动与其他节奏形式相组合变化的,如第一节热身运动是由一拍一动与二拍三动相组合的,一拍一动与二拍三动的节奏比例各占50%,是伴随两组不同的动作协调而有规律地变化;第四节踢腿运动是由一拍一动与一拍二动相结合的,在整节动作中所有踢腿和还原都是一动一拍,给予主干动作充分的伸展和完成所需时间,而所有辅助步法都采用一拍二动的节奏形式,充分表达出欢快的风格;第五节体侧运动采用的是一拍一动与二拍一动相组合的形式,一拍一动多用于步法,二拍一动主要用于躯干侧屈动作的完成,保证了核心部位大幅度运动的时间需要;最后一种节奏组合变化出现在整理运动,三组动作的节奏分别采用的是中速—稍慢—缓慢的变化形式,从节奏速度的变化上能够鲜明地给出三组动作转换和渐慢的提示。另外四拍一动的节奏形式是传统广播体操从没出现过的类型,这也是本套操的一个创新点,这种节奏形式是给予大幅度的伸展和调整动作所用,能够有助于此类动作呈现出连贯、流畅和舒缓的效果,另一个作用是使锻炼者的情绪感受由前一节的兴奋自然而然地过渡到放松和安静状态,效果明显。总之,本套操在设计动作节奏时是基于以下三个原则进行创作的,首先是为动作目的服务,其次要把握和调控"操""舞"风格相协调融合,最后要通过适当的节奏变化培养锻炼者身体运动的节奏感。因此在仔细观察整套操的动作节奏形式后,会发现一拍一动的节奏形式是主干,在此基础上辅助性地运用了多种动作节奏变化形式,使整套操既不过于复杂,又增添了一定的趣味性,同时对于培养中学生的身体节奏感和协调性具有良好的作用。

从动作循环形式看以8拍循环为主,通过录像视频观看可了解到在8拍循环中并非由8个不同的动作组成,而是在8拍中又分成了4-2结构,"4"就是4拍为一组动作,"2"则代表2组动作,第一组动作多为2个动作组成,完成正反方向的练习,然后第二组动作是在第一组动作的基础上变化一或二个动作的完成形式,从而形成在简单动作元素多次重复的基础上巧妙地融入适当的变化形式,如第二、三、六、七节和第八节的第二组动作中均为这种编排手段。这种编排设计的好处是,一方面能够普通学生完成动作应以简单易学为主的创编要求,另一方面运用简单巧妙的变化形式满足新时期学生对求新求变的时代需求。4 拍循环是以往广播体操较为常用的,在本套操中第四节踢腿运动采用的是此种形式。另外 2 拍循环是本套操的一个创新,体现在第一节热身运动,简单新颖。

从动作组合形式看整套操共有 4 种不同的组合,较以往广播体操而言体现出了形式多样性。其中以 A 正反重复为主,共有四节操(第二、三、五、六节),占整套操的 50%,其次是 A 正反面+B 正反面+重复(第四、七节),占 25%,其余两节分别为 A+B(第一节)和 A+B+C(第八节)。第一节热身运动为 AB 两组动作,每组动作由 8 拍组成,且不重复。第二节四肢运动、第三节肩部运动、第五节体侧运动和第六节腹背运动,均采用的是一组动作由 8 拍组成,按照正面、反面,再正反重复一次的形式设计的。第四节踢腿运动采用的是 AB 两组动作均由四拍动作组成,先进行 A 组动作的正反面(8 拍),然后接 B 组动作的正反面(8 拍),再将 AB 两组动作完整地重复一遍。第七节踏跳运动与第四节较为相似,动作组合形式相同,不同的是一组动作组成的数量多出一倍,AB 两组动作各由 8 拍动作组成,因此动作拍节数也翻了一倍。第八节整理运动的动作组合形式是整套操的最大亮点,也是以往广播体操从未用过的组合形式 A+B+C,一节操中由三组不同的动作组成,每组动作各完成 2 个 8 拍,而且三组动作各自的组合形式也不相同,A 组是由四拍动作组成,按照正反面,再重复一遍的形式进行,B 组是由八拍动作组成,重复一次,C 组是由三个不同的慢动作组成,动作 1、2 合为 1 个 8 拍完成,动作 3 以正反的形式作为整套操的结尾。这些动作丰富了整套操的动作组合形式,也平添了时尚的元素。

从整体看,本套操的动作编排设计合理且多样化,并富有创新性。每节操的平均运动时间为 21 秒 25,每节操的平均动作节拍数为 36 拍,适中而精练。动作的节奏形式既简单又丰富多样,既易于掌握又有巧妙的变化。

整套操羌舞风格鲜明,动作舒展大气、活泼有趣、短小精悍,是一套便于学习和推广的广播体操。

2. 各节动作结构要素分析

动作的结构要素主要包含身体的运动部位、动作内容以及运动的空间和方位变化等。

从表 2-7、表 2-8 可以看出在整套广播体操中下肢运动受到了格外的重视，八节操中有四节是以下肢为核心运动的，占 50%，从身体各部分动作结构要素看下肢动作内容也是最多的，有 15 种，占动作结构要素总数的 57%，其中包含了原地动作 9 个（屈伸、踏步、蹲起、吸腿、踢腿、撩腿、脍脚、点地、踮步）、移动步伐 3 个（搓步、走步、撤踏步、）、跳跃动作 3 个（踮步跳、点地跳、单脚跳），从这一数据看下肢运动占据了绝对的核心地位。其次是躯干运动，有两节，占 25%，动作要素有 5 种，占 19%，涵盖了围绕人体额状轴的前、后屈运动，围绕矢状轴的侧屈运动和围绕垂直轴的转体运动，以及扩胸动作等全部运动形式。以上肢运动为核心的有两节，占 25%，上肢动作要素有 5 种，占全部动作要素的 19%，包括举、摆、屈、绕和绕环；头颈运动在整套操中是以参与运动的性质出现在其中的四节中（第三节肩部、第五节体侧、第七节踏跳、第八节整理），动作要素有 2 种，占 7%，为后屈和转体。

表 2-7 各节动作运动部位、内容、频次一览表

节次	名称	核心部位	参与部位	动作内容/次数 n
1	热身	下肢	上肢	屈伸/4 踏步/12 踮步/3 吸腿/3
2	四肢	上下肢		屈伸/16 并步/5 吸腿/11 点地/11 摆臂/16 屈臂/15
3	肩部	上下肢	躯干头颈	举臂/20 绕臂/12 蹲起/8 吸腿/4 点地/4 转体/8 躯前倾/4
4	踢腿	下肢	上肢	踢腿/8 撤踏步/8 摆举臂/16
5	体侧	躯干	上下肢头颈	腰侧屈/4 搓步/4 踮步/4 脍脚/4 摆臂/8 举臂/4 绕环/4 转头/4
6	腹背	躯干	上下肢	躯干后倾/8 躯干前屈/4 前后踏步/24 摆举臂/12 头后屈/8
7	踏跳	下肢	上肢躯干头颈	踮步跳/12 吸腿/12 点地跳/20 单脚跳/8 屈摆腿/8 摆臂/16 转头/4

续表

节次	名称	核心部位	参与部位	动作内容/次数 n
8	整理	下肢	上肢头颈	走步/24 吸撩腿/4 扩胸/2 举绕臂/8

表 2-8 身体各部分动作结构要素统计表

身体部分	动作结构要素	小计
上肢	举 摆 屈 绕 绕环	5
下肢	屈伸 蹲起 踏步 踮步 并步 撤踏步 走步 点地 吸腿 踢腿 脸脚 踮步跳 点地跳 单脚跳 撩腿	15
躯干	前倾 侧屈 后倾 扩胸 转体	5
头颈	后屈 转	2
合计		27

这样的结构设计呈现出以下特点，一是下肢运动充分，动作结构要素丰富；二是躯干运动强度适中，动作结构要素全面；三是上肢运动高强度，动作结构要素经典；四是头颈运动辅助，动作结构要素必选。突出的优点是，下肢动作由于融入了许多羌族舞蹈的步法和动作元素，使传统广播体操的下肢动作内容得到了极大丰富，以往各套广播体操的动作比例均是上肢动作内容多，下肢动作内容少，从这一点看羌舞健身广播操的创编有了显著的突破。设计的不足是，整套操中头颈动作始终以辅助参与的形式融于其他运动，因此略显锻炼不足，主动不够。

表 2-9 各节运动位移、空间方位、身体轴向变化一览表

节次	动作名称	位移	空间方位	身体轴向
1	热身运动	原地	（前）	无
2	四肢运动	左右	（侧下前）	无
3	肩部运动	左右	（侧上下前）	90°
4	踢腿运动	原地	（前侧下）（斜）	无
5	体侧运动	左右	（侧上下前）	180°
6	腹背运动	前后+斜向 45°	（前后上下侧）	无

续表

节次	动作名称	位移	空间方位	身体轴向
7	踏跳运动	前后+原地	(前后下)(侧)	90°
8	整理运动	左右+前后+原地	(斜)(前侧)(上下)	45°
小计				

注:身体轴向表示躯干发生转体的度数;()代表1个8拍内的要素。

通过表2-9可以了解各节操的位移、空间方位和身体轴向变化的基本情况。位移是指人体在运动过程中从一个原点向左右、前后、斜向以及弧形等发生各种方向和路线的位置移动。从这套操的位移类型看,主要有三种:原地型、左右型、复合型。原地型的有两节(第一节热身、第四节踢腿),左右型的有三节(第二节四肢、第三节肩部、第五节体侧),通过录像观察可知第三节肩部运动位移最小(一步),第二节四肢次之(两步),发生位移幅度最大的是第五节体侧(约四步),采用的是动作正反两面全部在同一个位移方向上完成,然后通过反向重复回到原点,这种形式是大胆创新的结果,也使这一节成为整套操的最大亮点。复合型有三节(第六节腹背、第七节踏跳、第八节整理),第六节腹背是前后与斜向45度相结合的,由于步伐和身体动作是同步的前后运动,而且重复的频次较高,当再次整体重复的时候通过一个45度的小变向从而达到反复练习不枯燥的目的和效果。第七节踏跳是前后与原地相组合的。位移方向变化最丰富的是第八节整理运动,既有左右还有前后,最后以原地收尾,这样的设计是基于这节动作本身非常简单,如何能在简单的基础上,还保持练习者的运动兴趣,给情绪一个合理的过渡,是创编者特别用心的一个尝试,无论是从创新的角度还是锻炼实际看,效果都非常理想。

肢体运动空间方位是指身体各部位运动的方向和经停的位置,基本的方位有90度的上、前、下、侧,还有45度的前上、前下、侧上、侧下、斜上、斜前、斜下等。所有广播体操的动作都是在这些空间位置上进行组合变化的,空间位置变化的数量是判定一节操动作难度系数的重要指标之一。通常1个8拍内在1—2个位置间转换的动作属于简单型,在3个位置间转换的是丰富型,达到和超过4个位置变化就是复杂型。通过表2-9和图2-1综合来看,

第一节热身运动只有一个空间方位变化,第八节整理运动的各组动作均是在1—2个空间位置上变化的,所以这两节都属于简单型,在3个位置间转换的有三节(第二节四肢、第四节踢腿、第七节踏跳),属于丰富型,在4个及以上位置间转换的有三节(第三节肩部、第五节体侧、第六节腹背),属于复杂型,其中变化最多的是第六节。整体看八节操的空间方位变化呈波浪式曲线,说明难度变化的规律较为合理,难度中等,有利于学生学习和锻炼。

身体轴向运动是指躯干或整个身体围绕垂直轴发生转体的动作。从表2-9可知有四节操包含身体轴向运动要素,其中第三节肩部和第七节踏跳是转体90度,轴向转体度数最少的是第八节整理45度,最多的是第五节体侧转体180度,这是以往各套广播体操中未曾出现过的,是创编者的一次勇敢尝试,对于普通中学生的空间方向感是一个新挑战、新锻炼、新提升。

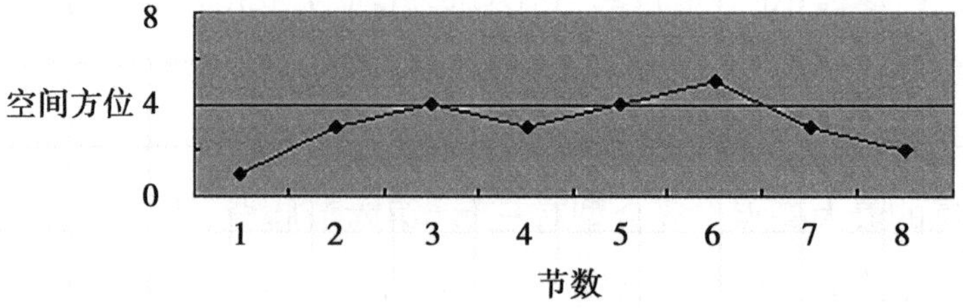

图2-3　空间方位数据图

3. 各节动作特点及锻炼作用

第一节热身运动:这是一节逐渐欢快起来的暖身活动,两组简单而不同的动作就像对身体说“你好,开始运动吧”。第一组简单的双手叉腰下肢原地屈伸,自然地使人从安静状态进入运动状态,轻柔地活动膝踝关节,为下一组动作做好准备。第二组通过轻快的原地踏步和两腿交替的提膝踮步动作,快速有效地将练习者的注意力集中于肢体的协调运动上,迅速赶走疲倦、困乏的精神状态,转换到轻松的音乐中,这无疑对释放高度紧张的精神具有很好的作用。同时轻柔地收缩大小腿肌肉,温和地刺激下肢血液循环,使身体做好更大幅度和强度的运动准备。本节操虽然总的拍节数只有2个8拍,但由于设计了2种形式的踏地动作(交替踏,连续踏),因此对于帮助练习者集中精神专注肢体运动,控制肢体和关注音乐节奏起到了很好的作用。

第二节四肢运动：大方、舒展、动感是这节操的主要特点。下肢屈伸和上肢摆动是重点。两腿屈伸向左一步，然后左脚支撑，右脚跟前点地并上翘脚尖，同时两手臂配合有力地一展一收，使动作呈现出一开一关的画面，仿佛与同学们拉手起舞，表现出热情、大方的好客精神和动作舒展的美感。下肢较大幅度的屈伸动作使整个身体充满了弹性，同时也能够改善四肢协调性，脚跟点地上翘脚尖这个动作温和地牵拉小腿后侧肌肉和韧带，收缩胫骨前肌，为后面较大幅度的关节转动和跳跃动作起到辅助预热的作用，躯干动作始终保持正直挺拔，从而延展了整条脊椎骨，可以舒展因长时间伏案学习而导致的脊椎不正确的弯曲和腰背部的紧张与僵硬。

第三节肩部运动：这一节充满了力量感和节奏感。手臂从侧经下绕到上，下肢一蹲一起应和着，整个身体呈现出上下起伏的画面，动感十足。而手臂在下、上、侧三个位置上交替地制动停顿，不但充分活动了肩关节，还能有效收缩了肩周、上背和胸部的肌群，对改善肩背部的僵硬有很好的促进作用。虽然本节操的重点运动部位是肩部，但在创编设计中并没有忽略下肢的练习，两腿交替的扣膝和转踝动作有效地活动了髋、膝、踝三个重要关节，促进了关节活动范围和灵活度，同时由于两腿交替的一蹲一起也很好地刺激了腿部肌群的锻炼，经常练习可以加强腿部力量。

第四节踢腿运动：动静、快慢、前后、上下，对比成为本节操的特色。后撤步与前踢腿；一拍二动的步伐与一拍一动的高踢；手臂的一上一下形成强烈的对比效果。腿部韧带伸展和身体平衡能力锻炼是本节操的主要功能。由向前和向侧两个方向上的踢腿组成，当一腿向前上方踢起时，有力地活动了髋关节，收紧了腹前肌，对增强骨盆肌群力量具有良好的促进作用，同时也使经由脚跟、小腿、膝部、大腿、臀部直到腰部的肌肉和韧带得到充分的伸展，有效地增强了腰、腿后侧的柔韧性。向侧踢腿则较大幅度地拉伸到平时很少被锻炼的腿部内侧肌肉和韧带。这种一条腿支撑，另一条腿做大幅度的踢摆动作，特别刺激了中枢神经系统，使练习者的平衡感和平衡能力得到锻炼和加强。

第五节体侧运动：这一节集中体现了多个创新设计，也是最具羌舞特色的。集动作内容最多、位移幅度最大、身体轴向转体度数最多于一身。主要创新点体现在首次使用了身体轴向转体180度的元素,使练习者第一次进入面向后背向前的时空阶段,另外在同一个位移方向上进行正反方向的练习也是结合上一个设计引发的创新之处。动作由两个小搓步侧移,和手臂小幅度左右摆动开始,紧接一个大幅度的手臂绕环,同时身体以髋带腰进行轴向转体180度,下肢配合踮步脍脚,然后一个大幅度的躯干侧屈动作,宛如羌族勇士潇洒地拉弓射箭,最后干净利落地收猎还原。音乐欢快,动作活泼、有力,给人以新颖、强烈的视觉冲击。该节主要锻炼躯干两侧的肌群,较大幅度的躯干侧屈动作促使躯干一侧肌肉用力收紧,另一侧则充分伸展拉长。因此,使躯干侧线上的髋部、臀部、腰部、肋部、腋下的肌肉和韧带得到较强的锻炼。同时也刺激了内脏器官,促进胃肠蠕动和增强血液循环。由搓步、踮步和脍脚组成的移动加转体的动作是本套操难度最大的一个技巧性动作,在同一位移方向上进行两次180度的转体动作,还要很好地区分正反面,经常练习能大大提高运动方向感受、判断与控制力,增强肢体协调配合的能力。另外左右转头看手的动作温和地伸展和扭动颈部两侧的肌肉,可缓解颈部的僵硬与紧张。两臂大幅度地绕环和侧上举,加大了整节操的运动量,进而推动人体运动进入一个锻炼高潮。

第六节腹背运动:大气、舒展、高低起伏是这节腹背运动的主要特点。向前迈步稍屈膝,同时两臂前摆至侧上举,躯干顺势后倾,抬头看天,好似拥抱宽广的天空,接着向后撤步屈膝稍蹲,两臂回摆至侧,躯干又顺势前倾,如雄鹰展翅翱翔,紧接着再杀个回马枪,使腹背三次强化收缩,最后还原调整。这一节的设计直入主题,二拍一个躯干动作,连续六拍三次的躯干后、前、后倾的运动,较强刺激了胸、腹、腰、背部肌群。躯干后倾动作不但需要腰背部肌肉强有力的支撑,还需要绷紧胸腹部的肌肉才能使动作完成得挺拔、舒展。躯干前倾动作是在伸展整条脊椎骨的基础上收紧颈、背、腰部肌肉,使躯干后侧的大部分肌群得到了充分锻炼,同时躯干前倾时两臂平举,也是一个收紧上背、肩带和手臂肌群的姿势,躯干后倾时两臂侧上举带动了胸腔的扩张,加大了肺活量和呼吸深度,另外两腿交替前后移动的同时保持稍蹲的姿势也大大增强了这节操的运动强度,对心血管系统有很好的锻炼作用。

第七节踏跳运动:活泼、欢快、有趣是这一节的突出特点。由两组动作组成,第一组左脚向前迈步跳起吸右腿左转90度,右脚有力地踏地,左脚踮步跳转回正前方,接着再次踏地跳起,然后撤步还原,两臂始终配合前后摆动,好似出征前的踏地震威。连续的踮跳和吸腿踏地动作较强地锻炼了脚踝、小腿、大腿和骨盆区域的肌肉力量,增强了下肢的灵活性。第二组动作是三次交替的侧、前、侧点地跳和两次内、外摆腿跳组成的,手臂在侧配合上上下下地摆动,活泼、有趣、可爱。原地的侧、前点地由于增加了扣膝和开胯的动作,所以对灵活膝、髋关节起到很好的作用,而前、侧撩摆腿的动作更是加大了两个关节的活动强度,同时强化了侧腰肌和腹肌的收缩。另外,8个8拍的踏跳练习,对心肺机能的锻炼也发挥了重要作用。

第八节整理运动:优美、舒展和鲜明的节奏变化是这节广播操的重要特点。采用三组不同形式的动作,贯穿中等、稍慢、缓慢三个不同速度的节奏,使身体和心肺机能从较强的运动状态逐渐过渡到安静状态,自然连贯。第一组向左右方向移动的三步一撩动作,将练习者从快节奏的踏跳运动自然地带到步伐中,身体不会有突然慢下来的感受,心肺也得到缓冲。第二组向前后方向移动的三步一点动作,使练习者在稍稍放慢的走动中让身体由兴奋状态逐渐放松下来,手臂舒缓地向侧上伸展带动胸腔扩张,从而进行深长的呼吸使心肺进一步得到调整。第三组动作停止步伐归于原地,手臂缓慢地上举下落,再次配合深呼吸,使身体和心肺机能得到彻底的放松和恢复,准备开始新的学习和工作。

(四)羌舞健身广播操的修订

1. 推广初期效果

2010年7月主创者赴北川中学震后临时校址进行首次羌舞健身广播操的教学与推广工作。首先组织北川中学全体体育教师进行了为期三天的培训,使体育教师熟练掌握羌舞健身广播操的所有动作和要领,并且与北川中学刘亚春校长一起对体育教师完成本套操的情况进行了检验和评估,所有参加培训的体育教师均达到合格。然后又组织了为期三天的北川中学高二年级部分学生骨干学习了整套羌舞健身广播操，多数学生能够基本掌握整套操的所有动作和要领。此后，羌舞健身广播操成为北川中学各年级全体学生的必修内容。经过北川中学全体体育老师两个学期的努力，羌舞健身广播操就像无数颗健康的种子播撒到所有北川学子，成为他们每天早操、课间操必练的内容，每当羌舞健身广播操的音乐在校园上空响起，北川中学新校区的三个大操场上都会看到排列整齐的学生跳起羌舞健身广播操的身影。

2. 成为校本课程特色内容

2011 年 7 月北川中学参加了四川省校本课程教材的思想、特色建设，以及选修安排方案的评选活动，被四川省教育厅评为二等奖。在这本教材建设方案中“羌舞健身广播操”成为首要特色建设内容。

2011 年 9 月，应北川中学的邀请，笔者带领天津体育学院体育艺术专业的三名学生再次赶赴北川支教，针对羌舞健身广播操进行深入广泛的教学、指导、训练和研究。其中针对体育教师进行了 24 学时的培训，培训内容主要有：提高整套操动作的完成质量和规范性、解读每节操的锻炼目的和作用、指导体育教师提高教学方法与技巧、介绍考核评价标准与方法。针对全体北川学生进行了为期两个半月的培训，培训内容主要有：提高整套操动作的完成质量和规范性、解读每节操的锻炼目的和作用、介绍考核评价标准与方法、组织进行北川中学羌舞健身操比赛与展示等。经过多方合作与努力，目前，北川中学师生已能够较规范地完成整套羌舞健身广播操，“羌舞健身广播操”成为北川中学的一道亮丽的风景线。北川中学张木元副校长这样评价：“从羌舞健身操活动的开展而言，不仅能让学生体会到现代广播体操的和谐，更让学生体验到了羌族传统文化的魅力；不仅实现了现代广播体操的完美教学，更实现了民族传统文化的传承。”

3. 调查反馈与评价

(1)被调查者基本情况

对北川中学高中的所有体育老师进行了问卷调研，体育教师 5 名，全部为男性，年龄在20至29岁3人，30至39岁2人，职称情况为初级3人，中级2人（见图2-3，表2-10）。通过访谈了解到5名体育老师的专项特长分别为田径2人，篮球2人，健美操1人。这些数据说明北川中学体育教师的性别比例单一，多数为年轻教师，职称结构以初、中级为主，专向特长比例基本能够满足体育三大项要求。

表2-10　北川中学体育教师职称情况

	频率	百分比	累计百分比
初级	3	60	60
中级	2	40	100
合计	5	100	

被调查的北川中学高中男女生的总体比例为女生215人，占56.9%，男生163人，占43.1%

（2）师生对羌舞健身广播操的整体评价

北川中学的体育教师对这套羌舞健身广播操的喜欢程度如表2-11所示。从表中的数据可看出体育教师对这套羌舞健身广播操的喜欢程度是很高的，100%的老师表示“很喜欢”和“比较喜欢”。由此说明，体育老师对这套羌舞健身广播操是喜欢的，这是推广和普及这套操的重要前提。

北川中学的学生对这套羌舞健身广播操的喜欢程度如表2-12所示。表中的数据显示学生对这套羌舞健身广播操的喜欢程度也是比较高的，62.4%的学生表示“很喜欢”和“比较喜欢”。由此可见，大多数学生对这套羌舞健身广播操是喜欢的，这是推广和普及这套操的必要条件。

从表2-13可知，体育教师在学习羌舞健身广播操的必要性认识上，80%的体育教师认为是“比较有必要”的。由此可见，大部分体育教师认识到了学习羌舞健身广播操的意义。表14是学生对学习羌舞健身广播操必要性的认识情况，53.7%的学生认为“很有必要”和“比较有必要”。说明在推广初期已经有超过一半的青少年认识到了学习羌舞健身广播操的意义。

具有地域风格和学校特色的健身广播操的学习难度往往是影响其健身

功效发挥程度的一个重要因素。40%的体育教师认为羌舞健身广播操的学习难度“比较轻松”,60 的体育教师认为学习难度“一般”(表 2-15)。

表 2-11 体育教师对羌舞健身广播操的整体感受情况

感受情况%	频率	百分比	累计百分比
很喜欢	3	60	60
比较喜欢	2	40	100
一般	0	0	
不太喜欢	0	0	
不喜欢	0	0	
合计	5	100	

表 2-12 学生对羌舞健身广播操的整体感受情况

接受情况%	频率	百分比	累计百分比
很喜欢	48	12. 7	12. 7
比较喜欢	188	49. 7	62. 4
一般	127	33. 6	96. 0
不太喜欢	13	3. 4	99. 4
不喜欢	2	0. 6	100
合计	378	100	

表 2-13 教师认为学习羌舞健身广播操的必要性

学习的必要性	频率	百分比	累计百分比
很有必要	0	0	0
比较有必要	4	80	80
一般	1	20	100
不太必要	0	0	
没必要	0	0	
合计	5	100	

表 2-14　学生认为学习羌舞健身广播操的必要性

学习的必要性	频率	百分比	累积百分比
很有必要	62	16. 4	16. 4
较有必要	141	37. 3	53. 7
一般	154	40. 7	94. 4
不太必要	18	4. 8	99. 2
没必要	3	0. 8	100
	378	100	

表 2-15　体育教师对羌舞健身广播操学习难度的评价

学习难度	频率	百分比	累计百分比
很轻松	0	00	0
较轻松	2	40	40
一般	3	60	100
比较吃力	0	0	
很吃力	0	0	
合计	5	100	

表 2-16　体育教师学会这套操所用时间情况

学习时间	频率	百分比	累计百分比
3 小时及以下	0	0	0
4 小时	2	40	40
5 小时	0	0	40
6 小时	0	0	40
7 小时	3	60	100
合计	5	100	

体育教师学会做羌舞健身广播操所用的时间部分支持了这个结果，用时“4 小时”的体育教师占到 40%，说明羌舞健身广播操的学习难度适中，另外 60%的体育教师用时“7 小时”（表 2-16），通过推广教学过程中了解到的实

际情况看，这一数据可能受到对体育教师培训过程中的教学细节要求较多所影响。

表 2-17　学生对羌舞健身广播操学习难度的评价

学习难度	频率	百分比	累积百分比
很轻松	4	1.1	1.1
较轻松	61	16.1	17.2
一般	188	49.7	66.9
比较吃力	114	30.2	97.1
很吃力	11	2.9	100
合计	378	100	

表 2-18　学生学会这套操所用时间情况

学习时间	频率	百分比	累积百分比
3 小时及以下	50	13.2	13.2
4 小时	93	24.6	37.8
5 小时	83	22	59.8
6 小时	30	7.9	67.7
7 小时	122	32.3	100
合计	378	100	

表 2-17 是北川中学学生对羌舞健身广播操学习难度的评价，17.2%学生认为“很轻松”和“比较轻松”，49.7%的学生认为“一般”，学生学会做羌舞健身广播操所用的时间也支持了这一结果。

从表 2-18 可以知道，用时“3 小时”“4 小时”“5 小时”的学生分别为 13.2%、24.6%和 22%，这部分的累积百分率为 59.8%，说明多数学生能够在 4 至 6 课时内掌握整套操的动作，这符合一套广播操的学习和教学时间常规，也证明羌舞健身广播操的学习难度对多数学生来说是适中的。

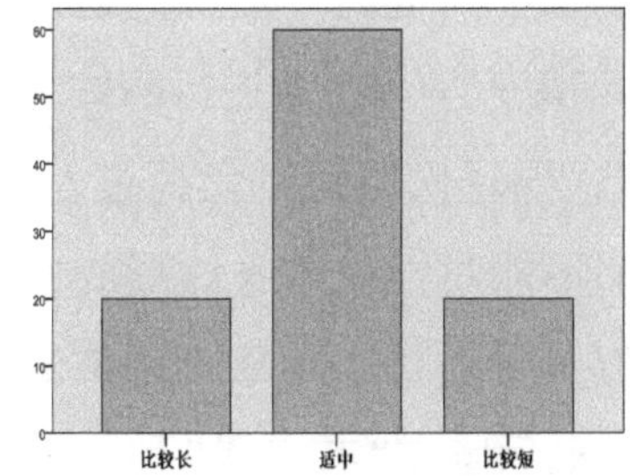

图 2-4 教师评价操的时间长度

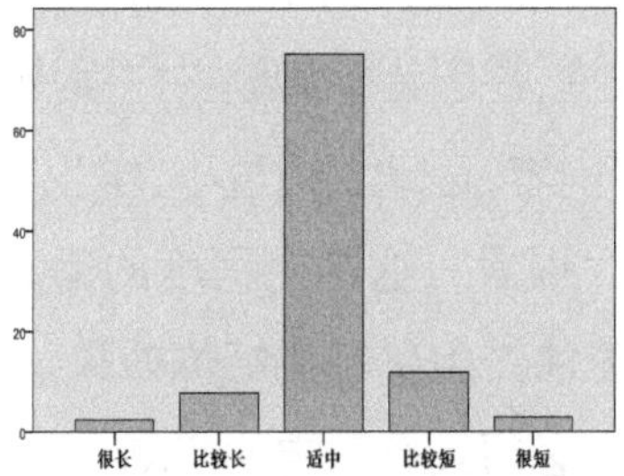

图 2-5 学生评价操的时间长度

大多数体育教师认为羌舞健身广播操的持续时间“适中”(图 2-4)。作为青少年每天课余的健身活动形式之一,健身广播操如果没有一定的运动负荷很难达到健身的作用,另外运动负荷也不能过大,也会给青少年的学习带来影响。调查结果显示,羌舞健身广播操在所用时间上的长短上得到了多数体育教师的认可,他们认为整套操的运动时间比较适合多数人的运动要求。

图 2-5 显示有 75.1%学生认为羌舞健身广播操的持续时间“适中”。说明整套操的用时让绝大多数的学生感到舒服,再次验证羌舞健身广播操的运动时间是适合大多数人的运动要求。

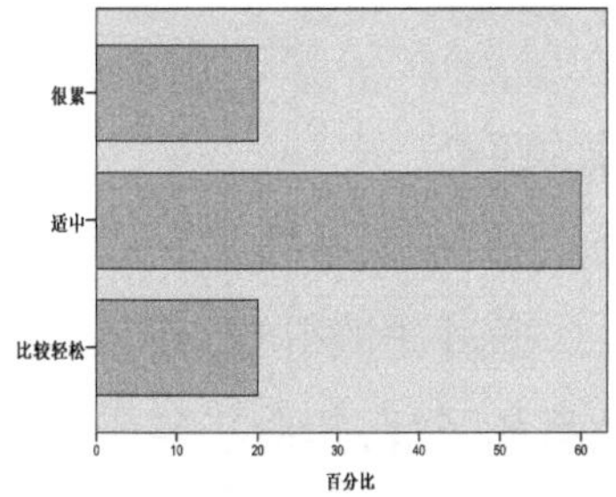

图 2-6 教师评价认真做完这套操的感受

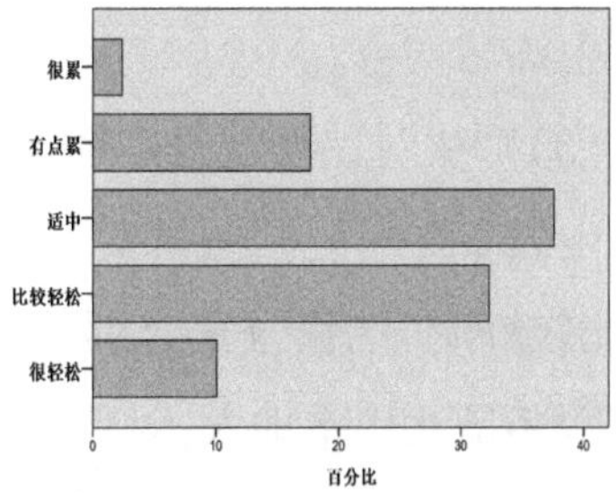

图 2-7 学生评价认真做完这套操的感受

适宜的运动负荷能对练习者的身体产生良好的刺激,从而起到增强体质的作用。从北川中学体育教师和学生做完羌舞健身广播操的主观感觉疲劳程度,可以有效地评估羌舞健身广播操的运动负荷大小。从图 2-6 和图 2-7 可见,在做完羌舞健身广播操的主观感觉疲劳程度上,教师感觉“较轻松”“一般”和“有点累”的比例分别为 20%、60%和 20%,三者之和为 100%。学生感觉“比较轻松”“适中”和“有点累”的比例分别为 32.3%、37.6%和 17.7%,三者之和为 87.6%。

本研究将这三个选项比例之和作为衡量羌舞健身广播操的运动负荷的参考依据，是因为羌舞健身广播操是青少年每天学习之余进行身体锻炼的主要体育内容，运动负荷过小，学生容易感觉“很轻松”；运动负荷过大，学生则会感觉“很累”，这两个程度的运动负荷都不能对学生的身体形成良性的刺激，也无法产生良好的锻炼效果。因此，作为针对青少年每天都练的体育运动项目，必须具有一定的运动负荷刺激，运动后感觉“有点累”和“适中”都属于正常的范围，如果感觉“很累”，身体不能及时恢复到常态，则会影响接下来学习任务的完成。所以，从数据显示结果来看，羌舞健身广播操的成套运动负荷是适中的。

羌族舞蹈本身分为以男子为主的舞蹈和以女子为主的舞蹈，如何使羌舞健身广播操的动作去男子化和去女子化是创编过程中的一个主要难点。只有使整套操的动作更加中性化才能适合青少年集体练习，被广大中学生所接受，进而达到锻炼身体的目的。教师认为羌舞健身广播操适合“男女均可”的占 80%，学生认为羌舞健身广播操适合“男女均可”的占 73. 3%。这一数据说明羌舞健身广播操的动作没有明显的性别倾向，动作中性化程度较高，男女生练习均可。

(3)师生对羌舞健身广播操的动作编排的评价

由表 2-19 可见，教师对羌舞健身广播操的羌舞风格的评价是“很鲜明”和“比较鲜明”的百分率分别为 40%和 20%。通过访谈得知，五名体育老师中有两名是北川本地人，对羌族舞蹈较为熟悉和了解，其余三名体育老师均为刚毕业不久来自其他省份的年轻教师，对羌族舞蹈不太熟悉，因此无法准确判断羌舞健身广播操的羌舞风格是否鲜明。表 2-20，学生对羌舞健身广播操的羌舞风格的评价是“很鲜明”占到 19. 6%，“比较鲜明”占 46. 3%。通过进一步了解得知，北川中学对学生进行的民族传统历史教育是随着学生入校后逐步开展的，高二、高三年级的学生对羌族舞蹈有所了解和接触，因此这部分学生对羌舞健身广播操的羌舞风格有一定的判断和评价基础，而高一学生由于刚刚入校，对民族传统历史以及学校处在的地域民族民间习俗了解不多，因此选择“一般”符合这部分学生对羌舞风格知之不多的实际情况。

表 2-19　体育教师对羌舞健身广播操羌舞风格的评价情况

羌舞风格	频率	百分比	累积百分比
很鲜明	2	40	40
比较鲜明	1	20	60
一般	2	40	100
不太鲜明	0	0	
不鲜明	0	0	
合计	5	100	

表 2-20　学生对羌舞健身广播操羌舞风格的评价情况

羌舞风格	频率	百分比	累积百分比
很鲜明	74	19.6	19.6
比较鲜明	175	46.3	65.9
一般	98	25.9	91.8
不太鲜明	30	7.9	99.7
不鲜明	1	0.3	100
合计	378	100	

从表 2-21 和表 2-22 可知,100%的体育教师认为羌舞健身广播操的动作编排比较新颖。68.3%的学生认为“很新颖”和“比较新颖”。说明羌舞健身广播操的动作编排得到了北川中学广大师生的认可。

表 2-21　体育教师对羌舞健身广播操动作创编的评价情况

动作创编	频率	百分比	累积百分比
很新颖	0	0	0
比较新颖	5	100	100
一般	0	0	
不太新颖	0	0	
不新颖	0	0	

续表

动作创编	频率	百分比	累积百分比
合计	5	100	

表 2-22　学生对羌舞健身广播操的动作编排情况的评价

动作创编	频率	百分比	累积百分比
很新颖	41	10.8	10.8
比较新颖	217	57.4	68.3
一般	101	26.7	95.0
不太新颖	15	4.0	98.9
不新颖	4	1.1	100
合计	378	100	

从表 2-23 和表 2-24 是教师和学生对羌舞健身广播操的动作连贯性的评价,60%的教师认为“比较流畅”,69.8%的学生认为“很流畅”和“比较流畅”。这表明大多数师生对于本套操动作的连贯性是比较认可的。

一套健身广播操的核心创编内容就是动作编排和连接,也是整套操主要功能的载体。在此基础上如果能使整套动作呈现出某种统一的风格特色,则对创作者的创编水平提出了更高要求。羌舞健身广播操的动作编排和连接是根据运动训练学原则和一定的力学原理进行创编的,新颖的动作设计与流畅的动作连接,再加上鲜明的羌族舞蹈风格,激发了北川学子的练习兴趣,从而使羌舞健身广播操得到了顺利地推广和普及。通过调查结果表明,羌舞健身广播操很好地实现了研究工作的指导思想和目的。

表 2-23　体育教师对羌舞健身广播操动作连贯性的评价

动作连贯性	频率	百分比	累积百分比
很流畅	0	0	0
比较流畅	3	60	60
一般	2	40	100

续表

动作连贯性	频率	百分比	累积百分比
不太流畅	0		0
不流畅	0		0
合计	5		100

表 2-24　学生对羌舞健身广播操动作连贯性的评价

动作连贯性	频率	百分比	累积百分比
很流畅	58	15.3	15.3
比较流畅	206	54.5	69.8
一般	93	24.6	94.4
不太流畅	18	4.8	99.2
不流畅	3	0.8	100
合计	378	100	

(4)师生对羌舞健身广播操音乐的评价

音乐是羌舞健身广播操的重要组成部分,对操的成功推广和普及具有至关重要的作用。舒适的音乐节奏,好听且有羌味的音乐旋律,和谐一致的动作与音乐风格搭配,都是激发青少年内心情感体验和肢体运动展现的重要影响因素。音乐与动作和谐完整的配合,能够促进学生身心健康发展,有利于羌舞健身广播操的推广。因此,音乐的创编是整个课题研究不可忽视的重要一环。

由表 2-25 可见,体育教师对羌舞健身广播操的音乐“较喜欢”占多数,为 80%。这表明,体育老师对羌舞健身广播操的音乐是认可的。

由表 2-26 可知,有 48.7%学生对羌舞健身广播操的音乐表示“很喜欢”和“较喜欢”,“一般”的含义通常也有接受和认可的态度,有 44.4%的学生选择了此项,以上三项的累积百分率为 93.1%,说明大多数学生对羌舞健身广播操音乐的是认可的。

表 2-25　教师对羌舞健身广播操音乐的整体评价

接受情况	频率	百分比	累计百分比
很喜欢	0	0	0
较喜欢	4	80	80
一般	1	20	100
不太喜欢	0	0	
不喜欢	0	0	
合计	5	100	

表 2-26　学生对羌舞健身广播操音乐的评价

接受情况	频率	百分比	累计百分比
很喜欢	61	16.1	16.1
较喜欢	123	32.6	48.7
一般	168	44.4	93.1
不太喜欢	22	5.8	98.9
不喜欢	4	1.1	100
合计	378	100	

从图 2-8 可见，体育教师认为羌舞健身广播操的音乐节奏“适中”“比较快”的占到 80%，分别为“适中”60%，“比较快”20%。说明，羌舞健身广播操的音乐节奏适中，得到了体育老师的高度认可。

从图 2-9 可知，有 79.4 的学生认为羌舞健身广播操的音乐节奏“适中”，认为“比较快”和“不太快”的分别为 16.1%和 2.9%，这三个选项的累积百分率为 98.4%，证明羌舞健身广播操的音乐节奏让绝大多数的学生感到舒服，得到了学生们的高度认可。

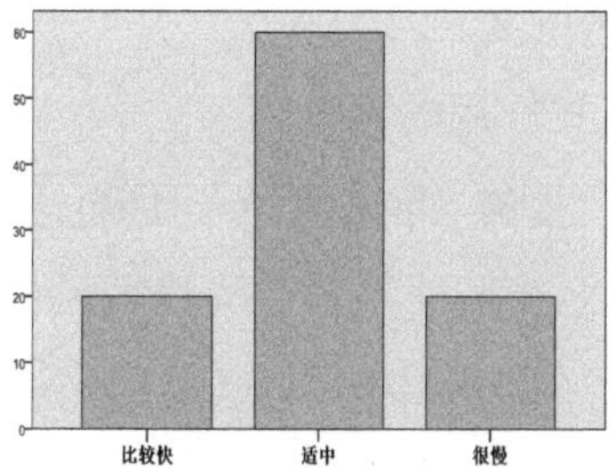

图 2-8　教师评价这套操的音乐节奏

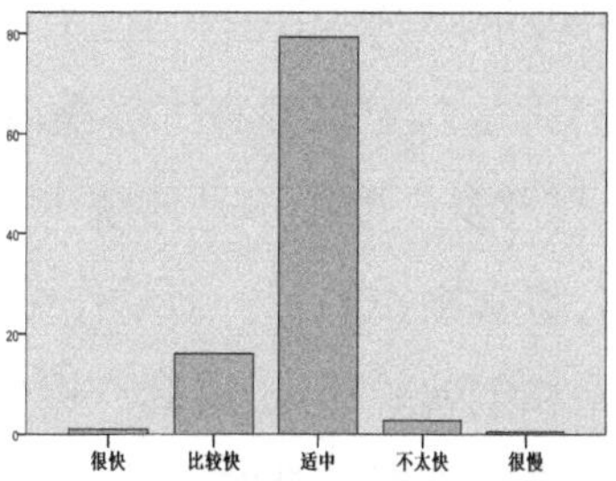

图 2-9　学生评价这套操的音乐节奏

体育教师对羌舞健身广播操音乐旋律的评价(图 2-10)表明,认为“很好听”的占 20%,认为“比较好听”占 80%,这两部分的累积率是 100%,证明体育教师对羌舞健身广播操音乐旋律的喜爱程度非常高。

图 2-11 显示,学生认为羌舞健身广播操的音乐旋律“很好听”“比较好听”和“一般”比率分别是 10.6%、38.9%和 42.9%,这三部分的累积百分比为 92.4%,说明学生对操的音乐旋律的认可程度非常高。

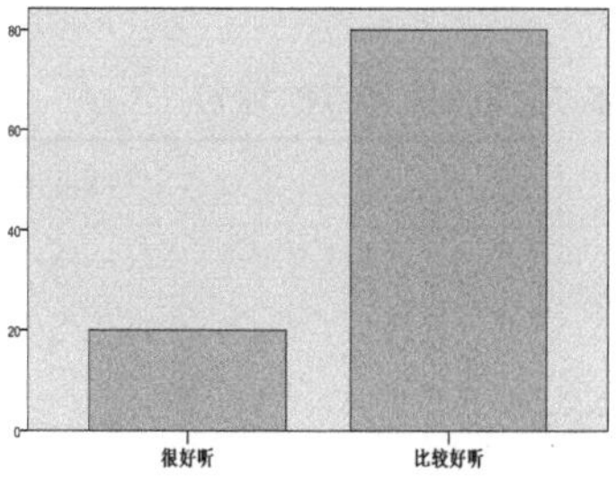

图 2-10　教师评价这套操的音乐旋律

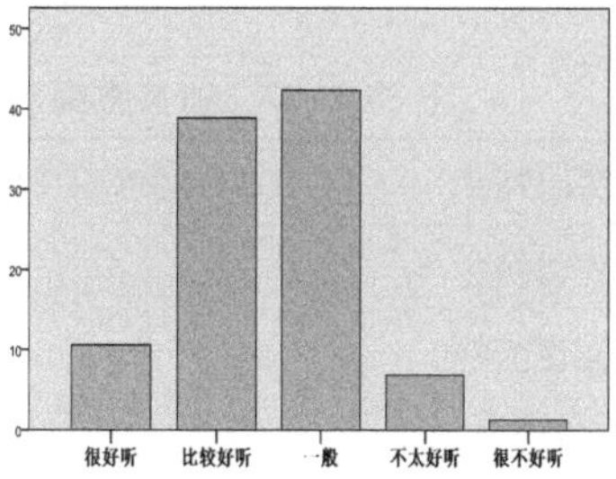

图 2-11　学校评价这套操的音乐旋律

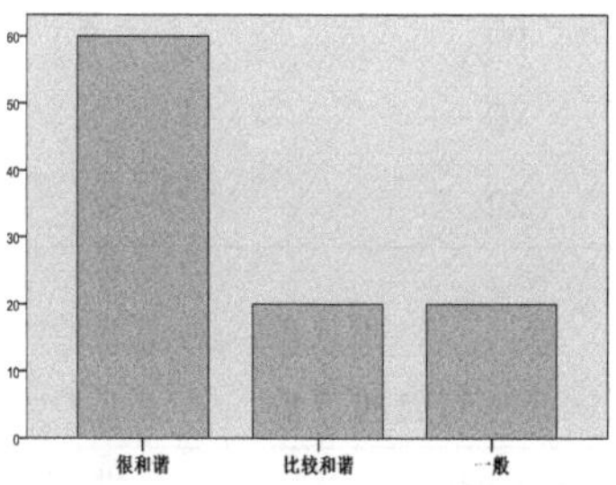

图 2-12 教师评价这套操的动作和音乐风格

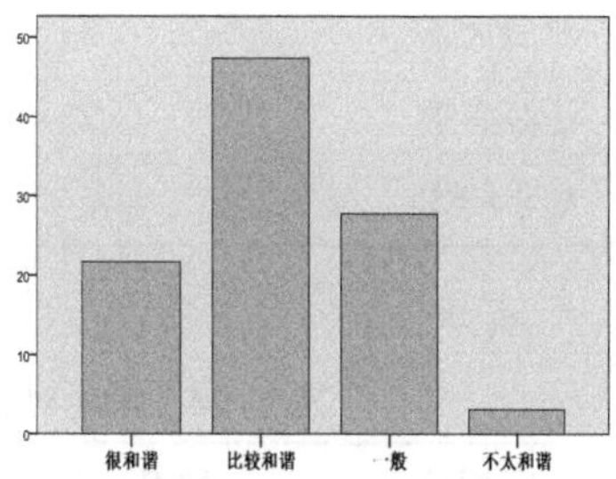

图 2-13 学生评价这套操的动作和音乐风格

通过图 2-12 可见,80%的体育教师认为羌舞健身广播操的动作与音乐配合“很和谐”和“比较和谐”,分别为 60%和 20%。也有 69%的学生认为“很和谐”和“比较和谐”(图 2-13),这一结果表明体育教师和学生对羌舞健身广播操的动作与音乐配合方面有较高的认可度。

(5)师生对羌舞健身广播操风格特点和作用的评价

羌舞健身广播操不是传统意义上的广播操,而是赋予了明确、独特的主题风格,整套操中的每一节动作编排都目标清晰地沿着羌族舞蹈风格进行探索、实验和创编。那么,这套广播体操能否被北川中学广大师生所识别、接受和认同,是编创者非常关心的问题。

通过表 2-27 可知,有四个特点被 80%的体育老师所认同,分别是"羌舞特色""连贯流畅""节奏感""运动强度适中",在请教师对所选项进行排序中,有 80%的老师将"羌舞特色"列为第一,80%的老师把"连贯流畅"列为第二,排在第三位的分别是"节奏感"和"运动强度适中"。这一结果充分表明羌舞健身广播操的"羌舞特色"得到了老师们的高度认可,其次是"连贯流畅""运动强度适中"和"节奏感"。另外,"舒展大方"也被 60%的老师认为是本套操的主要风格特点之一。

表 2-27　体育教师对羌舞健身广播操风格特点的评价

突出特点	频率/总数 5	百分比	排序
羌舞特色	4	80	1
连贯流畅	4	80	2
节奏感	4	80	3
运动强度适中	4	80	3
舒展大方	3	60	4
活泼有趣	2	40	5
短小精悍	1	20	6

表 2-28　学生对羌舞健身广播操风格特点的评价

突出特点	频率/总数 378	百分比	排序
运动强度适中	225	59. 5	1
羌舞特色	218	57. 7	2
节奏感	194	51. 3	3

续表

突出特点	频率/总数 378	百分比	排序
活泼有趣	169	44.7	4
连贯流畅	161	42.6	5
舒展大方	160	42.3	6
短小精悍	82	21.7	7
时代气息	80	21.2	8

从表 2-28 可见,学生对羌舞健身广播操风格特点的评价与教师的评价结果较为相似,相同的三个特点都进入了前四位,分别是“运动强度适中”“羌舞特色”和“节奏感”,与教师不同的一个选项是“活泼有趣”。从学生的排序中看到,有 59.5%的学生将“运动强度适中”列为第一,57.7%的学生认为“羌舞特色”是第二个,51.3%的学生认为“节奏感”第三,排在第四位的是“活泼有趣”。此外还有两个特点被多数学生认同,“连贯流畅”占 42.6%,排第五位,“舒展大方”占 42.3%,排第六位,这一结果表明羌舞健身广播操的“运动强度适中”最为学生认同,“羌舞风格”也得到了同学们的较高认可,“节奏感”“活泼有趣”“连贯流畅”“舒展大方”被多数学生认为是本套操的主要风格特点之一。

表 2-29　教师对羌舞健身广播操作用的评价

突出特点	频率/总数 5	百分比	排序
民族传统继承	5	100	1
缓解脑力疲劳	5	100	1
增强体质	4	80	3
调节情绪	3	60	4
展示自我	3	60	4
培养健身意识	3	60	4
培养集体意识	2	40	5
养成锻炼习惯	1	20	6
课间积极休息	1	20	6

续表

突出特点	频率/总数 5	百分比	排序
乐感培养	1	20	6
培养合作意识	1	20	5
更好地展现美	1	20	6
激发热情	1	20	6

广播体操是广大学生主要的体育运动项目之一,大多数学校学生几乎每天都要做操,在北川中学更是一天两练(早操、课间操),因此一套受学生喜爱的广播体操对树立学生健身意识、提高学生健康水平具有重要的意义。经过统计分析,体育教师认为羌舞健身广播操的积极作用分别表现在民族传统继承、缓解脑力疲劳、增强体质、调节情绪、展示自我和培养健身意识等方面(见表 2-29)。从选项的百分比和排序上看,老师对羌舞健身广播操在"民族传统继承""缓解脑力疲劳"的作用上,认同比例高达 100%,在"增强体质"的作用上,认同率为 80%,认为具有"调节情绪""展示自我"和"培养健身意识"作用的也有 60%。因此,说明通过羌舞健身广播操的练习能够使练习者感受到民族传统经典的同时,还感到获得了健身实效。

表 2-30　学生对羌舞健身广播操作用的评价

突出特点	频率/总数 378	百分比	排序
增强体质	296	78.3	1
民族传统继承	255	67.5	2
缓解脑力疲劳	237	62.7	3
养成锻炼习惯	204	54.0	4
课间积极休息	202	53.4	5
调节情绪	199	52.6	6
培养健身意识	178	47.0	7
乐感培养	98	25.9	8
培养集体意识	92	24.3	9
展示自我	92	24.3	9

续表

突出特点	频率/总数 378	百分比	排序
激发热情	92	24.3	9
更好地展现美	80	21.2	12
培养合作意识	48	12.7	13
礼仪培养	43	11.4	14
促进与人交往	26	6.90	15

通过表 2-30 可知,学生认为羌舞健身广播操的积极作用与教师的认同内容略有不同,主要体现在积极作用的重要性排序上,有 78.3%的学生认为“增强体质”是本套操的最突出的作用,位列第一。其次是“民族传统继承”,占到 67.5%。排在第三的是“缓解脑力疲劳”,占 62.7%。另外“养成锻炼习惯”“课间积极休息”和“调节情绪”分别占 54.0%、53.4%和 52.6%。证明羌舞健身广播操的健身功效和独特的民族传统继承作用得到了多数同学的肯定。通过观察和深入了解发现,学生之所以对“增强体质”“缓解脑力疲劳”“课间积极休息”和“调节情绪”的认同感高,主要源于每天坚持不懈地定时定练(早操、课间操),学生对做操前和做操后的身心变化有明显的感受。正如学生 A 所言:“早上六点起床,六点十分做操,做操前还是迷迷糊糊的,浑身发懒不愿动,在操场上做完操,立刻神清气爽有活力了,对接下来的早自习和上午前两节课的学习效率特别有好处”。学生 B 说:“课间做完操也会感觉心情轻松了许多。”说明广大学生在长期练习羌舞健身广播操后感到了自身体质的明显提高,脑力疲劳能够及时缓解,不良情绪得到了有效调节。

五、总结

广播体操动作元素构成可以借鉴民族民间舞蹈的动作素材加以改造,改造的特征为去舞化、变操化,选取含有下肢、上肢、躯干、头颈等不同身体部位动作内容和造型动作的元素进行加工,实验证明民族民间舞蹈动作元素是可以改造为广播体操动作的。

选取羌族舞蹈动作元素时应以简单的动作要素、典型的舞蹈元素、有健身性的动作内容且能与广播体操形式相结合为甄选依据。动作元素类型的选择要具有全面性,才能满足广播体操的创编要求,实践证明民族传统舞蹈完全可以成为广播体操创编的素材,其拓展空间广阔而丰富,"操·舞"结合的创编路径可行,是广播体操创新的新途径。

以体育为震后的北川中学学生服务,满足青少年对多元化体育运动要求,激发学生体育锻炼意识,增强体魄和健康水平,促进昂扬向上、积极乐观的精神是本套操的创编指导思想。《羌舞健身广播操》于 2010 年 7 月首次在北川中学推广,一年后成为北川中学校本课程建设的特色内容,被四川省教育厅评为二等奖。说明结合地域性、学校历史、学生来源和民族传统文化体育进行广播体操的创编,是体育校本课程建设重要内容之一,能够体现校本特色,产生了良好效果。

本套操在遵循羌舞特色,探索"操·舞"独特风格、大胆创新国操的创编思想下,成功完成了羌舞健身广播操的创编工作。整套操由八节动作组成,总时长为 2 分 50 秒,编排设计合理,有多处创新。操的特点是羌舞风格鲜明,民族与现代巧妙结合,动作舒展大气、活泼有趣、短小精悍,是一套值得学习和推广的广播体操。

这套操的动作结构要素特点为下肢运动充分,动作结构要素丰富;躯干运动强度适中,动作结构要素全面;上肢运动高强度,动作结构要素经典;头颈运动辅助,动作结构要素必选。突出优点是使传统广播体操的下肢动作内容得到极大的丰富,成为本套操创编的显著突破。设计的不足是头颈动作始终以辅助参与的形式融于其他运动,因此略显锻炼不足、主动不够。

第五节　大课间体育活动组织形式与管理优化设计

一、大课间体育活动组织形式优化设计

大课间是学生们每天能够沐浴阳光、呼吸新鲜空气、舒展肢体、奔跑跳跃的时光，是他们能够自由活动的时光。学校需要不断改革传统的组织形式，改变大课间固有模式，将焦点放在学生的体验感上，依靠自身的资源优势，打造出有特色的大课间活动，有三种方法能够实现创新与不同。

一是设计学生们进场的方式，可以从走出教室开始，如何通过合理有序的动线流动汇聚到活动场地，这样当学生们走出教室就会呈现出流动的路线画面。也可以尝试经过的路线中设置有趣的站点，以某种方式建立师生或生生之间的互动，例如在某个站点，一位老师以击掌的方式与经过的学生互动，这种方式能够变化无穷，既简单又有趣，老师还可以观察到学生个性化的情绪状态，遇到问题还能够及时了解和帮助。

二是设计体育活动过程中的队形和流动方式，可以是单线条的，也可以是双线条的；可以是方块的，也可以是圆形的；可以是三角形的，也可以是菱形的；可以是蛇形的，也可以是交叉的。

三是设计体育活动结束后从室外场地回归教室的组织形式，可以是与入场相呼应的，也可以和入场相迥异的。

总之，大课间体育活动模式需要不断创新，改变固有模式，注重学生的兴趣爱好，了解不同年龄阶段学生的运动需求，选择适合学生自身特点的活动模式。同时，根据学校自身资源，打造出学校独特的大课间活动。

二、大课间体育活动组织管理优化设计

大课间体育活动的实施需要建立明确的管理成员，各自承担相应的责任

和义务,是一个系统性工作。通常在组织管理中普遍由主管校长牵头、体育教师直接执行、班主任协助监督、学生会(社团)成员辅助工作。传统的组织管理系统主要集中在体育教师,缺乏学校从上至下的整体协作。如果建立领导小组、组织管理组、协作互助组、宣传组这四个组织成员,从活动的全程把控、器材场地的保障、活动安全的监控、监督检查的跟进,就会形成多个角度、多个方面的协同配合,明确各小组人员之间的权责关系,使大课间体育活动管理科学、系统、有制度。

(一)领导小组工作

领导小组是整个大课间活动的指挥中心,通常是由校长、分管体育工作的副校长、政治教导负责人组成。领导小组作为大课间活动的最高组织,统筹全局,负责引领大课间体育活动开展的方向性事宜,听取创意、风格、特色的意见,确定活动组织的整体规划要求,检查活动组织的时间、流程、规范和安全等一系列问题,制定指导性意见和行动指令。在日常的活动开展中主要担任统领和监督的工作,确保大课间活动能按照国家规定规范、认真、常态化地实施和开展。

(二)组织管理组工作

这个小组的工作主要由体育老师和主管学生工作的具体教师组成。承担着大课间活动的各个环节的具体工作。主要包括体育教研组的老师、年级组的主任和各班主任,他们职能不同,分工不同。体育教师在整个大课间活动的实施过程中承担具体活动内容和活动组织形式的设计、教学、示范和指导,发挥着十分重要的作用。体育教研组担任不同的角色,既是活动的设计者、直接组织者又是最主要的决策执行者,他们需要根据本校的场地、器材、人员等实际情况,对活动的主题、活动的风格、活动的内容、校本特色的表现形式、教学与训练、场地的布置、时间节点的划分等进行具体的设计规划。年级部主任主要向各班传达大课间活动任务,负责年级范围的效果评估、奖惩机制的组织和实施。班主任则主管学生参与大课间活动时的秩序管理、请销假管理、学生参加活动的激励、活动质量的观察，以及活动过程中问题的反馈等。

（三）协作互助组工作

协作互助组是由学校负责安全工作的处室、学生会（社团）成员，以及后勤保障部共同组成，主要是根据组织管理组的具体任务，协助完成各项工作，确保大课间活动能够按时正常顺利地开展。负责安全工作的处室在大课间活动期间重点进行安全防范工作，制定严谨的应急情况处理方案，系统掌握处理方法，保证活动的安全及应急处理工作的有序进行；学生会（社团）成员则配合体育教师做好各班的监督、引导和“小小观察员”等工作，“小小观察员”是连接老师和同学们的有力助手；后勤部是体育活动的重要物质保障，管理好学校的体育器械，做到定期检查和添补运动器械的工作。

（四）宣传组工作

由政教处和信息技术组负责利用各种资源对大课间活动进行宣传。如学校广播站、电子显示屏、板报、墙报、宣传大会、班会等各种形式宣传大课间体育活动的价值和作用，也可以利用网络研究和技术、构建关于本校大课间体育活动宣传网络平台或App、公众号等，整合大课间体育活动的相关资源和体育知识，加强学生对大课间体育活动的认知，增加兴趣，化被动为主动。同时，通过宣传健康锻炼方法、安全防范措施、运动损伤应急处理方法等，加强全体师生的体育安全意识，引起重视，达到警示。

第六节　大课间体育活动评价体系设计

评价本身不仅是一种教育的过程，也是学习的过程。以评促教、以评促学、以评促练、以评促演，是推动大课间体育活动有效实施的重要手段。大课间体育活动方案如果没有行之有效的跟踪评价方案，开展的质量和效果将难以得到保证和可持续发展。好的评价是关注整个活动过程,对活动的各个环节进行判断、总结和改进,其活动形式、内容如果发生改变,相应的评价体系也可随之改变。我们从不同的评价主体和不同评价的实施功能对大课间的评价体系进行设计与完善,以此反映大课间体育活动的整体开展情况及反馈。

一、评价主体的不同

(一)外部评价主体——教师为主

外部评价的主体主要指参与大课间工作的负责监督指导的人,如本校体育教师、各年级主任、各班主任。通过对以集体为单位的班,和以个体为单位的学生,他们在参与活动过程中的态度、行为、运动情况,锻炼效果进行观察和考察,及时对各班集体和学生个人在活动中所呈现出的优点与缺点进行总结与点评,给出等级或分数,记入学生的学期体育与健康活动的过程性考核评定中,以及各年级、班级的总评中。另外,学校和老师要定期调查学生们对大课间活动的看法、感受和建议,及时了解他们对大课间体育活动的态度,通过调查也能够建立大课间活动的反馈机制。

(二)内部评价主体——学生为主

内部评价的主体主要指学生作为个人参与活动的自我评价,需要对自身参与大课间活动时的练习态度或锻炼效果进行自我评定。内部评价的目的在于培养学生对自身参与状态与练习状态有更清晰的认知与了解,从自醒到自主,以此培养学生的自主意识,提高对自我行为进行评价和自我诊断的能力,所以内部评价只针对学生自身内部的情感评价,不加入综合考核和各项奖惩制度中。

二、不同评价的功能

评价的实施功能是对大课间体育活动的开展之前、过程中、结束后三个时间阶段进行不同方式的评价，即诊断性评价（开始）、形成性评价（过程）和总结性评价（结束），每种评价方式带有不同的功能。

（一）诊断性评价

诊断性评价是对活动开展前的年级、班级出勤情况、入场情况和组织情况作出相关考核评价，对活动开展起到直接有效的管理作用，规范入场集合、站位等活动行为，提高活动效率。

（二）形成性评价

形成性评价是对在活动开展过程中的各班、各组别的参与活动的积极性和完成活动的能力与水平进行系统的评价，起到在活动过程中了解学生、教师、班级、项目组别的具体情况的作用，及时发现问题进行修改和调整。

（三）总结性评价

总结性评价是在一个阶段的大课间活动开展结束后，由校领导组织，每个年级、每个管理小组将此阶段的具体情况和影响因素，存在的问题及相关的建议与意见进行总结性汇报、讨论并就问题进行修正更改，不断优化活动的计划与方案。而由主管领导、体育教师和学生会成员的相互配合后对该阶段的活动情况及相关反馈进行总结，以此全面地反映班级和年级的表现情况，分析解决问题，不断改进大课间体育活动。

最后，学校根据大课间活动的时机以及评价方式的实施功能，保障大课间形成“教师点评、学生反馈、全体总评”的大课间考核评价流程，为大课间长效发展提供评价制度的保障。同时，学校可以定期组织与大课间开展的活动相同的竞赛活动，以此检验活动的效果，按项目排名与平时的大课间参与成绩一起纳入年级或班级总评中，将其作为评定优秀年级、班级的重要指标，既响应国家政策又能让师生更加重视大课间体育活动。

第三章　互联网+体育运动的发展与应用

第一节　互联网发展概况

互联网是1995年联合网络委员会指出的，是通过一定的媒介链接在一起的全球性的信息系统，这个媒介是建立在“传输控制协议”或其他协议上的唯一的网络逻辑地址，并通过这个协议地址进行互联互通，进而能够为网络用户提供高效、便捷、全面的信息服务。接入网是我们通常提到的“宽带接入的最后一公里”，主要包括终端、网络以及应用服务。互联网具有覆盖范围广、信息容量大、传播速度快、交互性强等特点①。

一、互联网基础资源

（一）电子计算机

信息技术为社会的交往媒介进行变革奠定了坚实的基础。电子计算机的出现为信息领域的发展奠定了基础，人们最初发明电子计算机来研究计算军事弹道。1964年，美国人发明了第一台电子计算机。计算机技术得到了飞快的进步与发展，不但计算的速度，容纳量以及计算准确率提高很快，然而

① 李旭洋. 互联网发展对中国居民消费结构的影响研究［D］. 中国地质大学，2020.

它的体积越变越小，花费的成本不断变低。计算机及其附属设备与人身体的各个部分正好相对应。通过眼睛可以看到相应的图像，通过耳朵人能够感受到声响等信号。人通过输入设备将信号输入到电脑之中。通过这样的对应方式使得人与电脑能够进行良好的沟通。电脑变成了个人进行社会交往的媒介，并成为人们日常生活中必需的一种工具，这标志着个人电脑在世界范围内得到推广，自从电脑被广泛地利用，人们以更快的速度获取相应的信息，处理信息的速度也得到了提高。另外，这也催生了互联网的出现①。

（二）互联网

互联网的前身阿帕网的创生与美国军方有着重要渊源。1969 年，美国投资建立了阿帕网，阿帕网实现了美国的四所高校的电脑连接，这些网络经过不断地发展之后便成了今天的互联网。通过电话来实现信息之间的交换是以前进行信息交换最常用的方式，那就是通过物理线路的相互连接，但是对于这个问题，包交换是互联网采用的方法。通过包交换的方式，信息被转变为小的数据包，通过多线路的网状网络发挥交换功能，数据包因为使用了最合适的路线能够被很好地传输，包交换技术在很大程度上促进了互联网的发展。它的另外一个技术是 TCP/IP 通信协议，其目的在于现实电脑的“生来平等”，大家要对一个共同的标准进行遵守才能够实现“资源共享”。这些标准规范了主机间的传送方式，这导致不同的电脑根据相关协议传送相应的信息②。

（三）IP 地址

IP 地址决定着网络未来发展容量，属于互联网基础资源的底层框架资源。IPv4 是指互联网西医的第四版。IPv6 表示第六代互联网协议，IPv6 具有无穷的 IP 地址、速度更快、充分移动、质量更好等优势，是互联网时代云计算、物联网等技术的发展保障。截至 2019 年 8 月，全球 IPv4 地址已分配 36.

① 汪頔.新媒体的发展趋势及其对价值观的影响[D].复旦大学，2013.

② 汪頔.新媒体的发展趋势及其对价值观的影响[D].复旦大学，2013.

8亿个，美国、中国的拥有量分为16.1亿、3.4亿，排名全球第一、第二。自2012年以来，全球内的IPv6地址数迅猛发展，在IPv6总量上，中国以2.04 * 10^14块(/64)，排世界第一，美国、德国一次为第二、第三，但是在IPv6的使用率上，全世界范围内，仅有4个国家超过10%，美国以23.5%地址通告率排为第一，德国、日本、中国通告率分别是16.4%、13%、10.7%，依次排名第二、第三、第四。近十年来，我国的IPv4稳步增长，2011年之后IPv4的数量逐渐趋于稳定，维持在33000万个左右。随着移动互联网用户的爆炸式增长，2011年2月全球的IPv4地址分配完毕，年均增长率达到105.4%，呈现出强劲的发展态势，表明我国的互联网用户规模快速扩张①。

(四)无线互联网

这些年，智能手机相关的技术与无线互联实现发展与提高后，互联网与移动通信联结在一起了，这就是今天的无线互联网。移动通信相关的技术提高之后，无线带宽不断变大，负载也更多了。尤其是移动系统(3G)产生之后，该系统把慢速图像、电视图像与高速数据加载到了无线网络里。移动互联网给社会的发展与人类的社会交往活动都带来了巨大的影响。一方面它的传播方式极其便捷和高效，能够实现快速的传播，丰富了社会的交往形式，扩大了社会交往的范围。另一方面个体的习惯与交往方式受到了移动互联网的影响。现在社会交往格局也产生了巨大的变化。因为移动网络的影响，人们的交往变成了“去位置化”，人们的社会交往活动不用再受到一个固定地点的制约。另一方面将位置服务与移动网相互进行结合使得个体能够更方便获取自己所处位置周遭的信息，个体可以认识其他个体，并寻求社会交往②。

(五)网站数、域名数和CN域名数

网站和域名是互联网实现的基本网络资源，代表网络发展的实用程度。

---

① 李旭洋. 互联网发展对中国居民消费结构的影响研究[D]. 中国地质大学，2020.

② 汪頔. 新媒体的发展趋势及其对价值观的影响[D]. 复旦大学，2013.

除了2010年我国网站数量出现大幅下架之外，整体上我国网站书呈现出不断上升的变化趋势。而2010年网站数的急剧下降，主要是政府为了加强网络环境的治理，提升网站质量，关闭了和处理了一批不合法不安全的网站。在此期间，域名数和CN域名数也出现了同样的大幅度锐减。在2011年之后，域名总数和CN域名数开始逐年回升，到2018年，域名总数达到3792.75万个，其中CN域名数有2124.35万个，在域名总数中的比重为56.01%①。

二、互联网的普及

（一）互联网的普及

回顾互联网前二十年的发展历程，可分为四个时代。一是信息互联网时代，这个时代是以门户网站与电子邮件为代表。对于大范围传播来说，门户网站是一种必备的传播方式，门户网站通过一定的方式将搜集的内容展现出来，给网民带来大量的信息服务。信息供应商进行信息搜集或生产是门户网站的重要特点。从其本质上来看，其余传统媒介只是传播方式上的不同。门户网站首先分类加工某些信息，然后采取相应的手段展现它们，实际上门户网站就是一个将众多的信息进行汇聚的平台。而电子邮件通过点对点的方式传递信息，也是互联网最基本的功能。二是搜索互联网时代，百度和谷歌便是这个时代的代表。由于门户网站无法在短时间内解决用户想要快速、大范围的信息服务，百度与谷歌这类搜索网站通过相关技术的应用将网络上的重点信息进行搜集，然后建立一个数据库，再把相关信息同用户进行检搜的关键字匹配，最后根据相关的反馈信息来进行结果的搜索。这样的信息搜索方式使得用户查找信息的时间极大地缩短了，一座无形的桥梁在目标网页与用户之间便搭建起来了。搜索网站和别的网站很不一样，他们希望用户在页面进行搜索时停留的时间能够缩短，用户搜到目标网页的时间越短，其价值就越大。搜索网站的目的是将免费服务提供给用户，它逐渐地演变成为一种

① 李旭洋.互联网发展对中国居民消费结构的影响研究[D].中国地质大学,2020.

能够最大程度地利用自身的优势吸引广告商。它的模式具体来看为竞价排名与点击付费,也就是说展示广告是不收费的,用户的有效点击数是广告商付广告费的依据,付费多的广告主就排在比较靠前的地方,这就是竞价排名。搜索引擎可以用来整合相应的信息,凭借多方面的优势,人们通过它获得相应的思想,进而传播者信息。它的出现使精确的数据统计成为可能,成为人们进行交往与管理的一种方式。三是社交互联网,SNS 是这个时代的代表。关于社交互联网应用,是指使用诸如工具、博客和 SNS 网络人类来处理人们的生活和交往遇到的问题,是互联网应用的一种。这种新媒体不只进行信息的传播,它还与人类社会交往的各方面进行融合,这种应用的大范围使用标志着自媒体时代的到来,生产内容的主要群体是广大用户,从聊天工具到网络博客,以及 SNS,社交互联的出现使人类的活动与交往发生了巨大的改变。以 SNS 为例,该系统通过一定的方式将复杂的人脉关系连接在一起,改变了社会活动和交往的形式,致使联系最多的人得到最多的资本成为 SNS 的最大价值。媒体向社会大众化转变,普通人都能够进行新闻消息的分享与发布了,这种由平民媒体所形成的力量,国家和政府都开始重视起来了。四是服务互联网,SAAS 与电子商务是这个时期的代表。电子商务的兴起与发展是网络应用服务的重要体现,以阿里巴巴与亚马逊为代表的通过电子购物网站设置了一个集商品选购、支付与物流为一体的极具便利性电商平台,不仅改变了传统的交易方式,也使社会大众的消费习惯发生了重大变化。除此之外,网络也把应用服务带到政府和企业等组织机构中。

(二)网民

近年来,网络的普及应用在我国快速发展,2018 年,中国全年新增网民规模 5067 万人,全球排名第二位,仅次于印度。据相关统计,截至 2020 年 3 月,中国网民数量达 9.04 亿,互联网普及率为 4.5%,已超过全国人口的六成,比 2018 年增加了 4.9%。近十年间,网民规模逐年扩大,但增速逐步放缓。就互联网普及率而言,从 2009 年的 28.9%增长至 2018 年的 59.6%,十年间增幅较大,提高了 30.7%,首次超过 50%的年份是 2015 年。从增速来看,可以分为两个阶段,在2015年之前,互联网普及率年均增长率约为10%,增长较快,提升幅度较大,此后,增速有所放缓,但依然保持年均6%的增长态势。逐年增加的网民规模和互联网普及率,表明网络消费的群体持续保持平稳增长,互联网对消费者行为、居民消费结构的渗透与影响日益增大。网民中使用手机上网的比例高达99.3%,这说明移动电话是人们连接互联网络的主要终端设备。从2009年至2018年,十年间我国的固定电话普及率持续下降,而移动电话普及率总体上呈现不断增大的发展趋势,电话普及率的波动情况与移动电话较为一致。具体来看,可以分为两个阶段,在2009年至2014年,电话普及率和移动电话普及率处于快速增长的变化趋势,年均增速分别为7.04%、10.81%。随后,2014年至2018年小幅下降之后有保持快速增长的发展态势,2017年,移动电话普及率达到101.97部/百人,突破100部/百人,这为互联网普及率的进一步提高提供了有力保障①。

三、互联网背景下新媒体的发展趋势

在当前的研究中,有些人认为新媒体与电视、广播一样是传播信息的工具,还有学者认为新媒体就像空气、空间一样构成了我们生活的新环境。其实这两种看法不存在实质性的冲突。新媒体代表了网络,网络逐渐不是一桩事物,已经成为一个环境,大家在它里面做各种事,而不是把它放在箱子里像个应用软件。网络既是作为工具存在的,也是作为环境存在的。万维网不应该成为人们在生活中使用的一种孤立的工具,甚至也不是真实生活的反映,它应当成为我们大家协作编织的这个生活网络的基本构造部分。就人与新媒体的关系而言,如果我们把新媒体看作是一种工具,那么人与新媒体的关系就是主体与客体的关系,其实质是目的与手段的关系;如果我们把新媒体看作是一种环境,那么人与新媒体的关系就是人与环境的关系,其实质是适应与被适应的关系。环境与工具的最大差别就在于工具对于主题不具有包围性,主题可以较为容易地摆脱工具;而环境对于主体具有较强的包围性,主

① 李旭洋.互联网发展对中国居民消费结构的影响研究[D].中国地质大学,2020.

体不是随心所欲地可以摆脱环境的。成为环境的新媒体其实是作为一种新颖工具的新媒体普遍化、日常化的结果，亦是新媒体的发展方向和趋势。新媒体技术及应用创造了人的心的生存状态、交往空间和发展条件，从而变成一种新的环境。社会生活与文化在很大程度上收到媒体融合与产业融合的影响。从信息产业的趋势来看，互联网将会和有线电视网与电信网进行融合。“三网融合”具有丰富的内容，具体来说，要在技术、业务和终端方面进行融合。目前，高层业务应用方面的融合是“三网融合”的发展趋势，技术越来越一致是这种趋势的具体体现，一方面可以是网络层进行联通，出现无缝覆盖，导致结合比较好的业务层的出现。从应用层的角度来说，统一的正协议是以后发展的重点；另一方面，促进良好的竞争与合作，使人们能够享受多样化的服务。“三网融合”能够在很大程度上改变信息文化产业，使新媒体与传统媒体之间进行融合。

第二节　“天津智慧体育运动”微信小程序的研发

一、“天津智慧体育运动”微信小程序的研发依据和目的

2016 年国务院关于印发《全民健身计划(2016—2020 年)》的通知指出全民健康是国家综合实力的重要体现，是经济社会发展进步的重要标志，更是科技惠民的有效实现途径和手段。党的二十大报告明确指出：“广泛开展全民健身运动，加强青少年体育工作，促进群众体育和竞技体育全面发展，加快推进体育强国建设。”这说明全民健身运动战略不断向纵深发展。2015 年国务院《关于积极推进“互联网+”行动的指导》意见中将“互联网+”益民服务列为国家重点行动，互联网线上线下服务消费如雨后春笋，移动互联更是深刻地影响了市民的出行、联络、购物、健身等行为习惯。微信和小程序作为连接线下服务与线上用户、同时实现用户分析和数据分析、完成用户画像的一个重要社交媒体，已经成为我国网络用户每天生活、工作无法离开的移动

应用。人们逐渐养成了用手机搜索查找、联系沟通，下单享受服务，这种方式对健身者和健身场馆的影响正在日益扩大。绿色低碳的新服务、新生态模式下的体育产业链日渐形成。因此，研发一款服务我市全民健身的移动端程序应用软件，不仅可以达到科技发展成果由全民共享共惠的目的，还可以丰富全民健身研究理论体系，拓宽研究视角，而且在实践上有利于推动全民健身的教育、经济和社会功能的充分发挥，有利于体育锻炼人数的增加和健身习惯的养成，有利于健身场馆获取用户需求，拉动体育消费促进体育产业发展，有利于全民健身服务网络日趋完善。

在相当一段时间，健身者找场馆难，约场地难，找伙伴约球难；中小型健身馆主则常为场地利用率低、推广难所困；大型运动场馆在斥资推出 APP 后效果不理想，用户不下载不安装不绑定也使后期运营陷入困境。这些痛点的关键在供需双方信息交互不畅。基于以上两点，我们的团队利用微信小程序的优势，尝试满足我市快速增长的健身运动人口对体育场馆和健身服务的巨大需求和供给的高效匹配。借助微信平台的开放性进行了二次研发，开发了一款对市民、对企业使用成本低，能实现多通道多入口进行信息交互的移动端应用程序，提供体育健身服务平台，使大中小型体育类企业和需求各异的用户能通过手机方便快捷地搜索、定位、交流、链接、互转、下单，最终形成闭环应用。该应用程序推动了天津市全民健身运动和体育产业的发展，实现了新时代科技惠民的目的。

二、“天津智慧体育运动”微信小程序的用途

开展“你健身、我服务”全民健身运动移动端小程序的研发，推进城市社区市民 15 分钟健身圈的科技改善生活；有效盘活便民利民大中小型体育健身场馆的扩大专业服务资源；提高运营的效率；充分利用“移动互联+”技术，为供需各方提供点对点的连接，从而有利于生产更适合市民需求的明星运动健身产品和活动，提供差异化、多元化服务和衍生化发展，构建普惠性强的公共体育服务移动网络。实现创新全民健身运动服务与移动新媒体技术的融合。取得的成果是以用户思维和产品为导向，初步建成“天津智慧体育运

动”微信小程序。

“天津智慧体育运动”微信小程序具有用户通过手机实现搜索、定位，预约场地、教练、课程，下单支付和评价分享等功能，且无需下载，即用即走。馆主通过平台能展示产品信息，获取用户流量，实现交易。职能部门授权后可发布惠民政策信息，获得相关数据。体育健身和健康促进领域的专家学者可发布健身科普文章和科学锻炼指导方案。

三、“天津智慧体育运动”微信小程序的功能

小程序面向四大群体（健身者、体育场馆经营者、专业院校和行业管理者）主要提供三大服务的核心功能：一是为健身人群实现了线上体育场馆、体育项目培训查询、预约、购买、线下使用、线上评价分享功能。二是为体育场馆经营者提供了便捷的发布项目产品信息展示平台，增加了客户流量和销量。三是为专业院校和行业管理者提供了信息发布和展示平台，拉近了科普惠民、服务社会距离。实现了用户无须下载安装，“即用即走”的运动畅快体验。提供了丰富的线上体育场馆服务种类，包括足球、篮球、乒乓球、羽毛球、游泳、瑜伽、健身、武术、体操、轮滑、冰雪运动、排球、田径、网球等 14 个项目的场馆预约、教练和培训功能。搭建了面向公众、专业院校、健身场馆、教育机构和企业开放互动分享小程序空间，扩大了科普受益人群。

为企业提供广告展示和变现；为用户提供对话分享（分享给好友或群）、搜索查找（模糊搜索或精确查找）、公众号关联（直达用户内心的产品，支持跳转）、二维码（可带参数扫码，直接体验信息）、微信小程序间切换（不会关闭，可以后台运行）、消息通知（进行相关操作后可获得后续通知）、历史列表（以往使用过的都会得到展示）、在线支付等应用功能。

创新了全民健身运动与新媒体技术的融合，促进了全民健身运动科普供给与新生态互联网+服务体系的建设，建成的“天津智慧体育运动“微信小程序，实现了智能应用连接专业院校、市民和大中小型各类运动场馆，实现了市民用手机约场地、约课程、约教练的运动畅快体验，提高了科研成果转化。

四、“天津智慧体育运动”微信小程序的研制

“天津智慧体育运动”微信小程序由天津体育学院课题组主要进行研究和定制。主要包括：

一是向微信官方平台申请购买名为“天津智慧体育运动”，获得审批通过认证。

二是制定了面向三大群体提供三大服务的核心功能。1. 为健身人群实现了线上体育场馆、体育项目培训查询、预约、购买、线下使用、线上评价分享功能。2. 为体育场馆经营者提供了便捷的发布项目产品信息展示平台，增加了客户流量和销量；3. 为专业院校和行业管理者提供了信息发布和展示平台，拉近了科普惠民、服务社会距离。

三是完成了小程序的 UI 规划、视觉设计、前端制作、技术开发和功能测试，实现了用户无须下载安装，“即用即走”的运动畅快体验。

四是提供了丰富的线上体育场馆服务种类，包括足球、篮球、乒乓球、羽毛球、游泳、瑜伽、健身、武术、体操、轮滑、冰雪运动、排球、田径、网球等 14 个项目的场馆预约、教练和培训功能。

五是搭建了面向公众、专业院校、健身场馆、教育机构和企业开放互动分享小程序空间，扩大了科普受益人群。

这项研制创新了全民健身运动与新媒体技术的融合，促进了全民健身运动科普供给与新生态互联网+服务体系的建设，建成了“天津智慧体育运动“微信小程序，实现了智能应用连接专业院校、市民和大中小型各类运动场馆，实现了市民用手机约场地、约课程、约教练的运动畅快体验，提高了科研成果转化。

五、“天津智慧体育运动”微信小程序组织的活动

（一）“我运动、我快乐！儿童运动宣传行”

该活动的主办单位是天津体育学院体育教育与教育科学学院，参加的单

位有天津华夏未来幼儿园、天津爱贝尔双语幼稚园、河东区第一幼教集团。人员主要是幼儿园的儿童、家长和老师。活动内容主题是通过“天津智慧体育运动”微信小程序的宣传介绍,对家长普及儿童科学健身知识和运动方法,传播健康运动理念,引导儿童健康成长知识,促进社区儿童参与体育运动生活质量的提高。

通过这次活动让家长对儿童选择参加安全的体育运动项目有了系统的了解,同时专家对儿童运动过程中的注意事项及运动方式等知识进行了科学普及。在活动中家长对于此次活动的意义给予了高度的评价。

(二)“天津市中小学生健身活动日”

该活动的主办单位是天津体育学院体育教育与教育科学学院,参加的单位有开发区国际学校。学校近千名师生通过“天津智慧体育运动”微信小程序的搜索和使用,体验了通过手机扫码,打开微信小程序,浏览天津智慧体育运动小程序首页,点击入驻小程序平台开发区的运动场馆“小小运动馆”等查阅其中的运动项目,以及通过丰富多彩的运动体验。参加活动的师生们对便捷的运动服务有了直观和深入的了解,经过专家的细心讲解及合理建议,对促进了广大师生积极参与运动的兴趣起到了明显的效果和良好的科普效果。

第三节　可穿戴设备的发展与影响

一、可穿戴设备的发展

(一)可穿戴设备的定义

可穿戴设备又称可穿戴计算设备,是一种刚刚起步的新兴技术设备,当前的研究还未对其概念进行明确统一的界定。麻省理工学院(MIT)的媒体实验室对可穿戴计算设备的概念进行了最初的阐述,将传感器与多媒体和无线通信技术进行融合,以某种生活常用的物品的形态存在,能够直接与网络连接,使用者通过佩戴这个物品能够实现在活动过程中监测自身某种即时情况的功能,这种设备小巧且便于携带的。可穿戴设备可理解为基于人体所具备的自然能力,如动手能力、行走能力、语言能力、眼睛转动能力、心脏脉搏跳动能力、大脑神经思维能力等为基础,并借助计算机技术、通信技术处理相应业务需求,以实现人与机器智能交互的设备。这类设备有两个明显的特点,一是体积小、质量轻;二是可以随时随地进行运算。基于上述属性,可穿戴设备的“用户体验”属性也不可被忽视,只有将可穿戴设备的使用方式融入生活,便于人体穿戴,才能有良好的用户感受。另一个重要属性就是“交互感知能力”,也就是通过芯片技术,将传感器植入可穿戴设备中,用户的行为信息和周围环境信息可被感应,进而为实现人机智能交互奠定了数据基础。

二、可穿戴设备的功能分类

(一)按照应用类型分类

可穿戴设备的应用类别各不相同,有日用型的,还有目标型的。

日用型即以日常应用为主要目的,例如谷歌重点拓展的智能眼镜和智能鞋,苹果、三星、索尼、戴尔竞相开发的智能手表。我国厂商果壳电子、盛大也涉足了智能手表领域,百度则致力于智能眼镜的研发和应用。基于电子手环等易于佩戴且具有特定功能诉求的产品,由于能够实现人体直接接触和24小时数据反馈,电子手环产品成为健康医疗领域的新宠。市场上此类产品大连涌现,如Nike+FuelBand、Jawbone的UP智能手环、Fitbit Flex、W/Me以及百度联合咕咚网推出的咕咚手环。

目标型的典型设备如澳大利亚VALD的AirBands袖带,使用魔术贴环绕系统,具备出色的舒适性和耐用性。它由防汗织物制成,内衬采用定制的医疗级别气囊,配备可充电电池、传感器、活塞、气动气囊以及用于连接智能设备的蓝牙模块。无须进行校准推测工作,无线配对,自动充气/放气,个性化压力校准。iOS 和 Android 系统均可以适用。这个设备充分利用了血流限制(BFR)优点,这种方法安全有效,可减少锻炼肌肉和增加力量所需的时间和强度。作为世界上第一个由监牙控制的无线 BFR 袖带,AirBands 可以提高训练效果、管理运动负荷以及简化康复过程。以循证为主导的训练计划结合使用,AirBands 可提供多种突破性的生理益处,它的目标包括是增强肌肉适应能力、提高有氧耐力、康复支持。

(二)按照功能分类

可穿戴设备的设计原理之一就是以功能实现为核心。因此,从功能实现的角度出发,可穿戴设备可被归类为功能集成型和功能创新型。功能集成型指可穿戴设备将移动设备原来具有的功能集成起来,来实现数个传统设备的不同功能,并在此基础上进行扩展,以智能手表为主要代表,可实现手表的上网、导航、拍照等功能,并可与手机、平板电脑等实现互联互通。例如苹果公司的 iWatch 产品就是把智能手机的功能集成在智能手表上,更加便于用户佩戴使用。功能创新型的设备是指可穿戴设备由传统智能设备(智能手机和平板电脑)不具备的全新功能,使新功能与传统智能设备已有功能形成互补。功能创新型以电子手环等产品为代表,发挥贴近用户身体的主要特点,可收集并整理用户健康数据①。

(三)按照数据采集处理方式分类

依据产品的数据处理方式,可穿戴设备可分为内部数据采集型和外部数据处理性两大类。其中,内部数据采集型是指设备相关数据主要由传感器收集,内部数据采集型的代表产品是健康手环、智能鞋等,传感器作为收集数据的源装置,能够 24 小时采集人体相关数据,再通过数据匹配、数据挖掘等一系列处理,为健康生活提供指导信息。外部数据处理型是指设备相关数据主要由外部设备或外部网络获取,这种类型的可穿戴设备具有蓝牙、无线网卡

① 李扬.新一代智能终端——可穿戴设备[J].高科技与产业化,2013(10):82-85.

等网络连接装置，数据来源对象多样化，数据获取内容相对明确，能够通过云计算和大数据进行数据处理①。

三、可穿戴设备与市民健身行为之间的交互影响

随着大数据时代的兴起和技术的成熟，越来越多的可穿戴设备进入健身市场，它能够快速、便捷地搜集用户的生理数据，通过对这些数据的分析，了解用户的运动习性，从而提供科学的健身方案，指导使用者的健身行为。

（一）居民健身对可穿戴设备的需求分析

居民参加健身的需求呈现多元化的趋势，不仅有运动与生理需要的驱动，还有社会因素的影响。不仅有内在动机和外在动机，还有直接动机和间接动机的影响。这些种动机交织在一起吸引更多的居民参与到健身中去，提高了大众的健身水平和全民健身意识。

1. 运动与生理机能可视化需求

随着生活节奏加快、工作和生活压力的增加，人们的运动与生理机能日益减退，大众的健身意识逐渐提高。可穿戴设备在没有应用到健身中之前，人们对自己健身的各项指数，比如步数、卡路里、心率等并不明确，只能凭借自身感受来判断身体的健康状况。但是，随着可穿戴设备进入大众视野之后，它强大的数据计算能力，让大家对自己的身体更加了解，促进了居民健身动力，吸引着广大体育爱好者参与到健身中。

2. 拓展社交需求

可穿戴设备为广大体育健身爱好者提供了社交平台。一方面，可穿戴设备厂商与微信或其他互联网合作，对智能手环或手表的运动数据通过互联网平台进行管理和展示，加速数据流动，打通多个社交面。另一方面，每个人都有“逐群心态”，希望自己的运动数据得到他人的认同，从而获得内心的满足

① 李扬. 新一代智能终端——可穿戴设备[J]. 高科技与产业化，2013(10)：82-85.

感与成就感。

3. 科技性与时尚性的需求

随着社会的快速发展,科技性已经成为人们日常生活必不可缺的元素。智能可穿戴设备的大潮滚滚而来,追捧科技的人群逐渐从个性化走向大众化,在大众眼中,佩戴可穿戴设备不仅是科技前沿的引领者,也是时尚的代言人。可穿戴设备是科技和时尚的整合,已经将时尚和科技的交叉与整合带到了更高的水平,吸引了广大体育消费群体,加强了他们参加体育活动的兴趣。

(二)可穿戴设备对健身行为的影响

2013 年被称为“可穿戴设备元年”,可穿戴设备快速占领了电子产品市场。它可以采集我们的运动数据,并进行跟踪,共享数据,它的功能性吸引了广大健身爱好者,并进一步影响了健身者对健身项目、健身人数、健身场所等健身行为的选择。

1. 健身项目

可穿戴设备的存在影响着居民对健身项目的选择。一般可穿戴设备能记录日常生活中的锻炼、睡眠、饮食等实时数据,诸如跑步时间、配速、计步、GPS 路径轨迹、消耗卡路里数值等功能。因此佩戴可穿戴设备的健身爱好者更喜欢跑步机、登山机、划船机、交叉机等器械健身,或者有氧拉丁、跳搏、踏板、瑜伽、韵律搏击操等有氧健身运动。从社会心理学角度分析,以上这些运动更容易记录数据,通过在朋友圈中分享后更容易获得精神的喜悦感和满足感。

2. 健身人数

在可穿戴设备没有普及之前,广大群众参与健身的积极性并不高。但随着可穿戴设备领域的快速发展,提高了人们对可穿戴设备的认知度,健身人数大幅度增加。这主要是因为可穿戴设备能够准确地监测我们身体的各项指标,有科学的数据分析,让更多的人开始重新审视自己的身体健康状态,人们开始意识到生命的宝贵和健康的重要性,越来越多的人开始体会到健身带来的益处。

3. 健身场所

人们在可穿戴设备未进入大众的视野之前,更喜欢去健身会馆、瑜伽馆等专业的健身场所运动,但随着可穿戴设备的兴起,有更多的人喜欢户外健身,比如公园、湖边、操场等,这可能有两点原因:一是可穿戴设备强大的数据记录功能,当中的 GPS 路径轨迹可以清楚地记录我们走过的路及精确的位置,分享给身边的朋友,但健身房却无法满足;二是户外运动低成本,视野更广阔,空气更清新,而室内空气流通性差、人口密集,这也可能是广大体育运动者选择在户外运动的重要原因。

综上所述,随着可穿戴设备在居民日常生活中的普及与应用,人们对健身的关注度不断增强,大众对健身项目和健身场所的选择有所变化,健身人数也不断增加,为大众科学健身起到一定的促进作用。

(三)实证分析

在百度指数中分别输入关键词“可穿戴设备、健身、可穿戴设备和健身”,设定地区为“全国”,选择时间自定义段“2012 年 8 月—2013 年 8 月”,得到 2012 年 8 月 1 日至 2013 年 8 月 31 日与关键词相符的用户关注度。横轴是时间,纵轴是可穿戴设备用户关注度。

1. 可穿戴设备用户关注度的百度指数分析

通过对 2012 年 8 月 1 日至 2013 年 8 月 31 日全国搜索量指数的分析发现,全国一年以来对可穿戴设备关注度,主要呈现以下特征。用户关注度在 2012 年 8 月初到 2012 年底几乎为 0,主要因为可穿戴设备在 2013 年之前并没有得到广泛普及。2013 年 1 月到 2013 年 8 月用户关注度呈上升趋势,这主要与可穿戴设备有关,2013 年可穿戴设备迅速扩张,各大电子产商投身可穿戴设备行业,手表、手环、眼镜等可穿戴电子设备层出不穷,引起了居民广泛关注,可穿戴设备迅猛发展。

2. 健身的用户关注度的百度指数分析

通过对 2012 年 8 月 1 日至 2013 年 8 月 31 日全国搜索量指数的分析发现,全国一年以来对健身关注度,主要呈现以下特征。可以看出,关注度在 2012 年 8 月初到 2013 年 2 月较平稳,整体呈下降趋势,这与可穿戴设备有关,2012 年大众对可穿戴设备并不了解,人们的健身意识不够强烈。2013 年 2 月到 2013 年 8 月,用户搜索指数明显呈上升趋势,这说明可穿戴设备的出现对居民健身产生了积极影响,科学的数据参考给居民健身提供了动力。

3. 可穿戴设备和健身的网络关注度相关性分析

通过添加“可穿戴设备”和“健身”两个关键词。每个时间点的“可穿戴设备”和“健身”的关注度都可以得到呈现。

表 3-1　上半年的可穿戴设备与健身的用户关注度

日期	可穿戴设备	健身
2012-09-30	0	2824
2013-02-22	83	3247
2013-04-18	105	3786
2013-05-26	118	3935
2013-07-18	161	4216
2013-08-29	192	4632

表 3-1 分析可知,从 2012 年至 2013 年,随着可穿戴设备用户关注度的增加,参与健身的人数也呈上升趋势,健身的用户关注度和可穿戴设备的用户关注度明显相关。这就说明,随着可穿戴设备的普及,人们对健身的意识逐渐加强,为提高大众的健康水平、全民健身意识,从而促进全民健身发展起到一定的推动作用。

(四)可穿戴设备对居民健身行为的影响

1. 增加了健身知识,提高了科学健身认知水平

可穿戴设备应用起来方便快捷,佩戴时尚美观,给人一种高大上的感觉,增加了人们运动的兴趣。长时间参与运动项目能够让人们在实践中得到切身的体会,激起其对运动领域的未知与好奇,通过书籍、询问教练、自身体会等途径获取正确的健身方式与方法,从而丰富了健身知识,提高了科学健身的认知水平。

2. 增加了健身次数与时间,促进了健身习惯形成

可穿戴设备能够对步数、心率、卡路里、运动时长等数据进行准确的记录,并且能够将数据上传到云端或微信朋友圈,朋友之间进行 PK,从而得到满足。此外,佩戴可穿戴设备健身的数据通过互联网平台的分享,我们会结识更多的通道运动达人,从而扩大自己的交际圈。可穿戴设备具备的这些属性与特点加强了大家健身的欲望,增加了健身次数和时间,有利于养成良好的健身习惯。

3. 增加了科技健身设备关注度,推动了体育消费

健身行业也有自己的圈子,可穿戴设备的应用能够广泛引起大家的关注,并且性能多、使用方便等优点也能在某种程度上引起大家的好奇,符合运动者的整体诉求,燃起了大家的购买欲望,带动了整个体育市场的购买力,从而推动体育消费。

可以预见,随着科技水平和人们生活水平的不断提高,人们对拥有健康的身心、强健的体魄的认识更加深刻,对健康、体型、外貌及生活质量的追求也愈发明显,而借助自身专业化、个性化和便利性特点的可穿戴设备的应用也越来越普及,无形中影响着我们的健身行为,改变着我们的运动习性,促进人们身心健康发展的同时,为体育产品结构优化与升级奠定了坚实的基础。

五、可穿戴设备发展的积极因素与局限性因素

可穿戴设备是一种可以穿在身上或佩戴于贴近身体并能发送和传递信

息的计算设备，能够利用传感器、射频识别、全球定位系统等信息传感设备，接入移动互联网，实现人与物随时随地的信息交流[①]。自2013年开始，随着互联网技术和智能硬件技术的逐步成熟，可穿戴设备市场在全球迅速升温。而且50%可穿戴设备是为满足运动和健身需求而存在的，这也预示未来体育产业是基于海量数据而创新产业价值。因此，建立在移动互联、大数据和云计算等基础上的可穿戴智能运动设备也成为国内外IT界和高端制造业巨头们拓展新业务的主战场。

（一）可穿戴体育运动产品迅猛发展的积极因素

1. 全民健身运动和科技创新政策的多领域支持

2015年，国务院印发《关于加快发展体育产业促进体育消费的若干意见》，使将全民健身事业纳入各级国民经济和社会发展规划，全民健身事业经费纳入各级财政预算，为可穿戴运动设备市场带来了更多的拓展，同时政策红利也会刺激更大的资金投入力度。2016年9月19日，工信部、国家发改委共同印发了《智能硬件产业创新发展专项行动》（2016—2018年）（以下简称《行动》），明确了对智能硬件的政策资金支持，提升了我国智能硬件共性技术和高端产品的供给能力，夯实人工智能规模化应用和产业化发展基础，促进技术创新和模式创新。《行动》特别强调了与国民生活息息相关的健康养老、教育、医疗等几个重点领域。这些规划行动方案的推出，不仅带动智能硬件产业的蓬勃发展，还将更多的智能硬件融入运动健身内容，进一步促进了可穿戴设备与体育健康产业的协同创新和融合发展，产业生态的环境得到进一步改善。因此，无论从宏观政策到微观推进，各领域的共同参与已初见端倪，全民智能硬件环境下的全民健身时代已经到来。

2. 社交化的运动与健身成为时尚

随着科技发展的日新月异，可穿戴智能运动设备将科学健身和个性时尚

---

① 谢俊祥，张琳. 智能可穿戴设备及其应用[J]. 中国医疗器械信息，2015，21（03）：18-23.

巧妙结合，基于智能传感技术、数据处理技术和智能交互技术获取人体健康数据，以身体运动为特征，物联网属性培养用户数据交互的运动方式和生活习惯。人们不仅实时了解个人身体健康状况，还可以通过社交软件的导入与他人分享，从而影响人们的情感认知和行为决策。

全民健身热潮下，层出不穷的计步软件如小米运动、约运动、乐动力等应用软件让健身从个人体育运动变成广为传播的社交话题，多场景多互动的运动社交大大提升了健身用户的参与度和积极性，全民健身活动开启了"运动社交"模式。通过在社交网络和朋友圈播撒"持续健身"的种子，从而形成自身强烈、明确且极端的态度。再进一步通过"晾晒""点赞""评论""约跑"分享健身成果，结交志同道合的朋友，组建运动社区，形成了一个健康运动的智能生态系统①。

3. 从硬件创新走向数据挖掘，从通用设备走向专业领域应用的拓展，给予可穿戴运动设备更多的发展空间

随着群众体育健身意识的提高，和可穿戴运动设备的廉价和快捷易得，以及对体育运动智能可穿戴设备的好奇心，购买和使用的智能可穿戴设备人群也会越来越庞大。据统计，2010 年可穿戴设备进入中国人的视野以来，Nike 的跑步装备在国内取得了不错的销售业绩，2013 年一年 Nike+注册用户增长了 130%，2014 年 Nike+APP 的下载量从 57 万增长到 258 万，增长 350%。2016 年，智能可穿戴运动设备的全球销量预计将从 2014 年的 2,300 万件上涨到 7,900 万件，到 2018 年将上涨至 1.23 亿件。市场研究企业 IDTechEx 预测，智能可穿戴设备市场的收入到 2018 年将上升到 400 亿美元，2023 年会达到 1,000 亿美元②。除了硬件盈利空间和软件盈利空间外，未来由硬件和软件产生的数据处理服务也将是一块利润大蛋糕。通过软件和数据将用户信息变现，为用户提供更有用的健康信息和建议方案是一个能产生利润价值的

① 可穿戴智能运动产业大数据报告[DB/OL]. http://wearable.ofweek.com/2016-08/ART-8420-5006-30026620.html. 2016-08-18.

② 体育可穿戴设备：百亿美元级的科技之战[DB/OL]. http://www.eepw.com.cn/article/201609/310632.htm. 2016-09-29.

增长区域。

在全民健身领域,健步、骑行、游泳、登山、球类等是健身爱好者参与最普遍的运动项目。运动距离,卡路里消耗,运动时的心率,以及睡眠时间和质量等已经成为智能手环、智能手表等可穿戴运动设备的基本功能。可穿戴运动设备没有止步于此,正在快速地从生活方式跟踪设备,进化为更加先进的技术体现,给用户带来实时的活动信息反馈。它们不仅搜集数据,生成活动计划,还展示着科技进步的每一个成果。天津飞鸽超级自行车除了可以记录骑行过程中骑行者的身体状况和骑行情况,包括心率、踏频、血压、距离和坡度等数据外,还能根据数据给出最佳变档组合、适合当前踏频的音乐以及相应的运动建议等,并引入了汽车中央通道概念,使自行车具备了物联社交、骑行数据、智能控制、智能防盗等四大功能。增强现实技术的发展,使得可穿戴运动设备与真人教练、其他辅助设备一起,给职业体育训练带来一场革命:他们形成了记录运动员行为的一幅幅数据地图,监测运动员的运动表现,帮助运动员提高运动成绩。尤其是体育运动专家大量使用来自可穿戴运动设备采集的,可以显示运动员位置的轨迹数据,通过距离与数据分析来监测和评估运动员的体能表现。足球和橄榄球教练也可以借助智能可穿戴设备,看清楚球员失去球权后,形成最佳防御攻势所需要的速度,篮球教练也可以借助此类设备评估球员如何躲开对方防守,创造更多的投篮机会。

(二)可穿戴运动设备发展的局限性因素

1. 数据采集模糊且不完整,反馈机制缺失,导致用户体验不佳

数据不够精准。目前,大多数可穿戴智能运动设备自动采集数据,易受外界因素干扰。基于专业运动训练的可穿戴设备虽然数据采集稳定性远高于通用可穿戴设备,但也仅限于运动轨迹、呼吸频率和血压、心率等物理指标,尚未触及人体生化指标。处理数据的软件缺陷,用户信息被设备采集后无法与云端实现专业的数据匹配和分析,用户和设备之间的交流反馈机制也不完善。“使用可穿戴智能运动设备是否改变了你的生活?”调查中超半数(51.1%)的使用者认为没有改变只是多了些数据,年龄为70后、80后、90后

的使用者中途放弃使用可穿戴设备的比例都超过20%，累计超过七成，这样高的弃用率背后说明产品本身的用户体验并不理想。调查显示“用处不大”成为主要原因，使用不方便和体验不好成为用户黏性低的主要因素。产品的高弃用率和用户黏性低已经成为可穿戴智能运动设备发展的痛点。

2. 设备与数据安全性尚未予以足够重视

可穿戴智能运动设备电磁辐射影响、化学安全，缺乏行业的标准规范，检验检测和行业数据支持。这类设备并未从根本上改变数据信息收集、传送以及使用的方式，而是强化了对网络的依赖性，因为无线连接技术是实现可穿戴设备应用潜力的关键所在。虽然用户的个人健康状况、生活方式和行动踪迹等信息目前还无法直接实现经济变现，但无人监管、无法保密地在网络空间中公开，是极易产生个人身份盗用、数据窃取、拒绝服务、否认服务、非授权访问、跟踪、欺诈和其他犯罪行为等安全隐患的，目前这一问题尚未引起使用者和相关领域部门的重视。

3. 可穿戴智能运动设备形成的海量数据对传统认识论的挑战阻碍其进一步发展

传统认识论的核心在于求真。可穿戴智能运动设备的出现，给传统认识论带来了困扰，尤其是基于云端的输出数据的传输和社交化分享，形成了数据社会与真实社会的融合、互动与协同，人体通过与他人分享健身与运动数据，会改变或强化自身对运动的主观认知，从而影响其运动理念和运动行为，并创造了新的体育价值。可穿戴智能运动设备是全新的智能化体育器材还是传统医疗器械的智能化和运动化改造、以往认为不可计算的运动健身行为，是否会逐渐被数据化？推而广之，未来人类的所有行为是否都可以数据化？如何建立以数据为导向的综合一体化研究方法？这些都对传统认识论带来了挑战，如果不能很好且及时地解决，将会制约可穿戴运动设备与体育产业的融合发展。

六、可穿戴设备发展对策

(一)把实现可穿戴运动设备输出数据的精确化智能化和物理、生化、运动数据的全覆盖作为未来的发展目标

在体育界,尤其是竞技体育更需要运用可穿戴技术来搜集信息,具有高科技元素的可穿戴运动设备所产出的数据给竞技体育带来的价值将是巨大的。在不远的将来,数据将会代替经验,成为专业教练的认知来源。他们将通过与运动员健康和运动轨迹密切相关的各项全面的、精准的数据来优化训练体系,减少运动员伤病。对于普通健身者可穿戴设备输出的精确化数据,一方面应当成为健身者的运动管理工具,能给出其健康状态;另一方面应当包括健身者周边环境、所处位置、健身行为模式等数据,并据此智能推荐给用户合理的运动训练方案、健康指导、饮食方案或健康医疗等各种增值服务,实现健身的多维度价值。所以,在未来的可穿戴设备与体育产业的融合中,数据才是产生价值的真正核心。而数据产生价值的前提就是数据的精确性与全面性,研发基于感知人体各类指标和运动行为的高精度自适应传感器、改进基于神经网络的可穿戴运动设备算法、在输出文本数据的同时输出音频和视频数据,使可穿戴运动设备能够实现感知周边环境、无延迟地进行人机交互、对健身者的健身行为进行辅助决策与判断的功能等成为今后可穿戴运动设备发展的主要目标。

(二)提高可穿戴智能运动设备捕捉数据和云端存储数据的安全水平

作为捕捉和记录存储健身者个人的行为、生化、物理和位置数据,可穿戴智能运动设备的对数据隐私的保护是安全问题的核心,企业需要对拟研发和拟投放市场的可穿戴智能运动设备进行全方位的认证评估,以求最大化减少可能给用户造成的危害。除了智能硬件以外,嵌入其中的软件可能存在的缺陷所带来的信息安全问题也需高度重视,在研发过程中须持续进行迭代试

错，以求得最小的安全风险，同时也要设计完善的数据信息在可穿戴运动设备和云端的上传下载的授权功能，保证健身者的信息数据未得到授权时禁止迁移。

（三）应加紧评估对可穿戴运动设备输出的健身数据价值分析的认知方法

随着移动互联技术的迅速拓展，可穿戴智能运动设备使用者群体产生的数据足够庞大，完整，数据价值足够有想象空间，会产生出在传统的产业边界内无法创造的价值，对于这些价值的分析，不仅涉及管理、物理、电信和统计和体育学科，还涉及诸多社会科学领域，因此传统的体育认知方法已经不再适用。从社会学角度看，所有数据都是有关“人”的符号，数据来自社会又作用于社会。无论是结构化数据、半结构化数据，还是非结构化数据，其比较、分析和归纳其实反映的都是人在符号层面上的一种互动，通过健身行为由可穿戴智能运动设备输出的海量数据也不例外。与此同时，健身者的运动和健身行为是动态和充满活力的，可穿戴设备输出的只是冷冰冰的符号，即使是通过社交分享，我们也很难从数据中解读出数据背后健身者的朝气和运动激情，更无法从这些海量的健身数据去推导健身群体的样态和社会构成。因此在对这些数据，不能采取传统的体育调查方式方法进行价值分析和研究，必须参考哲学、法律、社会学、人类学和其他学科，并考虑其对传统认识论、传统社会学和传统体育价值的影响，提出新的价值分析方法，实现对健身群体的总体分析，否则就会导致认知的误判。

智能硬件、移动互联技术和健身的联动带来了体育产业的颠覆和创新，可穿戴智能运动设备的普及将赋予健身和运动以新的定义：健身和运动的价值将发生迁移和增殖，健身和运动将由纯粹的肢体运动，发展成为由可穿戴智能运动设备、设备输出的用户数据、云端、无线网络和用户本身五大要素构成的健身生态系统。这五大要素彼此破解互反、不断创造新元素和新价值，最终形成体育产业与智能装备产业融合发展的产业生态圈。

第四节　二维码与体育活动的融合应用

一、什么是二维码

二维码是用某种特定的几何图形按照一定的规律在平面(二维方向上)分布的黑白相间的图形记录数据符号信息的;在代码编制上巧妙地利用构成计算机内部逻辑基础的比特流(由 0、1 构成)的概念,使用若干个与二进制相对应的几何形体来表示文字数值信息,通过图像输入设备或光电扫描设备自动识读以实现信息自动处理。二维码具有条码技术的一些共性:每种码制有其特定的字符集,每个字符占有一定的宽度,并且具有一定的校验功能等,同时还具有对不同行的信息自动识别的功能,以及处理图形旋转变化等特点①。

二、二维码的特点

1. 编码密度高,大容量信息。可容纳多达 1850 个大写字母,或者 2710 个数字,或者 1108 个字节,或者五百多个汉字,比普通条码信息容量高几十倍。

2. 编码范围广。该条码可以把图片、声音、文字、签字、指纹等可以数字化的信息进行编码,用条码表示出来,还可以表示多种语言文字以及图像数据。

3. 容错能力强,具有纠错功能。这使得二维码在因穿孔、污损等原因致使局部损坏时,照样可以正确识读,损毁面积达 50%仍可恢复信息。

4. 译码可靠性高。它比普通条码译码错误率百万分之二要低得多,误码

---

① 邓炯. 浅谈二维码技术对高校图书馆的影响[J]. 当代教育实践与教学研究,2017(10):15+47.

率不超过千万分之一。

5. 可引入加密措施。保密性、防伪性好。

6. 成本低、易制作、持久耐用①。

7. 条码的符号形状、尺寸大小可变化。

8. 二维码可以使用激光或 CCD 阅读器识读。

通常，我们看到的二维码都是黑白两色的。有一些广告设计师觉得黑白两色比较“土”，想要加上颜色这个属性，而一旦加上颜色这个属性，二维码可能就变成了“彩色二维码”或“三维码”。其实二维码选取黑白主要是考虑色差的原因，黑白色的差异最大，色差越明确，识别效果越快、越清晰，所以“彩色二维码”本身只要选取颜色间色差明显的两种颜色，就能实现黑白色二维码的识别效果。

三、手机二维码应用的兴起

（一）手机二维码的应用在国内的兴起

2011 年 10 月，支付宝推出国内首个二维码支付解决方案，该方案利用手机识读支付宝二维码，实现用户即时支付功能，帮助电商将发展空间从线上向线下延伸。2012 年 9 月，新浪微博推出二维码功能，开启了新浪微博向本地生活服务领域的渗透。2012 年 9 月 11 日，腾讯 CEO 马化腾在互联网大会上的演讲中说，移动互联网的地理位置信息带来了一个崭新的机遇，这个机遇就是 O2O，二维码则是线上和线下的关键入口，将后端蕴藏的丰富资源带到前端。此后微信通过二维码识读使商家和用户建立起了联系。

二维码有两种应用方式：一种是主动读取，就是手机用户用手机扫描识别外在的二维码；还有一种是被动读取，是用其他的专用设备识别用户手机屏幕上的二维码。

---

① 王阳. 部队物资运输平台定位跟踪系统的设计与实现[D]. 沈阳：东北大学，2012：26.

(二)手机二维码的应用在国外也越来越普及

美国一位求职者为了得到一份创意广告公司的职位,在面试的时候就在简历上设计了一个二维码。当招聘者用手机扫下二维码的时候,手机就会链接到一段求职者自我介绍的视频。这样前卫的创意,加深了招聘者对他的印象,提高了面试的成功率。这是一个手机二维码应用的案例。

韩国第二大连锁超市 Home plus 在地铁通道的屏蔽门上设置了“虚拟货架”。人们只需用手机扫描“虚拟货架”上的产品二维码,就能够实现商品的购买,然后送货到家,快捷方便。这也是一个手机二维码主读应用的案例。

英国的航空公司在 2010 年逐渐实施手机条码取代传统的纸张式登记证措施。乘客只要凭着打印出来或显示在手机上的条码,就可以在柜台办理登记手续。这种方式方便快捷,乘客再也不用怕登记证弄丢了。这是一个手机二维码被读应用的案例。

四、创新体育活动内容扫码观看

互联网的诞生给现实世界带来了前所未有的变化,电子化、数字化、虚拟化的不断发展使人们的行为习惯和企业的商业模式发生了翻天覆地的变化。我们也借助二维码的强大功能和方便快捷的模式,将各种不同体育项目的活动内容按照不同学段、不同水平、不同难度分别录制成一个一个的短视频,将这些活动内容的视频图像制作成一个个二维码,然后将视频对应的那个二维码放在书中内容对应的位置上,当读者想要查找观看某个项目,或是某个学段、某个难度的体育活动视频时,通过目录直接翻到某页,用手机扫一扫,一键就可以打开视频,观看学习后一键关闭,会极大地方便读者的查看学习和体育锻炼应用。具体应用就在本书第三章大量体育活动内容中。

第四章　天津市中小学科学健身运动远程服务平台建设

第一节　天津市中小学科学健身运动远程服务平台建设概况

一、平台建设概况

随着时代的迅猛发展，科技水平突飞猛进，人们的生活水平不断提高，生活方式不断改变，网络技术也渗透到各个领域。“互联网+”的概念频繁出现在人们的视野，“互联网+”教育也在教学中发挥了巨大优势。尤其在疫情“停课不停学”的呼吁下，彰显了“互联网+”体育在体育课堂中的重要作用。在此背景之下，天津体育学院的教师充分发挥体育学科专业优势，积极服务广大市民开展居家科学健身。在天津市教育工委、市教委的指导下，在天津体育学院官方网站开设了“天津市中小学生居家科学健身运动远程服务平台”，响应中华人民共和国教育部《关于实施全国中小学教师信息技术应用能力提升工程 2.0 的意见》，构建以校为本、基于课堂、应用驱动、注重创新、精准测评的体育教育信息素养发展新机制，融合体育教学与信息技术，积极创新发展。开发以移动互联网为主体的体育生活云平台”。

天津体育学院在官方网站开设“天津市中小学生居家科学健身运动远

程服务平台”,设计并制作了五个特色鲜明的专题板块,其中有体能锻炼、运动健身方法、健康生活方式、锻炼心理和体育游戏(项目)等。以上五个专题板块中的内容丰富多样,为中小学体育教师、家长和学生提供了大量关于科学身体锻炼、体质健康、运动方式方法、游戏等各种居家体育锻炼指导,解决了许多疫情期间大家关注的实际问题,为天津市中小学生提供了居家科学健身知识和方法帮助。

天津市中小学科学健身运动远程服务平台于2020年2月2日正式上线,仅2天访问量就超过17000人次,五个专题板块提问咨询近百人次,解答相关问题六十余个。截至2022年10月平台累计浏览量近42万,刊发各类文章、视频共计222篇。

服务平台在历经两年多的持续建设和应用后,经过天津市教育委员会的批准,平台的名称去掉了“居家”两个字,于2022年7月14日更名为“天津市中小学生科学健身运动远程服务平台”,实现更好和可持续发展地为天津市中小学教师、学生和家长们服务。

二、天津市中小学体育服务平台建设的意义与价值

体育与健康课程是国家和教育部重点关注的课程,随着教育的不断改革,体育教学也顺应改革潮流,积极与“互联网+”接轨。中小学生作为祖国未来的建设者,中小学的体育与健康教育非常关键,中小学体育服务平台的建设显得尤为重要。互联网+是体育教学改革、创新、发展的新探索。因此,建立在互联网+和大数据基础上的大课间体育活动案例,融合互联网+实现全面促进学生健康发展的实施新路径具有十分重要的意义。

(一)实现体育与互联网的有机融合

互联网+大课间体育活动,有效地增强了体育与互联网的融合,通过网络技术给学生多维度直观地展现体育教学内容,便于学生模仿练习、深入分析和提高运动技能。同时也成为体育教师探寻的新路径,利用信息化技术优势,以教学实践为基础,开发出更多的学习方式,如网课学习、线上教学、线下

锻炼,实现理论与实践之间的联动。疫情前,传统的体育教学方式根深蒂固,体育课堂可以说是学校体育的主战场,而互联网的出现使线下学校体育教学活动不再受时间和地点的局限,而是虚拟与现实、线上与线下相融合,正是互联网的融合使得学生也可以借助网络实现体育知识的拓展,运动技能尝试、运动经验的了解,促使体育教学活动的时间更自由化,有更为开放化的空间,课上体育与课下体育能相互融合。

体育服务平台的建设,可以视为体育与互联网融合的桥梁,作为媒介它可以根据体育教学的现状和需求完善教学方式,例如在进行立定跳远的教学中,我们就可以插入图片、视频等直观内容展示动作,挖掘学生的学习兴趣。服务平台可以借助互联网的信息化、可视化等特点提高教学内容的丰富性,实现课程内容的延伸、传统教学模式的突破。在服务平台设置远程教学管理功能,还可以在线远程对学生学习情况进行检测,在充分保证线上学习的优势下实现学生课下学习与锻炼的远程指导与监督。

(二)互联网助力青少年体育锻炼

通过体育网络服务平台来获取科学的体育运动知识、体育教学、体育场馆信息等。特别是在疫情期间学校难以正常进行体育课程,居家锻炼时许多家长和学生对正确的锻炼内容、运动量、安全注意事项等专业知识认知不足已经成为不争的事实,为保证学生在家能够获得丰富的锻炼内容,在家里只需要登录体育网络服务平台,根据个人基础以及爱好情况,就能够随时随地全面了解平台发布的体育信息,可以根据自己的需求选择内容资源,掌控自己的进度,满足个性化学习目标。利用互联网广泛的体育资源,搜索以文字、图片、视频形式的学习资源以供学习,让体育锻炼不再像以往那样枯燥。互联网资源如同一把助推剂加速了体育锻炼的进程。

(三)强化互联网体育学习

体育教学中,学生一般可以通过线上和线下两种方式获取体育知识技能,线下方式大多是在学校以体育课的形式来进行体育锻炼以及体育技能的掌握,其次还有在家庭中体育的参与;而线上模式的优点正是在疫情期间学生无法实现学校复课的情况下凸显的,在停课不停学的呼吁下,互联网+体育有效地增强线上体育教学水平,一些学生通过网络技术以视频图片等形式给学生多维度直观化展现教学内容,让学生感受到之前传统课堂感受不到的乐趣,便于学生进一步进行体育锻炼。在使用互联网的学习中体育知识教学充分给学生提供感性学习材料,在网络技术操作中有针对性地布置学习资源,赋予了体育教学活动一定的生动性。疫情期间由于没有了老师的督促和监督,有些学生难免会产生惰性,不爱动、不想动,利用互联网可以让学生通过观看图片、视频来模仿动作,重新焕发学生的学习兴趣从而达到掌握体育知识技能的目标。

(四)促进体育资源的流动

1. 促进体育教师资源的流动

体育教育是学校教育的重要组成部分。发展学校体育,提高体育教师的整体水平是当务之急。就目前而言,在校体育教师的数量仍然不足,而且教师分配不均衡,大多数都分布在大城市和发达地区,与农村体育教师的情况形成鲜明对比。如何缓解体育教师分配不均的问题值得我们深思,由于疫情的到来,倒逼体育老师加速应用互联网推进学校体育教学内容、环境、对象、媒介等过程性要素的整体性变革。众多体育教师在体育课中转变理念、重塑角色、深度融合信息技术,实施线上体育教学。转型为教学知识体系的建构者、教学信息环境的建设者、教学信息资源的整合者以及学生个性化学习的引导者。积极投入基于互联网的公共学习资源的创建,更加关注学生的差异化和精细化体育锻炼需求,借由新的教育技术和工具,通过有针对性地分析和设计,满足学生不同的需求,实现智慧体育教育。疫情期间,体育网络服务平台的建设将各地区优秀的体育教师资源整合在一起,旨在解决师资力量分配不均等一系列难题,同时通过互联网,学生可以实现足不出户与老师进行互动交流,那些体育教师资源不足的地区的孩子们也可以在互联网上认识新的老师,接受来自全国各地体育老师专业知识的引导,实现优秀体育教师资源的流动。

2. 促进课程资源的流动

随着互联网技术的发展,传统教材的更新远远落后于时代的发展,教材中的内容不再是唯一的选择与评价标准。大数据构建了体育数字数据库,教学内容的选择方式明显增多,教学内容更加多样化。除了主要的参考书外,还出现了新兴的体育电子书籍,让人们可以足不出户就能学习体育知识。其次,教学内容的呈现方式多种多样。除了讲解、分组练习的方式外,学生还可以在课前浏览电子教案、微视频等了解要学的知识点,课中教师结合自己的示范帮助学生建立起直观的动作概念与形象。学生在课上学习以及老师在课堂授课的时候,既是课程资源的消费者,又是课程资源的开拓者。老师的授课经验是一种资源,不同的教师可以将自己对教学的不同见解分享到服务平台供同行和学生参考学习,实现教学选择的多元化,课程资源的利用与开发是顺利开展实施体育课程的重要保证,根据不同地区的地域条件,因地制宜开发和利用各种课程资源,发挥课程资源应有的教学优势,体现课程的弹性和地方特色。不同的内容在课堂上得到了充分运用,学生在学习时得到了不同的学习体验,带来较高的积极性和自信心。

第二节 体质健康的可视化资源建设

一、体质健康的自评方法

(一)中小学生体质健康的解读

强壮的体质是人生命活动的物质基础。体质既反映人体生命活动的水平,也反映人的身体运动的水平。体质良好的人才能实现真正意义上的健康,它的含义包括与健康有关的一切功能正常以及有足够的体力和活力轻松地完成工作，有闲暇愉快的进行休闲并能应付不可预测的紧急情况。

1. 心肺功能良好

心肺功能是指身体摄取氧和利用氧的能力。它主要反映心脏、血管和肺脏等器官向运动的肌肉组织提供氧的能力，心肺功能对运动的适应能力是健康的重要标志，因此是体质评价中最重要的指标之一。

图 4-1　肺活量测试仪

测试的工具是肺活量测试仪。通过测量肺活量来评估自身的心肺功能，也可以通过测量最大摄氧量来评估，小学生通过 50×8 米跑、中学生通过男子 1000 米跑、女子 800 米跑来测试心肺功能的指数。

2. 有足够的肌肉力量与耐力

肌肉力量是指肌肉的抗阻能力，肌肉耐力是指持续收缩的能力或重复收缩的次数。它们都是人体活动能力的重要基础，肌肉力量或肌肉耐力下降，人的工作能力随之下降，因此肌肉力量和耐力与健康有着极大的联系。

测试的内容和方法包括：手臂力量可通过握力仪来测量；上肢力量可通过投掷实心球测量距离、小学生斜撑引体、中学生引体向上来评估；下肢力量可通过原地立定跳远测量距离来评估；腹部力量可通过 1 分钟仰卧起坐测量完成次数来评估。

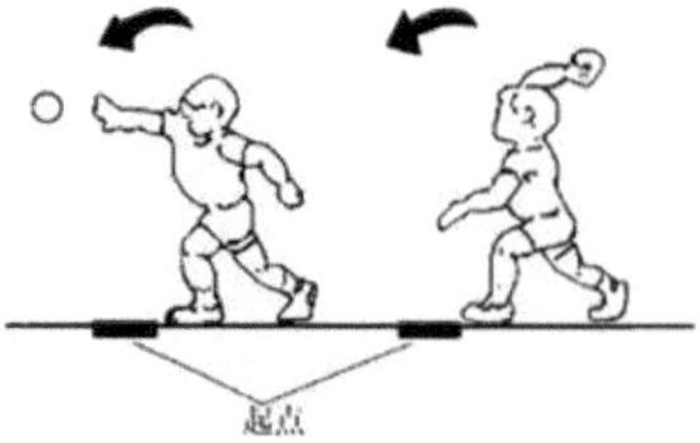

图 4-2　上肢力量评估动作

图 4-3　下肢力量评估动作

3. 身体成分得当

身体成分是指组成人体各组织器官的总成分，其总重量为体重的重量，

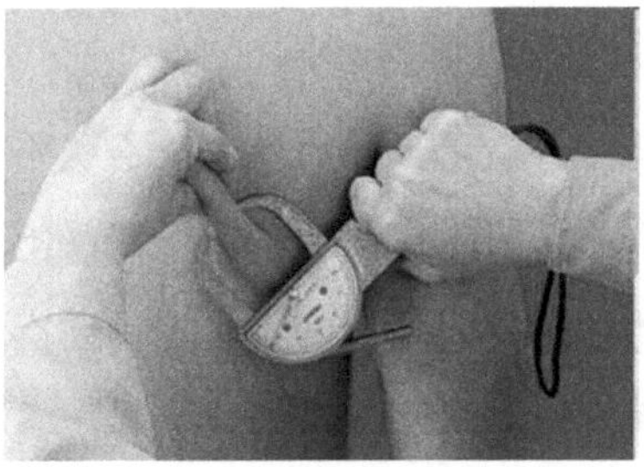

图 4-4　皮脂仪测量

具体可分为脂肪成分、非脂肪成分。测试的工具采用皮脂仪或身体成分分析仪进行身体质量指数（BMI）、肌肉量、体脂%、腰臀比、腹部脂肪等指标的测量。

4. 柔韧性良好

柔韧性反映人体各关节的活动幅度，是人们完成日常工作必要的能力。保持良好的柔韧性对维护身体健康非常重要。

测试的内容和方法包括：身体后侧链的柔韧性可通过站立或坐立位体前屈来测量；身体前侧链的柔韧性可通过“桥”来测量；肩臂的柔韧性可通过双手背后扣手来测量；双腿的柔韧性可通过纵叉和横叉来测量等。

图 4-5　坐立位体前屈

图 4-6　双手后背扣手

（二）测一测你的体质够好吗？

以下是测量内容与方法：

1. 健康活力日

每周自我感觉轻松、愉快应对日常生活的天数。一周的 7 天当中，你感到快乐的天数；你觉得浑身有劲的天数；你觉得非常自信的天数；你感觉很轻松的天数。如果平均天数大于 5 天说明你的身体健康又有活力。

2. 理想的体重

用实际体重（公斤）除以身高（米 2），正常的参考值为：15 至 18，小于 14 为体重过轻，大于 19 至 21 为超重，大于 22 为肥胖。

3. 身体姿势

以下几项看看你能否做到：一是挺直腰板能维持5分钟以上的坐姿从不感到疲劳；二是能保持合理的站姿，头部正、躯干直、挺胸脯、腹微收、肩臂位置协调、平衡；三是能保持良好的走姿，脚步轻快有力，脚尖朝前，手臂摆动自然。如果你能做到以上三项，说明你的身体姿势是正确的。

4. 身体活动能力

来测一测下面这七项你能否做到：一是连续不停歇上3楼，不过分气喘；二是能轻松完成5分钟的连续走路；三是能轻松完成连续蹲起20次；四是双足尽力提踵站立维持平衡10秒以上；五是俯卧双臂支撑，手指朝前，双腿并拢，头颅以背延长姿势前伸，维持稳定10秒以上；六是闭上眼睛，单脚站立保持稳定10秒以上；七是双脚起跳，连续跳过10个软方包(每个方包间隔0.5米)后返回。如果以上七项你能做到，说明你的身体活动能力还很不错。

(三)中小学生居家速度与灵敏的自评方法

当我们为了应对疫情，居家不出的时候，长时间看电脑难免让我们的大脑产生疲劳感，导致反应速度下降，变得麻木迟钝。居家运动能够缓解疲劳，使大脑得到放松，那么如何评价你的灵敏和速度呢？以下是10秒钟原地高抬腿跑的自评方法：

1. 动作方法

自然站立准备，保持上身挺直。当听到“开始”口令后，两腿原地高抬腿跑，一定要交替抬至大腿与地面平行，记录抬腿次数。

图4-7与图4-8　原地高抬腿跑

2. 评价标准

表 4-1　男生 10 秒原地高抬腿跑评价标准(次)

	优秀	良好	合格	较差
7-8 岁	≥32	31-27	26-22	≤21
9-10 岁	≥34	33-29	28-24	≤23
11-12 岁	≥37	36-32	31-27	≤26
13-14 岁	≥39	38-34	33-29	≤28

表 4-2　女生 10 秒原地高抬腿跑评价标准(次)

	优秀	良好	合格	较差
7-8 岁	≥32	31-27	26-22	≤21
9-10 岁	≥34	33-29	28-24	≤23
11-12 岁	≥36	35-31	30-26	≤25
13-14 岁	≥37	36-32	31-27	≤26

3. 注意事项

10 秒钟原地高抬腿跑是青少年速度及灵敏性的测评方法。通过受试者在 10 秒内原地高抬腿次数来评价受试者的速度及灵敏性,测试方法安全、简便。但需要注意的是在开始测试之前应该做好适当的准备活动,如活动踝、膝、髋关节等。

4. 专业提示

神经系统是机体内对生理功能活动的调节起主导作用的系统,主要由神经组织组成,分为中枢神经系统和周围神经系统两大部分。中枢神经系统又包括脑和脊髓,周围神经系统包括脑神经和脊神经。其主要功能是传递、储存和加工信息,产生各种心理活动,支配与控制人体的全部行为。

(四)认识自己的肌肉力量

1. 锻炼肌肉力量的意义

研究表明,力量锻炼在儿童和青少年的身心发展中可以发挥重要的作用。其好处包括提高肌肉力量、功率能力、速度、骨密度、平衡、血脂状况、瘦体重和个人自尊等。特别是在运动表现方面,科学适度的力量锻炼可以提高学生的运动技术学习、活动协调能力以及预防运动损伤。正确地制订力量锻炼计划并科学执行对儿童青少年体质健康及生长发育非常重要。

2. 肌肉力量的评价

所有的身体活动都需要使用力量,足够的肌力可使人以最小的生理应激完成面临的工作和运动。中小学生进行适度的科学力量锻炼好处包括加强肌肉力量和耐力、预防受伤、增强骨骼、促进生长发育。通过力量练习还可以帮助他们建立良好的健身习惯,让孩子更有信心参与众多体育活动。以下是1分钟仰卧起坐和俯卧撑(男)/跪卧撑(女)的测评方法。

(1)1分钟仰卧起坐测试

学生屈膝在垫上仰卧,双足贴地并由家长或同伴按稳,脚跟与臀部相距30至45厘米,大腿与地面成45度角。双臂在胸前交叠,手掌放在双肩上,下颌卷向胸前。由仰卧开始展开动作,当听到开始讯号,上身离地向前卷曲,至手肘触及大腿后,再还原至仰卧姿势为一次。记录1分钟内完成仰卧起坐的有效次数,以“次”为单位。教师应鼓励学生在一分钟内尽可能完成更多的次数。

表4-3 仰卧起坐评价标准

		等级				
		差	较差	中等	良	优
小学	男	↓13	13~19	20~32	33~42	42↑
	女	↓13	13~19	20~32	33~42	42↑

续表

等级						
		差	较差	中等	良	优
初中	男	↓14	14~28	29~37	38~46	46↑
	女	↓14	14~22	23~34	35~45	45↑
高中	男	↓20	20~29	30~41	42~48	48↑
	女	↓16	16~28	29~39	40~44	47↑

评价方法:一分钟内完成次数越多肌肉力量越强。

(2)中学生俯卧撑(男)/跪卧撑(女)测试

学生俯卧在地垫上,双手屈曲,手掌放在肩宽度之地上,手指向前分开;双脚(男)/膝盖(女)在垫上,头部、背部至膝盖须保持一条直线。听到讯号后,学生伸直双臂推起身体,直至双臂完全伸直。此时,腰部及背部仍须保持蹬直。在测试过程中,学生由头部、背部至膝盖须保持一条直线,以推起身体至手臂完全伸直为一次。

表 4-4 俯卧撑(男)/跪卧撑(女)评价标准

等级						
		差	较差	中等	良	优
初中	男	↓1	1~6	7~11	12~20	20↑
	女	↓1	1~6	7~10	11~19	19↑
高中	男	↓2	2~9	10~16	17~25	26↑
	女	↓2	2~7	8~14	15~23	23↑

评价方法:动作被修正达两次或无法完成时停止测试,记录完成次数。完成次数越多肌肉力量越强。

注意事项:儿童青少年不可进行大强度训练,应通过小负荷,特别是克服自身体重的练习,使全身肌肉力量得到发展,增加肌肉中毛细血管和肌红蛋白的数量,改进输氧功能。锻炼应以动力练习为主,少用或不用静力性练习,特别要尽量避免出现憋气动作,不要过早强调专项力量练习,着重基础为青春期肌肉生长做好准备。

(五)认识自己的平衡能力

1. 锻炼平衡能力的意义

良好的平衡能力是体质健康的重要标志之一,有助于身体活动的灵活与协调,维持正确的身体姿势,延缓运动疲劳的出现,提高防御意外伤害的能力。

2. 评价内容与方法

(1)闭眼单脚站立测试方法

准备动作为自然站立,当听到“开始”口令后,抬起任意一只脚,同时开表计时,当支撑脚移动或抬起脚着地时停表。测试两次,取最好成绩。

评价标准

	男性(秒)	女性(秒)
非常好	>=110	>=110
较好	38–109	36–109
标准	13–37	12–35
较低	5–12	4–11
非常不好	<4	<3

图 4-9　闭眼单脚站立动作及评价标准

(2)平衡行走测试方法

试者在固定的五米直线上足尖接足跟的方式向前尽可能快地走,期间有人保护,但是不允许借助外力,记录完成时间。

评价方法:直线行走时要准确踩线,身体摇晃不能晃动,完成时间越短说明平衡能力越好。

图 4-10　平衡行走动作及评价标准

(3)闭目原地踏步测试方法

受试者站立在直径为40厘米的圆圈中央闭目,听到开始的口令,立即以1分钟120步的频率踏步,一直踏到脚出圈或触圈线为止。记录持续的时间。

评价方法:闭目原地踏步时间越长,平衡力越好。

3. 平衡锻炼的原则

提高平衡能力的锻炼要系统、有顺序的进行,可以从容易的做起。例如先从静态平衡到动态平衡,支撑面由大到小,身体重心由低到高,可在睁眼状态下练习,逐步过渡到闭眼状态下练习,要求锻炼者注意力集中,主动参与。

4. 注意事项

平衡锻炼一定要注意安全保护,不宜产生疲劳,严格掌握运动量。

(六)认识自己的心肺功能

心肺功能是人体心脏泵血及肺部吸入氧气的能力,而两者的能力又直接影响全身器官及肌肉的活动,心肺功能对体力活动及运动的适应力是健康的重要标志,是健康适能最重要的指标之一。

氧气是生命之源,人体在新陈代谢过程中需要不断地氧化体内的营养物质维持生存,体内氧气充足时各器官系统才能维持正常的功能。氧气由肺部吸入,心脏则负责把氧气通过血液循环系统送到各个器官,运动器官根据需要进行合理的使用。保持这一过程的能力就叫心肺功能。通过科学适度的有氧耐力锻炼可以显著提升心肺功能,使一些呼吸道感染发病率明显下降。

1. 心肺机能评价的意义

准确评价心肺机能水平,对制定相应的运动处方有很大帮助。例如,对于目前日益增多的肥胖和不运动的儿童青少年,评价获取的结果可以和健康标准得分进行对比,从而确定个人的健康状况,并提醒对其生活方式进行调整以增进和保持健康。

2. 心肺机能评价的内容与方法

(1)立位、卧位姿势脉搏差测试

桡动脉触摸法测定脉搏。受试者仰卧至脉搏稳定后,测量 1 分钟脉搏为卧位脉搏;站立至脉搏稳定后,测 1 分钟脉搏为立位脉搏。

评价方法与标准:立、卧为脉搏差等于立位脉搏数减去卧位脉搏数。差值越小表明心脏机能越好。

(2)心功指数测试

受试者以 1 秒钟 1 次的节拍完成连续 30 次深蹲起。测量受试者安静时 1 分钟(30 秒 2)的脉搏次数作为 P1;完成蹲起即刻 15 秒脉搏次数乘以 4 作为 P2;完成蹲起后 1 分钟时 15 秒脉搏次乘以 4 作为 P3。

用下列公式计算心功指数:心功指数=P1+P2+P3-200/10。

评价方法:心功能指数越小心血功能越强。

<8 为优

9-13 为良

14-18 为中上

19-22 为中

大于 23 为较差

完成不了为差

(3)1 分钟原地高抬腿走测试方法

双脚交换原地踏步,膝盖抬起的高度需与髋关节平行,记录 1 分钟完成次数(双腿)。测量受试者安静时 1 分钟(30 秒 2)的脉搏次数作为 P1;完成原地高抬腿走即刻 15 秒脉搏次数乘以 4 作为 P2;完成原地高抬腿走后 1 分钟时 15 秒脉搏次

图 4-11　1 分钟原地高抬腿走评价标准

乘以 4 作为 P3。

用下列公式计算心率变化指数：K＝［（P2－P1）+（P3－P1）］/P2－P3。

评价方法：K≤3.56 为优。

3.57≤K≤4.33 为良。

4.34≤K≤7.60 为中。

7.61≤K≤10.14 为及格。

K≥10.15 为差。

3. 注意事项

理论上，每个人在开始运动健身前都应该进行一次相对完整的心肺机能运动试验，希望学生能科学、合理地使用心肺机能测评小方法，评测前请做好充分的准备活动，注意防控运动风险。

二、体质健康的综合测试

通过 10 个动作判断一下你的身体是否健康吧！你有没有发生过久坐后起身突然就闪了腰？有没有感觉不管睡多久还是全身没劲？如果你的身体出现了这些现象，说明身体已经向你发出了健康问题的信号，提醒你要关注自己的健康。下面 10 个测试动作来对照看看自己的健康达标了没有。

（一）早上 7 点起床，9 点就会觉得无精打采？

如果你的回答为“是”，就说明你可能因为缺乏运动或久坐让身体过度疲劳了。建议你要规律并持续进行锻炼，每周至少 5 次，每次至少运动 30 分钟。

（二）两只手各持 3 公斤重的瓶子，手臂会不会感到酸痛？

如果你的回答为“是”，就说明你的肱二头肌、肩膀、背部、膝盖等重要肌肉群的力量没有达标。你需要借助哑铃等重物进行力量训练了，以每组 20 至 25 次，每周 5 至 7 次为宜。

（三）上下跳动 10 次，心跳是否加速？

如果你感到心跳加速，出现心慌，先排除疾病的因素，说明你的心肺机能没有达标。你可以选择间歇训练，比如慢跑和快速跑交替结合进行练习。

（四）剪脚指甲时，身体弯曲是否有不适感？

如果这个动作你觉得很费力，你就要重视自己的关节和骨质情况。你可以每天进行 5 分钟的伸展练习来改善这种状况。

（五）站立时看看能否用脚跟后踢到自己的臀部？

如果你做这个动作觉得很困难，说明身体的灵活性和力量都不过关，推荐你试试爬楼梯时一步迈上两个台阶，另外还要多练习后踢腿。

（六）不挪动双脚，看看你能否完成转身向后看？

如果这个动作你做起来很困难，说明你的颈椎、胸椎、腰椎都比较僵硬。你要经常做一做转腰、转胸、转头的动作，这些动作可以预防慢性腰肌劳损、腰椎骨质增生、腰椎间盘突出和坐骨神经痛等疾病。

（七）坐飞机或火车时，你能独立地将装着物品的箱子放到行李架上吗？

如果你无法做到，说明你的腰背和腿部的力量不够强。你可以做一做“倒退走”来增强腰背肌群的力量，加强腰椎的稳定性和灵活性，同时提高腰部组织的新陈代谢。

（八）当你拿着重物上下楼梯时是否感到吃力？

如果你发现自己爬几层楼就气短、呼吸困难，说明肺功能已经比正常人差 50%以上了。建议你少坐电梯，多借助上下楼来加强锻炼一下自己的心肺功能。

(九)跳10分钟节奏快的舞蹈是否气喘?

这个测试能够反映你身体的肌肉力量和心肺功能是否良好。如果你想要更好地塑造肌肉和锻炼心肺功能,坚持每天做10至15分钟的爆发性运动是非常有效的,比如搏击操、短距离快跑等。

(十)连续走30分钟,看看自己是否感到疲累?

走路和身体的很多指标都有关系,这个看似非常简单的动作如果你每天都难以做到,那么身体健康程度就比较低。每天至少走30分钟,能帮助燃脂、维持身材、心情舒畅,并且精力充沛,还能够降血压和血糖。

第三节　身体形态自评与矫正运动的可视化资源建设

身体姿势是人体各部位在空间的相对位置,即人的四肢、头、躯干的相互关系,又称为体姿(体态)。体姿在一定程度上反映骨骼、肌肉、内脏器官与神经系统等各组织的力学关系。良好的体姿使身体处于稳定状态,保证身体器官的正常功能,减轻肌肉、韧带的紧张状态,体现了优雅的气质。当同学们居家学习时要特别注意保持正确的身体姿势。

一、脊柱形态的自评与矫正运动

(一)脊柱自评方法

可以通过侧面和后面的观察,以及简易的手测方法进行自评。

1. 侧面观察

人直立，脊柱生理弯曲涉及头颈与躯干相互位置结构，通常显示四种背形：正常、驼背、直背、鞍背。

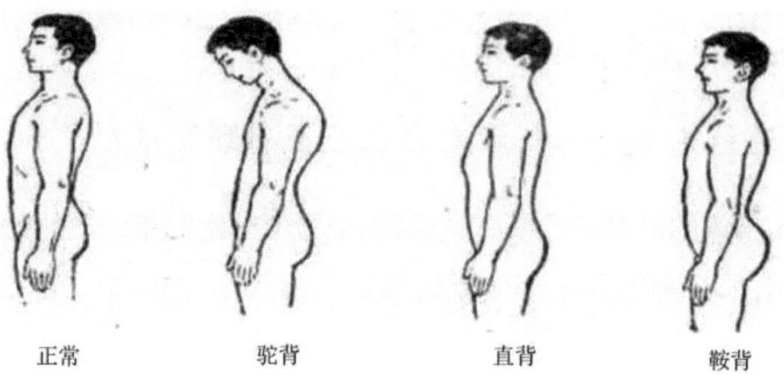

图 4-12 躯干位置侧面观

2. 后面观察

头顶、脊柱和两足跟之间在一条垂线上；两肩峰的高度、两髂嵴上缘的高度处于一个水平面(图 4-13)。若棘突连线与人体正中线未完全重合，某段偏离中线，即呈“C”形侧弯；如上下两段向不同侧偏离，即脊柱呈“S”形。

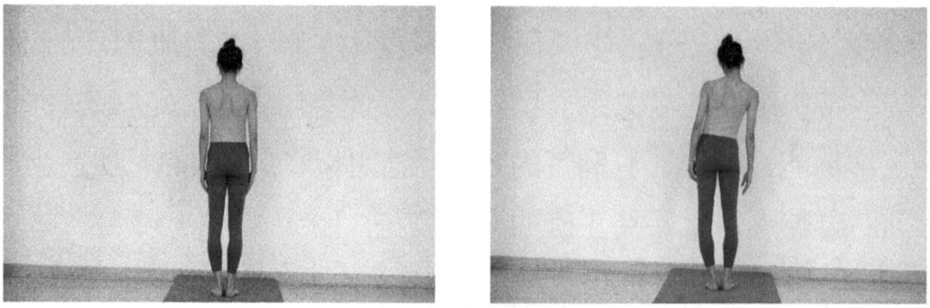

图 4-13 躯干位置后面观

3. 简易手测法

学生背靠平整的墙面站立,家长用手掌、半握拳或全握拳插入颈弯、腰弯,看通过情况。手掌穿过且半握拳不能穿过颈弯与腰弯——正常;手掌不能穿过——直背;半握拳以上穿过颈弯——驼背(胸过度后凸);半握拳以上穿过腰弯——鞍背(腰过度前凸)。

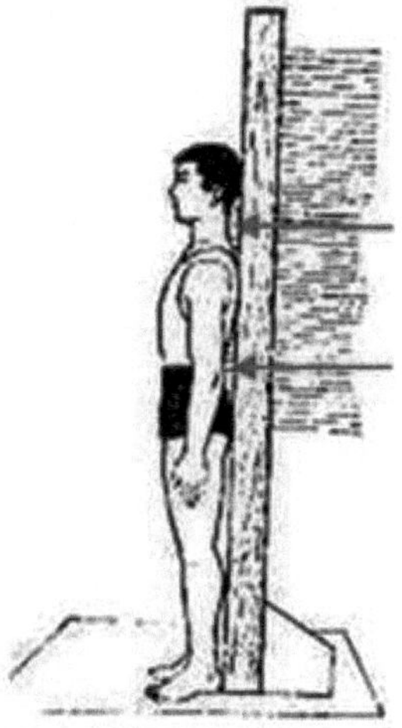
图 4-14　简易手测法

二、胸廓形态的自评

人体的胸廓由 12 块胸椎、12 对肋、1 块胸骨和它们之间的连结共同构成。胸廓上口由第 1 胸椎、第 1 肋骨和胸骨柄上缘围成,下口由第 12 胸椎、第 11、12 对肋骨前端、肋弓和胸骨剑突围成,并被膈肌封闭。成人胸廓近似圆锥状,前后稍扁,上窄下宽,上口小而下口大。13 至 15 岁时,胸廓外形与成人相似,开始出现性别差异。女性胸廓短而圆,胸骨较短,上口更为倾斜,胸廓容积较男性小。

测量意义:正常的胸廓形态是人体保持良好身体姿势的重要条件之一。胸廓具有保护、支持和容纳脏器的功能。胸廓发育影响人的总体生长发育水平,其运动主要是参与呼吸,尤其影响心肺功能。一般来说,胸部相对宽厚者,体格较好,躯干力量较强。

(一)评价方法

通过测量胸廓横径(胸宽)和前后径(胸厚),计算两者比值,并结合观察法。

1. 胸横径(胸宽)

家长面对学生,用测径规(皮尺)测量乳头点或胸中点水平面上,胸廓两侧最外侧突出点之间的横向直线距离(图 4-15)。

2. 胸前后径(胸厚)

家长位于学生右侧,将测径规轻夹胸前和背部,测平静状态下胸部中点或乳头连线中点与胸椎棘突间水平线间的距离(或用两把长直尺替代测径规,做好标记,再测量两标记点之间距离即胸厚)。

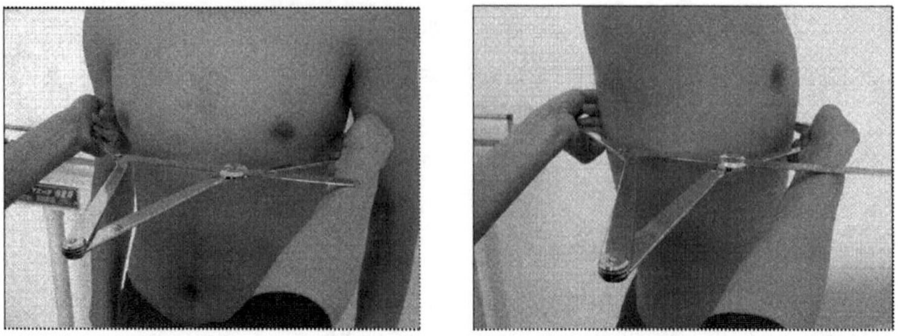

图 4-15 和图 4-16　胸横径与前后径测量图

3. 常见的胸廓形状

根据胸廓横径和前后径的比值及观察结果,常见的胸廓形状有 6 种。

(1)正常胸:胸廓横径和前后径比值 4∶3,上方稍宽,左右对称。

(2)扁平胸:胸廓横径和前后径比值大于 4∶3,胸廓呈扁平状,多见于极度消瘦人群。

(3)桶状胸:胸廓横径和前后径比值约等于 1,多见于呼吸系统疾病、肥胖及老年人。

(4)鸡胸:鸡胸的胸骨明显前凸,胸廓前后径大于胸廓横径。

(5)漏斗胸:漏斗胸骨中下部及其相应的肋软骨向内凹陷。除与遗传因素有关外,常见于营养不良性疾病,如佝偻病。

(5)不对称胸:两侧胸廓不对称,一般与脊柱侧弯有关。

三、腿部形态的自评

人体腿部的骨骼包括大腿的股骨,小腿的胫骨、腓骨以及膝关节前面的髌骨,它们正确地排列使下肢实现合理支撑和运动的基础。自然站立时,两腿外观较直,双膝、双足自然并拢。

腿形测量的意义：正常的腿形不仅美观而且下肢力线合理，关节受力均匀，有利于运动能力的正常发挥，获得良好的生活质量。

（一）评价方法

学生自然站立，家长正面观察并使用尺子测量两膝和两足间的间隙距离。常见的腿形分有3种。

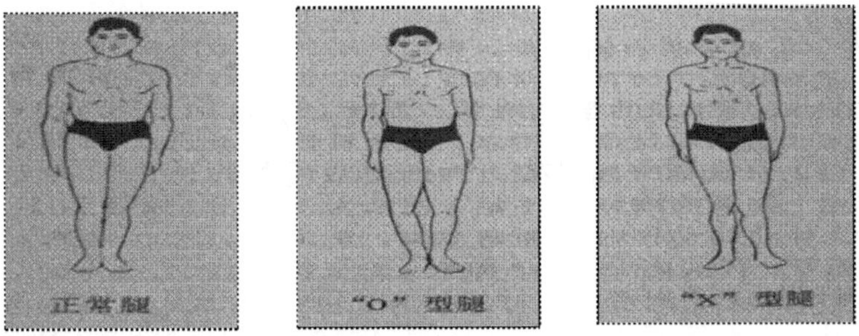

图4-17至图4-19　腿形种类

1. 正常腿形：两膝、两足能并拢，或稍有间隙。
2. O形腿：两足能并拢，两膝间距大于1.5厘米。
3. X形腿：两膝能并拢，两足间距大于1.5厘米。

四、足弓形态的自评

人类进化过程中为了负重行走和吸收震荡，足跗骨和跖骨借助韧带牢固相连，构成具有少许活动的凸向上方的弓形骨骼结构，称为足弓。足弓可分为前后方向的纵弓和左右方向的横弓。

足弓测量的意义：足弓的形态结构决定了其功能。它对于足底稳定的承重、缓冲运动时的震荡、保护足底血管和神经的过度受压、增强足的运动适应等均起到重要作用。当足弓下陷或消失时则引起足形的异常改变，即扁平足。此种足形的足弓不能很好地发挥相应作用，对运动能力造成不利影响。

(一)扁平足的简易评价方法

1. 足印划线法

学生利用墨水、印油等方法留取双脚正常站立时的足印。在足印上如图4-18画三条线,第一线是从足跟内缘沿拇指内缘连成;第二线从足跟中心至第二趾中心点连成;第三线是第一线和第二线的夹角平分线。

2. 根据标识图进行扁平足的评估

正常足弓是足内弓在第二线外侧;轻度扁平足是足内弓在第二线与第三线之间;中度扁平足是足内弓在第一线与第三线之间;重度扁平足是足内弓越过第一线。

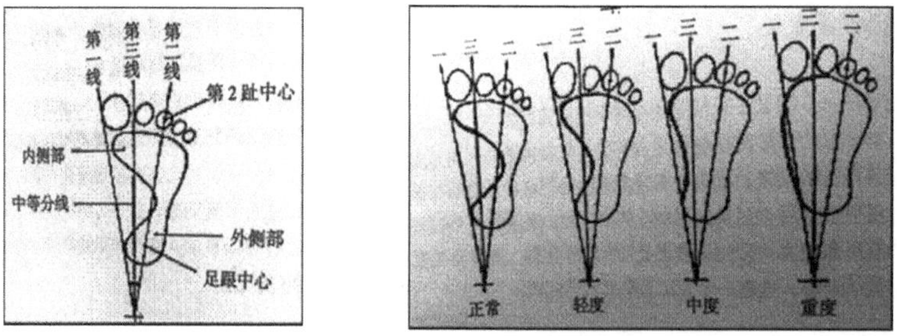

图4-20 扁平足评估图

3. 标准舟骨高度指数法(NNHT)

学生目视前方,赤足原地踏步三次,踏步后找到最舒适的站姿静立。家长用马克笔标示出学生双足的舟骨结节、第一跖骨关节和足跟处,并用马丁尺(或用其他卡尺)测量足舟骨结节到地面的垂直高度H和第一跖趾关节与跟骨前缘之间的足长度L。

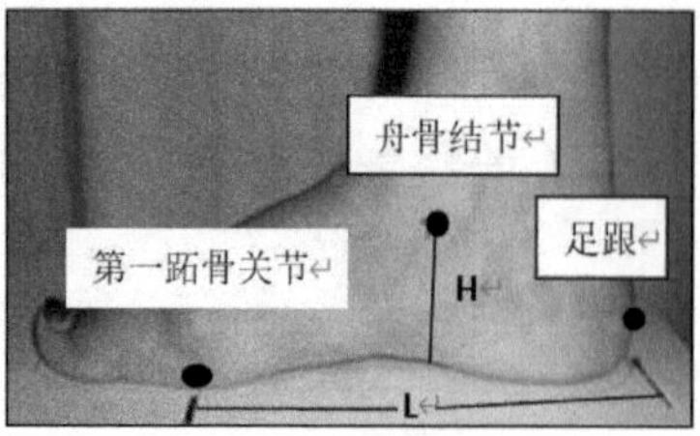

图4-21 自测图

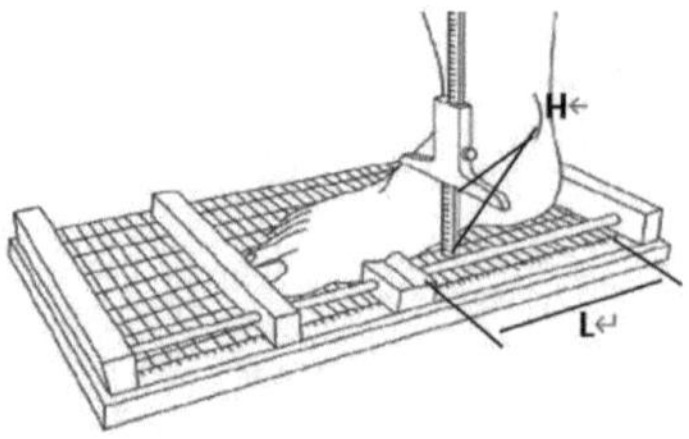

图4-22 舟骨结构示意及测量图

根据公式 NNHT = H/L,得到学生的标准舟骨高度指数。该指数小于0.21为扁平足,指数在0.21至0.30之间为正常足,指数大于0.31为高足弓。

腿形和足形的形成受遗传和行为习惯的影响,由于不良行为习惯造成的腿形和足形不佳,通过合理的矫正一般都可以改善。

五、骨盆前倾的自评与矫正运动

骨盆前倾是一种异常体态,在青少年中比较多见,特别是女孩。有些脊柱侧弯的青少年是从骨盆形态异常中发现的。骨盆前倾是骨盆异常姿势中最常见的,有时会被忽略,对青少年生长发育产生一定的影响。更重要的是,青少年时期应及时发现体态异常,是矫正的最佳关键时期。

(一)自然体态

骨盆的位于身体正中央,连接身体上下两个部分。位于骨盆后方的骶骨,支撑着24个(椎体)脊椎骨,是脊柱活动的基座。骨盆通过髋关节与下肢相连。随着身体的活动,骨盆也随之调整来适应身体的位置。在自然体态下,脊柱处于自然的S型,肌肉保持放松不僵硬。如果从踝关节画一条竖直的线,应该能够通过膝关节、髋关节、肩膀和耳朵。

(二)骨盆前倾

在骨盆前倾时上述踝、膝、髋、肩、耳就不在一条直线上了。骨盆将体重传递到双下肢,作为下肢的活动基础,支持保护盆腔器官,同时还与脊柱相连,骨盆如若长时间不处在中立位,对全身的骨骼和肌肉都会产生影响。对青少年来说,最大的影响就脊柱侧弯(或者互为影响),应该引起足够重视。

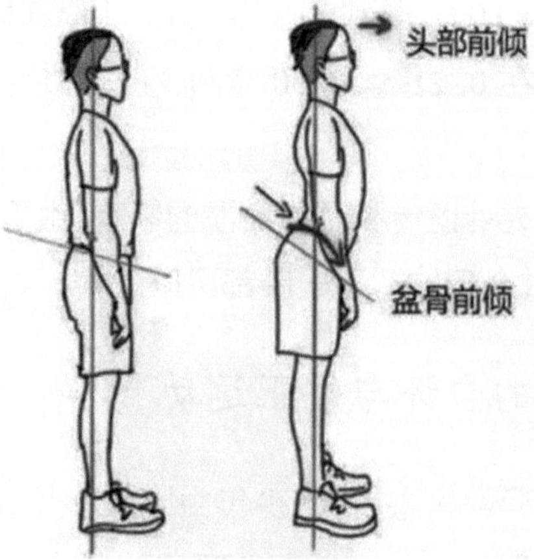

图 4-23　盆骨前倾示意图

(三)简易自查测量方法

1. 站立自测法

靠墙站立,自然放松,检查一下自己下腰部离墙面的距离,如果大于 3 指或者一拳宽度,可能存在骨盆前倾。

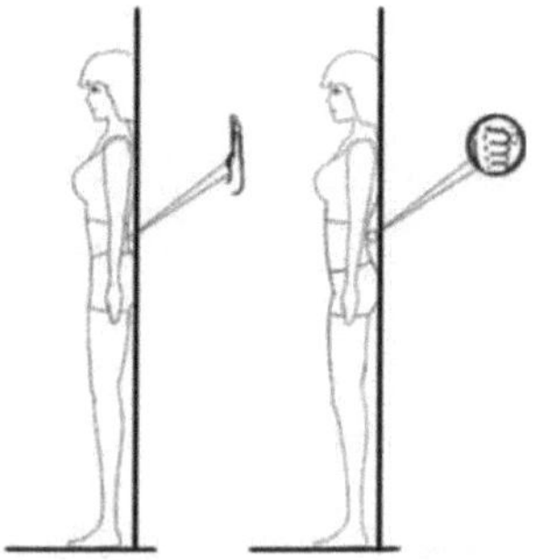

图 4-24　简易自查测量

2. 三角平面测试

自然站立位,两手自然放在小腹上,掌根位于髂骨(骨盆两侧最突出的部位),同时将大拇指相对、四指指尖也相对,中指放在耻骨的正上方,两手合拢成一个倒三角形。如果三角形处于同一平面并垂直于地面说明骨盆正常,如果有骨盆前倾问题,则掌根位置高于手指平面。

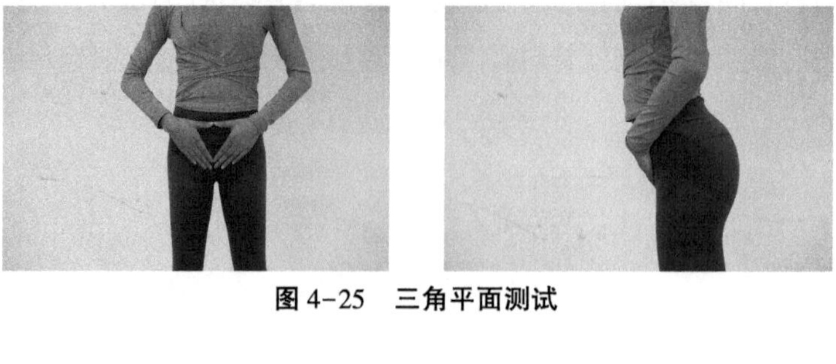

图 4-25　三角平面测试

3. 托马斯测试(The Thomas Test)

这个测试是利用测量臀部肌肉的长度来确定屈髋肌肉的松紧度。可以利用家里床边位置进行,先坐在床边,然后慢慢地仰躺,弯曲髋部,抱起一条腿,使其尽可能贴近身体,另一条腿自然放平。肌肉的松紧度对骨盆位置都是有影响的。若可以正常放平,则髂腰肌正常;若无法正常放平,膝关节位置高于髋关节,则说明髂腰肌过紧,需要放松。

注意事项:同学们在家可以使用这几个简易方法对自己的骨盆状态进行评测,如果发现有骨盆前倾情况,首先要注意正确的坐、卧、站立、行走的姿势,同时应找专业人员进行一下评估,确实存在骨盆姿势异常的,要在专业指导下进行训练是可以得到改善和矫正的。

特别提示:发现骨盆前倾,可以自查一下脊柱,严重者需要到医院或者专业康复中心就诊,接受专业人员的指导下进行矫正。

(四)骨盆前倾的居家矫正运动

骨盆前倾是青少年中比较多见的一种异常体态,常见原因是臀部、腰腹肌肉的功能失衡所致,如髂腰肌、竖脊肌过度紧张,腹、臀肌力量不足等。我们前面介绍了骨盆前倾的自我检测,接下来为大家推荐几种简单的居家训练方法,通过协调平衡相应肌肉的收缩能力,纠正和预防骨盆前倾。请同学们练起来。

1. 矫正方法

(1)髂腰肌牵拉:练习者单膝跪地,两膝关节直角屈曲。上半身保持直立慢慢前倾至后腿有牵拉感,维持 30 秒,换腿重复此动作,左右各做 2 组。

图 4-26 髂腰肌牵拉

(2)竖脊肌牵拉:练习者跪坐在垫子上,臀部贴着后脚跟,上半身紧贴于大腿并尽量前伸至后背有牵拉感,维持 30 秒,共做 2 组。

图 4-27 竖脊肌牵拉

(3)股四头肌牵拉:练习者右手轻扶墙壁单腿站立,左手握住脚踝,使其尽量贴近臀部,拉伸大腿前面股四头肌,保持 30 秒,换腿继续牵拉,左右各做 2 组。

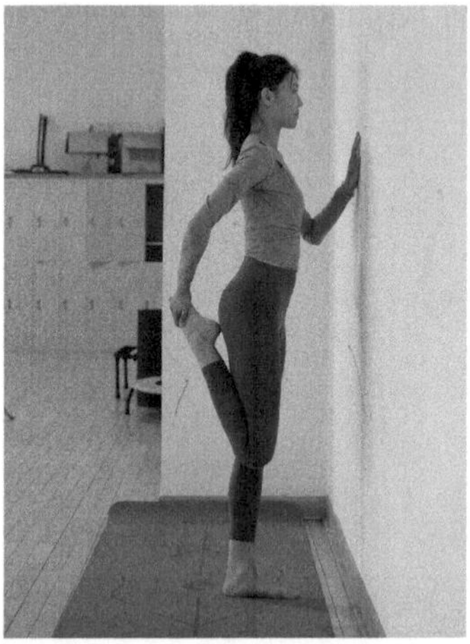

图 4-28 股四头肌牵拉

（4）腹部肌肉力量训练：练习者平躺在瑜伽垫上，上半身不动，屈膝90度后慢慢伸直下肢，双腿并拢缓缓下降至可以耐受的位置，重复10次，共做2组。

图4-29　腹部肌肉力量训练

（5）臀中肌力量训练：练习者侧躺在垫子上，双腿并拢屈髋屈膝。双脚贴合，上侧腿向外打开，两膝尽力分离。重复10次，两侧交替，共2组。可以根据需要，两腿间使用弹力带以增加练习强度。

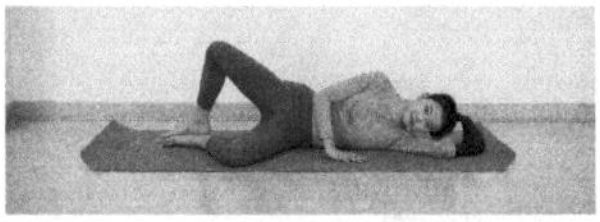

图4-30　臀中肌力量训练

（6）臀大肌力量训练：练习者双手和双膝跪撑在瑜伽垫上，两臂垂直，屈髋、屈膝90度。左腿支撑，右腿屈膝抬起至大腿与地面平行，保持30秒，两侧交换，左右各做2组。

图4-31　臀大肌力量训练

注意事项：良好的体姿需要长期的培养和训练，发现问题要及时纠正。同学们居家不妨经常进行这些肌肉牵拉和力量练习，在生活中无论是坐位还是站立位都不要忘记使身体处于正确的姿势。

特别提示：本训练适用于骨盆前倾的预防和轻微骨盆前倾的纠正，且需要坚持练习。严重者建议到医院或者专业康复中心就诊，接受专业人员的指导性矫正。

第五节　运动损伤防治的可视化资源建设

一、要运动，不要运动损伤

儿童青少年具有区别于成年人的身体解剖结构和年龄特征，因此在进行体育锻炼时要从儿童青少年的身体实际出发，提出相应的体育卫生要求，并进行医务监督才能防病。

（一）运动损伤的原因

在运动过程中发生的各类损伤，损伤部位与运动项目及专项技术特点有关，分为急性损伤和慢性损伤。青少年运动损伤常见的原因有：不做准备活动或准备活动不充分就开始激烈运动、不正确的运动模式、身体素质较差，自己缺乏保护自己的能力、违反儿童青少年身体发育规律安排运动量；运动环境因素等。

（二）青少年运动损伤的特点

儿童青少年运动损伤并非只是成人的缩影，两者具有生理学及解剖学上的差异。同样的外力和损伤条件下，成人常见的肌腱韧带的损伤，在儿童则会出现骨骺的损伤。儿童青少年关节的韧带较生长板强韧，故外伤易造成骨骺分离，但很难造成关节脱位，且薄的骺板具有一定弹性，外力作用时可在干骺端上轻微滑动。儿童青少年膝关节盘状半月板是一种膝关节异常形态一般分为先天性和后天性两大类，研究显示儿童盘状半月板常伴有撕裂，多见于后角的水平状撕裂，并且损伤程度重，在关节活动过程中受到不同程度的应力作用发生半月板挤压、磨损，出现半月板撕裂。如果不能够及早发现病变和及时治疗，将会影响儿童膝关节正常生长发育，甚至较早产生骨关节炎改变[①]。

运动时间过长或者运动量过大，例如在坚硬的地面上跑跳过多会造成儿童青少年胫腓骨疲劳性骨膜炎、牵拉性骨骺炎（胫骨嵴）等。

（三）运动损伤预防

1. 做好充足的准备活动，锻炼时保持精神集中，让肌肉的韧性保持较好的状态。

2. 从小养成正确的运动模式与姿势控制，及时纠正错误的运动动作。

3. 注重身体全面锻炼，发展综合运动能力，根据肌肉发育规律安排训练，注重小肌肉群的力量和耐力的训练。

4. 选择合适的运动装备与护具，做好防护。

5. 不宜在坚硬地面上的反复跑跳，不宜过早从事力量性练习，预防骺软骨损伤。

6. 注意柔韧性训练，注意协调性训练，并兼顾关节稳定性。注意关节牢固性，避免被动长时间用力压、掰、甩等方法。

7. 保证营养均衡如补充钙磷（营养）、睡眠充足也是预防损伤的重要方面。

二、预防膝关节运动损伤的保护性训练

日常生活或运动健身中有时会发生运动性损伤，如走路不当心或者运动中身体腾空后落地踩在不平整的地面会出现关节扭伤，还有跑跳姿势不正确准备活动不足等。预防运动损伤最好的措施是纠正错误动作和加强对弱链环节的保护性力量训练。

（一）训练方法

1. 踝关节抗阻练习：二人配合勾脚尖匀速发力 10 秒一次，做 6 次。

---

① 孙鹤，潘诗农，刘兆玉等. 儿童盘状半月板损伤机制和 3.0TMRI 表现分析[J]. 放射学实践，2009，24(05)：556-560.

2. 踝关节抗组练习：二人配合勾脚尖匀速向下发力10秒一次，做6次。

3. 踝关节抗组练习：二人配合踝关节内侧匀速向外发力发力10秒一次，做6次。

4. 踝关节抗组练习：二人配合踝关节外侧匀速向内发力发力10秒一次，做6次。

5. 俯卧，两腿同时向臀大肌方向匀速发力10秒一次，做6次。

6. 大腿内/外侧肌肉抗阻练习，二人配合匀速向内/外发力10秒一次，做6次。

7. 俯卧，单腿向臀大肌方向匀速发力10秒一次，做6次(左右腿)。

8. 坐姿，股四头肌抗组练习，二人配合匀速向前发力10秒一次，做6次。

9. 双脚左右开立与肩同宽，双手扶墙提踵10次接10秒静力。

10. 双脚前后开立，后脚提脚跟练习10次。

11. 双脚同时发力直腿前后移动跳20次。

12. 双脚同时发力直腿左右移动跳20次。

13. 双腿同时发力避免停顿直腿跳10次。

三、踝关节的功能训练

青少年处于身体功能飞速发展的黄金阶段，在智力、身体形态和运动表现上都有明显表现，且大多数青少年都会通过体育锻炼来增强自身体魄。而在体育锻炼中难免会出现运动损伤的情况，其中踝关节扭伤就是较为常见的一种类型。踝关节损伤占整个运动损伤的约15%，而其中85%为外侧韧带损伤，内踝损伤虽少见，但运动中姿势不当或者劳损也会导致肌腱或者韧带的损伤，其致伤因素可发生于任何年龄段，以青少年居多。正确的功能锻炼，提高踝关节的肌肉力量与本体感觉，可以有效提高青少年在运动中表现，而疫情居家期间我们可以采取怎样的锻炼方式呢？

(一)锻炼方法

1. 抗阻踝外翻：坐在床上或凳子上，用弹力带套住两脚，患脚(或双侧交替)用力外翻,反复做 15 次,休息 30 秒,共做 4 至 6 组,每天 1 至 2 次。

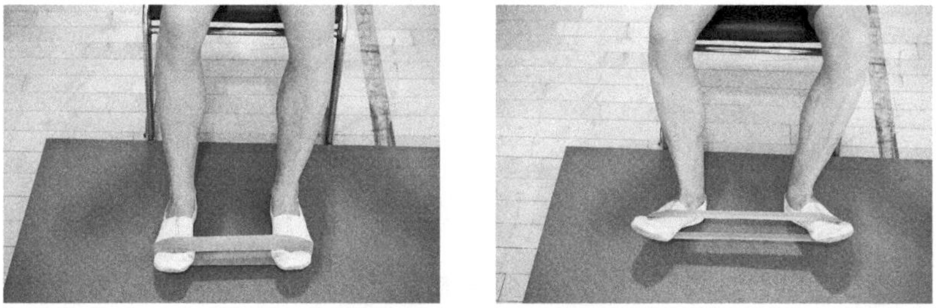

图 4-32　抗阻踝外翻

2. 抗阻足内翻:姿势同抗阻足外翻,弹力带在远端固定(器械或者其他),用力内翻,数量和要求同抗阻踝外翻。

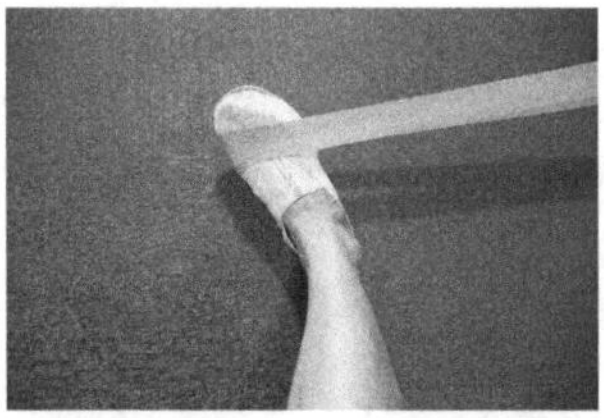

图 4-33　抗阻足内翻

3. 抗阻踝背屈:以弹力带为阻力,远端固定(器械的底盘,也可以利用床脚),套在脚上,从伸直位尽量用力勾到屈曲位,稍作停顿(停顿 1 秒左右),慢慢放开,反复做 20 次,休息 30 秒,共做 4 至 6 组,每天 1 至 2 次。

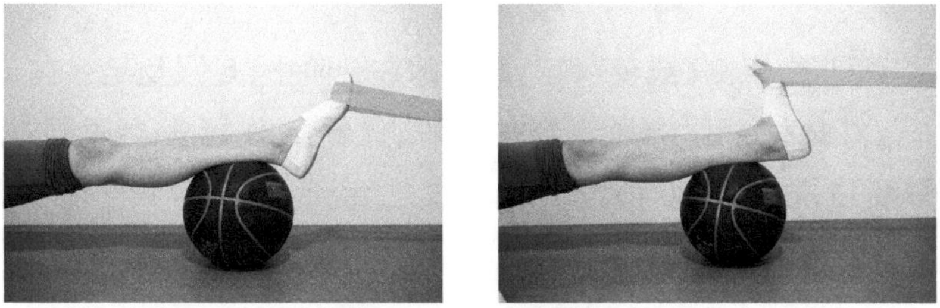

图 4-34　抗阻踝背屈

4. 抗阻踝背伸:以弹力带为阻力,近端固定(手握),套在脚上,从屈曲位尽量用力绷到伸直位,稍作停顿,慢慢放开,反复做 20 次,休息 30 秒,共做 4 至 6 组,每天 1 至 2 次。

5. 平衡练习:站在平衡软踏上(如果没有可以站在瑜伽垫上,注意赤足),腿伸直,挺胸抬头,重心尽量往上提,用一条腿的力量控制身体平衡,每

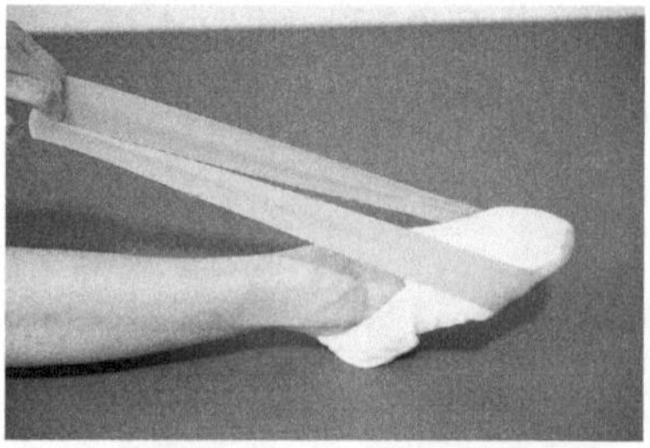

图 4-35　抗阻踝背伸

次 3 至 5 分钟,休息 30 秒,共做 2 至 3 次每组,每天 1 至 2 组。如果力量尚不能保证安全,可以在身旁寻求他人帮助或扶手保护。如果力量很好完成无困难,可以手持重物完成动作或在板\垫上做 0 至 45 度半蹲起以增加难度。

站在平衡板上(如果有这个条件),用一条腿的力量尽量控制身体平衡,每次 15 至 20 转,休息 30 秒,共做 2 至 3 次每组,每天 1 至 2 组。

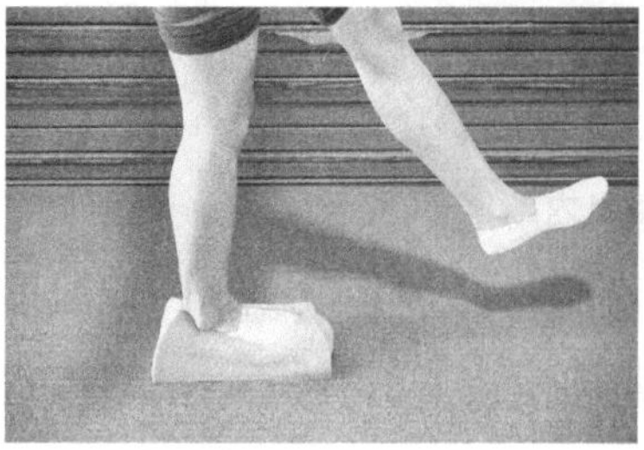

图 4-36　平衡练习

图 4-37　平衡板上的平衡

6. 提踵训练:患侧(或者双侧)脚掌踩在台阶上,足跟及足弓在台阶以外,从充分勾脚体位用力提踵直到充分绷脚体位,动作标准、数量同方法一、二(反复做 15 次,休息 30 秒,共做 4 至 6 组,每天 1 至 2 次),要求尽量在最

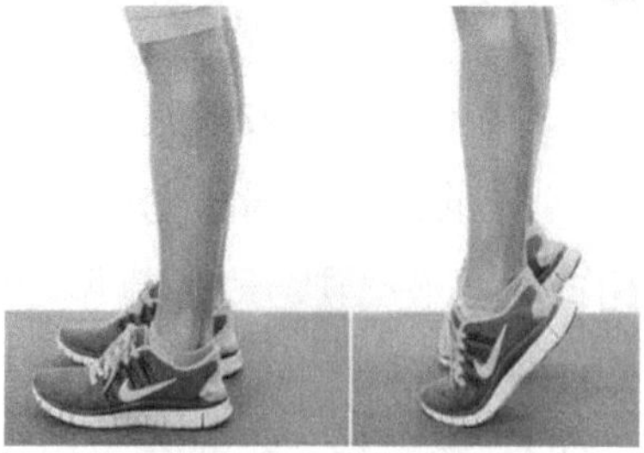

图 4-38　提踵训练

大程度内完成动作，如果力量有限，可在上肢协助下完成；熟练之后，可手持哑铃负重训练。

★提示：训练结束后记得要进行适当的肌肉牵拉放松，以避免因肌肉疲劳所造成损伤发生。上述练习方法既可以作为伤侧的加强练习，可以作为双侧预防性练习。

第六节　天津市体育中考居家训练指南的可视化资源建设

为进一步落实疫情防控期间"停课不停教、停课不停学"要求，加强应届初中毕业生居家体育锻炼，天津市教育两委在实施《天津市中小学延期开学期间体育锻炼、劳动实践活动工作方案》基础上，根据2020年初中毕业升学体育考试统一测试内容，组织青少年体育锻炼专家有针对性地编写了《2020年初中毕业升学体育考试统一测试项目居家锻炼指南》（以下简称《指南》），科学引导应届初中毕业生居家进行体育锻炼。《指南》包括1分钟仰卧起坐、掷实心球、引体向上、立定跳远、1分钟跳绳、50米跑、1000米跑（男）、800米跑（女）等内容。下面将针对这些中考测试的项目分别进行居家锻炼的介绍。

一、1分钟仰卧起坐居家训练

这套锻炼方案时间为每周3次，隔1天进行练习，在开始锻炼的第一周要注意运动强度，遵循逐渐增加训练量的原则。

表 4-5　1 分钟仰卧起坐的居家锻炼方案

课次	锻炼计划	要求提示
第一次课	1. 准备活动：静力肌肉拉伸→室内原地高抬腿走 5 分钟→静力肌肉拉伸 2. 静力组合练习×3 组（顺序完成） ①俯卧平板静力支撑 60 秒→间隔休息 1 分钟 ②两头起静力保持（V 字支撑）20 秒 3. 动力性练习×4 组 ①仰卧举腿×15 次 ②波比跳×10 次 ——每组间歇 1 分钟 4. 放松：静力拉伸	准备活动：先进行强度（幅度）较小的肌肉拉伸，原地高抬腿走后再进行强度较大（幅度）的肌肉拉伸 静力拉伸：保持肌肉处于被拉伸状态静止一段时间，一般为 5 至 10 秒 原地高抬腿走：室内、楼梯间都可以，过程中要大幅摆臂 俯卧平板静力支撑：注意头部、躯干和下肢需保持在一条直线上，腹部肌群发力，尽量使身体延伸，目视地面，保持自然呼吸 两头起静力保持：臀部支撑垫上并以髋关节为轴，身体呈 90 度角静力保持 仰卧举腿：注意下落后脚需要与瑜伽垫保持一定高度，之后腹肌再次收缩向上举腿 放松：放松时的静力拉伸主要针对腰腹部位，拉伸过程中进行有节奏的深呼吸
第二次课	1. 准备活动：要求同上 2. 仰卧俯卧交叉组合练习×3 组（顺序完成） ①仰卧交叉打腿×30 次 ②俯撑收腿×20 次 ③卷腹摸膝×20 次 ④俯卧支撑开合跳×20 次 ⑤仰卧空腿蹬车×30 次 每个动作间歇 30 秒，每组间歇 2 分钟 3. 腰腹快速力量练习×2 组 ①屈腿快速两头起×15 次 ②坐姿快速转体×20 次 每组间歇 1 分钟 4. 放松	仰卧交叉打腿：双手平放于身体两侧，双腿在空中左右交叉，注意控制双腿交换速度，速度越慢对于腹部肌肉的刺激越强 俯撑收腿：俯卧时，双腿同时用脚掌力量向后蹬地，一腿收回时使膝关节尽量靠近两臂位置，单侧腿做 10 次 卷腹摸膝：如果不能独立完成，可由家人压住脚面或利用家具下部镂空处固定 俯卧支撑开合跳：身体呈俯卧撑姿势，双腿两侧进行开合跳，注意腹部保持水平 仰卧空腿蹬车：该动作速度不宜过快，慢速对于腹部肌肉刺激更强 屈腿快速两头起：双腿交替与手进行接触，注意动作频率要快 坐姿快速转体：注意双腿微屈腿保持抬起，不能着地

续表

课次	锻炼计划	要求提示
第三次课	1. 准备活动:要求同上 2. 腰腹部循环练习组合×3 组 ①俯卧平板静力支撑 ②屈腿两头起 ③俯卧背起 ④卷腹摸膝 ⑤俯卧支撑开合跳 ⑥两头起静力保持(V 字支撑) ⑦坐姿转体 ⑧俯撑收腿腿 ⑨仰卧空腿蹬车 ⑩仰卧举腿 每组间歇 5 分钟 3. 放松	腰腹部循环练习组合:每个动作做 20 秒,动作间歇时间 15 秒,动作频率根据个人运动水平来掌握 组间间歇期间可进行适当的拉伸练习 俯卧背起:上体躯干挺身抬高,注意保持上体躯干稳定

二、掷实心球居家训练

决定实心球飞行远度的主要构成因素有出手速度、出手角度、出手高度和空气动力学等因素,其中出手速度是决定实心球投掷远度的最重要因素。居家锻炼时,应以提高投掷出手速度的训练为核心,进行动作模拟练习,每周 3 次。

表 4-6 掷实心球的居家锻炼方案

课次	锻炼计划	要求提示
第一次	1. 准备活动:原地颈、肩、肘、髋、膝和踝关节激活 2. 原地徒手头上掷实心球模拟练习 8 至 10 次×3 至 5 组、组间间歇 2 至 3 分钟 3. 俯卧撑 15 至 20 次×3 组,组间间歇 1 至 2 分钟 4. 放松活动:各种静力性拉伸	准备姿势:两脚前后开立,距离宽于肩;上体后倒倾斜 20 度,重心压在右腿上(后腿上);右腿的前脚掌着地,脚跟提起(获得更好的发力);腰部放松,自然拉长,拉开;胸部伸展,两臂头后上方自然伸直 用力顺序:蹬地、送髋、左撑、甩臂、抖腕、拨球。 口诀简称:蹬、送、撑、甩、抖、拨

续表

课次	锻炼计划	要求提示
第二次	1. 准备活动:原地颈、肩、肘、髋、膝和踝关节激活 2. 双手原地头上掷氢气球练习 6至8次×3至5组、组间间歇2至3分钟 3. 俯卧支撑两腿开合跳8至10次,间歇1分钟 4. 放松活动:各种静力性拉伸	准备姿势:同上 掷氢气球用力顺序:自下而上,蹬、送、撑、甩、抖、拨;各环节动作用力连贯 提示:气球要快速出手 投掷出手方向:如下图 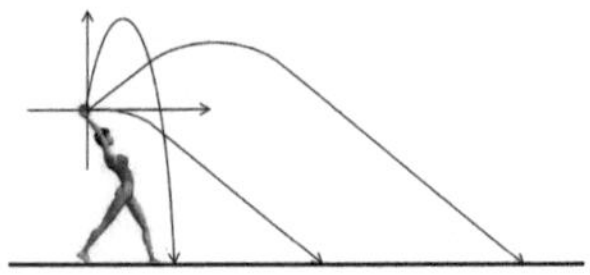
第三次	1. 准备活动:原地颈、肩、肘、髋、膝和踝关节激活 2. 原地徒手头上掷重物模拟练习(家用的,便于抓拿的) 4至5次×3至5组、组间间歇2至3分钟 3. 双腿半蹲跳10至15次×3组,组间间歇1至2分钟 4. 放松活动:各种静力性拉伸	准备姿势:同上 掷重物用力顺序:自下而上,各环节动作用力连贯 提示:持的重物不能出手

三、引体向上居家训练

引体向上的锻炼目的是发展上肢悬垂力量、肩带力量和握力,增强上肢肌肉力量水平。这套方案的锻炼时间为每周3次,隔1天进行练习,在开始锻炼的第一周要注意运动强度不要过高,遵循逐渐增加训练量的原则。具体锻炼计划如下:

(一)第一次课

1. 准备活动:共计4个动作,每个动作进行4×8个8拍,每节课都要先充分活动,预防损伤。准备活动有肩绕环活动、扩胸运动、振臂运动、手腕活动。

2. 锻炼内容

(1)俯卧撑:8 至 10 次/组×3 组,组间休息 1 分钟。要求身体挺直,下降至最低点时与地面保持一定距离。

图 4-39

图 4-40

(2)俯卧无外力手臂水平推拉:15 次/组×3 组,组间休息 30 秒。要求两臂带动身体向上屈臂至与肩平齐后,还原。

图 4-41

图 4-42

(3)YTW 划船:15 个/组×3 组,组间休息 20 至 30 秒。要求双臂与身体依次呈 Y 字>T 字>W 字,W 字时夹紧双肘。胸部、手臂与地面保持距离,感受背部用力。

图 4-43

图 4-44

图 4-45

图 4-46

(4)仰卧斜拉悬垂引体:8 至 12 次/组×3 组,组间休息 1 分钟。要求身体保持挺直,臀部收紧,不要塌腰。根据实际情况调整倾斜角度,与地面角度越小,难度越大。

图 4-47

图 4-48

(5)放松活动:拉伸 3 分钟。要求静力拉伸,缓解上肢肌肉紧张。

(二)第二次课

1. 准备活动:4 个动作同第一次课,每个动作进行 4×8 个 8 拍。

2. 锻炼内容:

(1)仰卧水平引体滑动:15 次/组×3 组,组间休息 15 至 30 秒。要求两手臂用力屈带动身体向上滑动,拉至与下颌平齐后,向下推动还原。

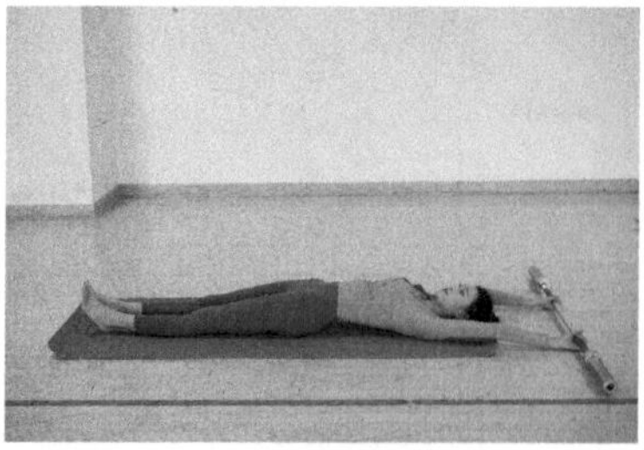

图 4-49

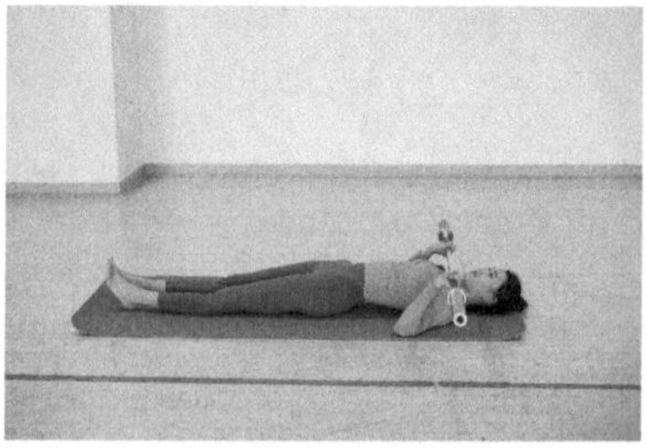

图 4-50

（2）平板支撑：30 秒/组×3 组，组间休息 30 秒。要求身体保持挺直，不能塌腰。

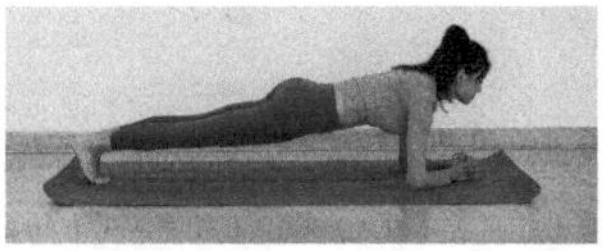

图 4-51

（3）俯身单臂划船：10 至 15 次/组×3 组，组间休息 1 分钟。要求上体前屈尽量平行于地面，抬头挺胸，后背用力屈臂将重物提拉到体侧。反方向练习，动作相同，方向相反。

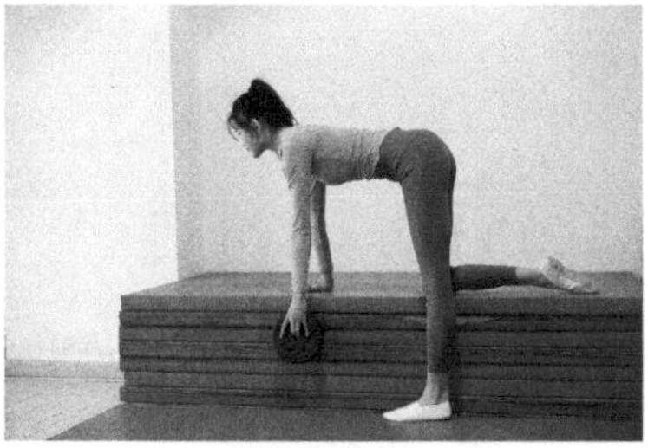

图 4-52

图 4-53

（4）弹力带组合：15 至 20 次/组×3 组，组间休息 20 至 30 秒。要求胸前撑拉至体旁后还原；上举从颈后下拉至 W。

图 4-54

图 4-55

图 4-56

图 4-57

(5)仰卧引体上起:10 次/组×3 组,组间休息 30 秒。要求屈臂向上拉起身体,保持挺直,臀部收紧,不要塌腰,静止 2 至 5 秒钟后做退让性工作。

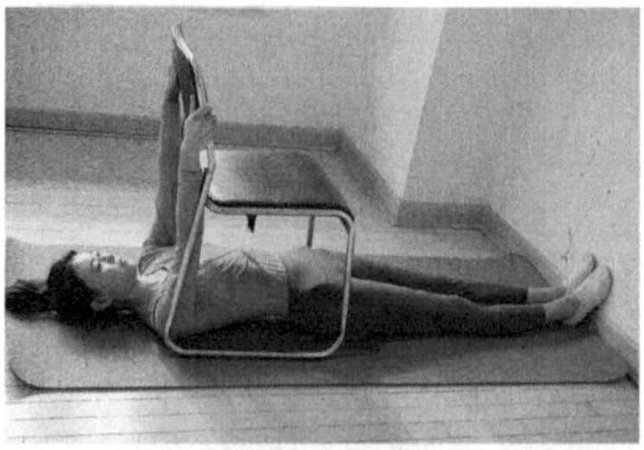

图 4-58

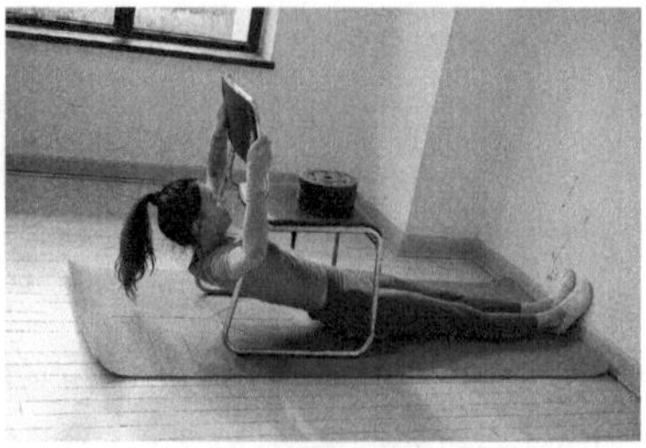

图 4-59

最后放松活动:拉伸,3 分钟。要求静力拉伸,缓解上肢肌肉紧张。

(三)第三次课

1. 准备活动:4 个动作同第一次课,每个动作进行 4×8 个 8 拍。

2. 锻炼内容:

(1)俯卧加外力手臂水平推拉:10 次/组×3 组,组间休息 30 秒。要求两手臂用力带动身体向上滑动,拉至完全屈臂后,向下推动还原。

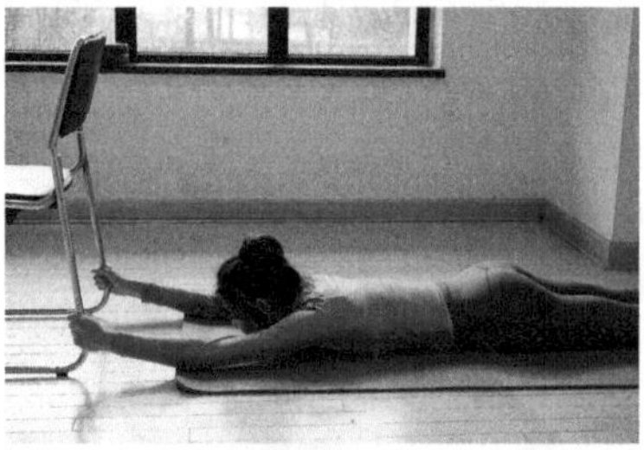

图 4-60

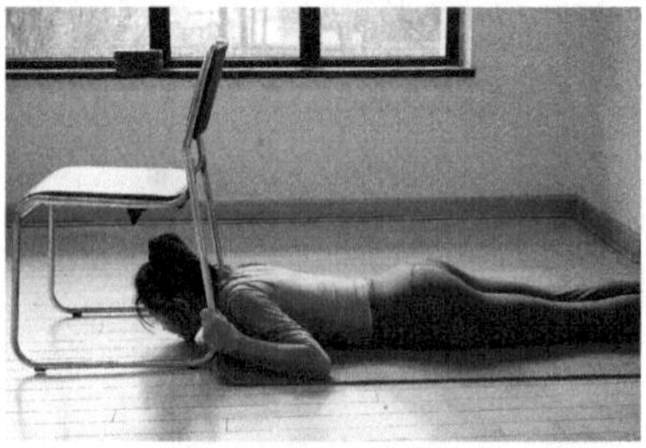

图 4-61

(2)轻器械组合:10 至 15 次/组×3 组,组间休息 1 至 2 分钟。要求沉肩,双肘微屈,注意控制动作速度。

图 4-62

图 4-63

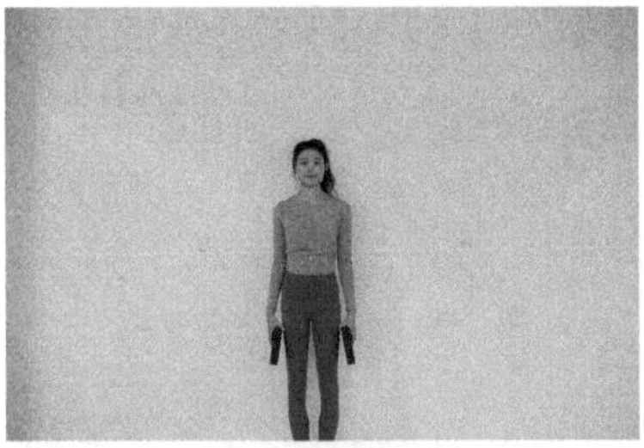
图 4-64

图 4-65

图 4-66

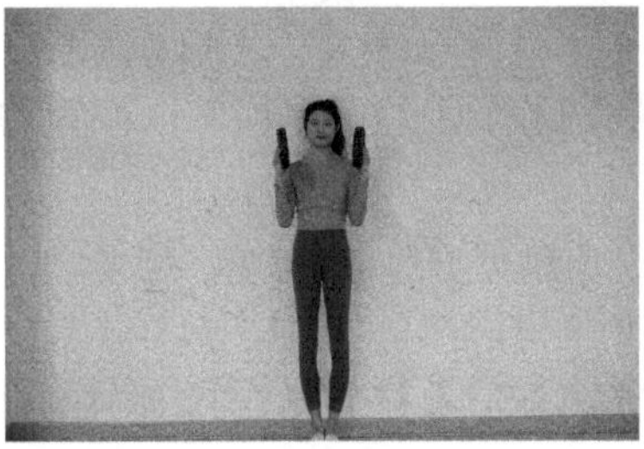
图 4-67

(3)进阶平板支撑:15 至 30 秒/组×3 组,组间休息 20 至 30 秒。要求直臂,指尖向前,保持身体挺直。

图 4-68

(4)弹力带下拉:15至20次/组×3组,组间休息2分钟。

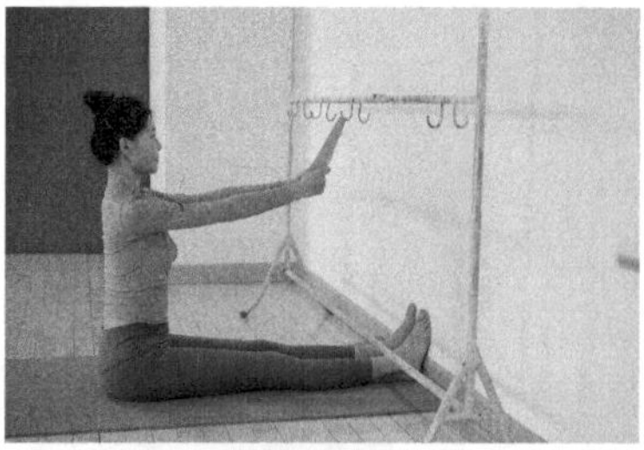

图4-69

图4-70

(5)仰卧引体上起:10次/组×3组,组间休息30秒。要求屈臂向上拉起身体,保持挺直,臀部收紧,不要塌腰,静止2至5秒钟后做退让性工作。

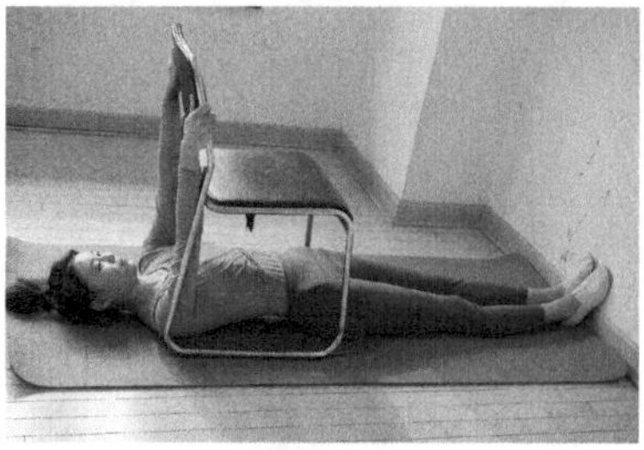

图4-71

图4-72

最后放松活动:拉伸,3分钟静力拉伸,缓解上肢肌肉紧张。

四、立定跳远居家训练

立定跳远是一个具有较强技术性和力量性的运动内容。完整动作分为准备、起跳和落地三个阶段。

(一)立定跳远动作做法

准备阶段:两脚自然站立,双腿不要并拢,双脚与肩同宽。接下来,双手向前摆起,两腿保持伸直状态。然后双手尽量往后摆,身体降低重心,双腿屈膝。

起跳阶段:起跳时,双脚脚掌同时用力蹬地,两臂用力向上摆动,整个人向前上方腾空跳起,并充分展体。

落地阶段:落地时要记得收腹,小腿往前伸,同时双臂用力往前。

测量成绩:应从运动员身体任何部位在落地内的最近触地点量至双脚开始触碰地面位置点。测量线应与地面位置点垂直。

图 4-73　立定跳远动作

(二)立定跳远居家锻炼方案

表 4-7　居家一周课间锻炼方案

<table>
<tr><th>日期</th><th>训练安排</th><th>注意事项</th></tr>
<tr><td>周一</td><td>准备部分:1. 跳绳 1 至 2 分钟;2. 拉伸(6 个动作)
基本部分:踝关节力量训练(8 个动作)
结束部分:放松拉伸(6 个动作)</td><td rowspan="6">1. 热身环节一定要做到认真充分,能够有效避免运动损伤
2. 训练要有持之以恒的毅力
3. 力量训练过程中不要有意憋气
4. 保证正确的技术动作和姿势
5. 训练过程中注意间歇
6. 放松环节要做到认真充分,有利于缓解疲劳,增强肌肉收缩力</td></tr>
<tr><td>周二</td><td>准备部分:1. 跳绳 1 至 2 分钟;2. 拉伸(6 个动作)
基本部分:专项辅助训练(6 个动作)
结束部分:放松拉伸(6 个动作)</td></tr>
<tr><td>周三</td><td>准备部分:1. 跳绳 1 至 2 分钟;2. 拉伸(6 个动作)
基本部分:上肢力量训练(8 个动作)
结束部分:放松拉伸(6 个动作)</td></tr>
<tr><td>周四</td><td>准备部分:1. 跳绳 1 至 2 分钟;2. 拉伸(6 个动作)
基本部分:核心力量训练(8 个动作)
结束部分:放松拉伸(6 个动作)</td></tr>
<tr><td>周五</td><td>准备部分:1. 跳绳 1 至 2 分钟;2. 拉伸(6 个动作)
基本部分:爆发力素质训练(8 个动作)
结束部分:放松拉伸(6 个动作)</td></tr>
<tr><td>周六</td><td>准备部分:1. 跳绳 1 至 2 分钟;2. 拉伸(6 个动作)
基本部分:专项辅助训练(6 个动作)
结束部分:放松拉伸(6 个动作)</td></tr>
<tr><td>周日</td><td colspan="2">休息</td></tr>
</table>

(三)立定跳远重点训练内容详解

1. 准备部分拉伸训练内容详解

(1)提踵肩背部静态拉伸

练习者自然站立,目视前方,双手交叠,掌心向上。双脚脚跟抬起,双臂高举过头并适度后伸。保持6至10秒,每组6至10次,每次3至5组。该动作能够着重牵拉肩背部同时锻炼脚踝力量。

(2)髋及臀部动态拉伸

练习者自然站立,双手抓握一侧膝关节使之向躯干靠拢,单脚支撑,保持6至10秒向前一步换另一条腿,行走练习距离15米。该动作能够牵拉髋关节后侧和臀部肌肉。注意在行进间保持平衡和姿势稳定性。

(3)大腿前侧动态拉伸

练习者自然站立,用一侧手抓握并将同侧腿向后拉至脚跟触碰臀部,对侧手高举,保持6至10秒向前一步换另一条腿,行走练习距离15米。该动作可充分牵拉股四头肌,避免突然运动或高负荷运动引起的股四头肌拉伤。注意完成该动作时,身体躯干保持直立。

(4)大腿后侧静态拉伸

练习者自然站立,双手交叠,双臂伸直举过头顶。双脚交叉,身体前倾,尽可能触碰脚尖,另一侧重复相同动作。保持6至10秒,每组6至10次,每次3至5组。该动作能够牵拉腘绳肌等大腿后群肌肉,有助于预防肌肉拉伤、韧带扭伤等。

(5)大腿内侧静态拉伸

练习者身体成侧压腿姿势,双臂平行于肩部向前平举,膝盖不超过脚尖。另一侧腿伸直,双脚掌着地,臀部向后坐。保持6至10秒,每组6至10次,每次3至5组。另一侧重复相同动作。该动作能够充分牵拉大腿内收肌。

(6)小腿后侧动态拉伸

练习者身体成前后弓步压腿姿势,后腿伸直,全脚掌着地,躯干保持中立位,向前顶髋,根据个人小腿后群肌肉的紧张程度感受小腿后侧肌肉被拉拽的感觉。保持6至10秒，向前一步换另一条腿，行走练习距离15米。该动作可缓解小腿三头肌，避免不必要的小腿及邻近关节损伤。

2. 基本部分关节力量训练内容

（1）原地提踵

练习者双脚打开，与肩同宽，脚尖、膝盖在一条直线上，收紧腰腹，后脚跟缓缓向上抬起，将身体中心逐渐转移到脚趾上，达到最高点后保持2至3秒，缓缓落下。保持呼吸均匀，踝关节稳定。

建议：15至20次一组，做三组。（注意每组之间间歇一分钟左右）

（2）台阶提踵

练习者双脚或单脚站在一级台阶上，前脚掌踩在台阶的边缘处，一侧手扶固定物，另一侧手扶住腰部，保持身体平衡，做上下提脚后跟的运动。快速上抬，缓慢落下。最高点保持2至3秒。

建议：15至20次一组，做三组。（注意每组之间间歇一分钟左右）

（3）单脚站立俯身

练习者开始时采用站立姿势，右脚微微抬离地面。弯曲臀部，俯身降低躯干，保持双腿微屈。不要转动背部。右腿向后伸展保持平衡，右手触摸左脚脚尖，保持起始姿势。左右脚交替重复以上动作。

建议：左右各10至15一组，做两组。（注意每组之间间歇一分钟左右）

（4）单脚站立（闭眼）

练习者站立姿势，一条腿抬腿屈膝，双手扶在腰间，保持身体稳定之后闭眼30秒，踝关节用力，保持身体稳定不要晃动。

建议：左右各30秒为一组，做两组。（注意每组之间间歇一分钟左右）

（5）台阶跳

练习者两脚自然开立，双腿微屈降低重心，选择合适高度的台阶（20至30厘米），前脚掌用力快速连续跳上跳下，双臂协同摆动。也可单脚跳上跳下。

建议：15至20一组，做三组。（注意每组之间间歇一分钟左右）

(6)双脚十字跳

练习者两脚站立,双手叉腰。双脚发力依次跳向前、后、左、右四个方向,跳完后回到中心起始位置紧接着跳向下一个方向。注意动作连续,前脚掌保持持续发力状态。

建议:四个方向循环3次为一组,做三组。(注意每组之间间歇一分钟左右)

(7)单脚十字跳

练习者单脚站立,双手叉腰。单脚发力依次跳向前、后、左、右、四个方向,跳完后回到中心起始位置紧接着跳向下一个方向。注意动作连续,前脚掌保持持续发力状态。

建议:四个方向循环3次为一组,做两组。(注意每组之间间歇一分钟左右)

(8)原地纵跳

练习者双脚站立与肩同宽,前脚掌发力双脚同时向上跳起,注意膝盖尽量不要弯曲,保持踝关节稳定,两臂协同摆动,落地之际迅速发力再次向上跳起。多次重复上述动作,注意动作频率。

建议:10至15次一组,做三组。(注意每组之间间歇一分钟左右)

3. 专项辅助训练内容详解

(1)挺身跳

练习者屈膝下蹲,两手后摆,用力向上跳起,两臂向后上方,两腿向后下方展开,身体成背弓,落地屈膝缓冲。

建议:10至15次一组,做三组。(注意每组之间间歇一分钟左右)

(2)收腹跳

练习者两脚打开与肩同宽,两脚发力原地跳起,收腹使膝盖尽量接近胸部位置,落地后再次快速跳起,保持动作连续快速。多次重复上述动作。

建议:10至15次一组,做三组。(注意每组之间间歇一分钟左右)

(3)连续半蹲跳

练习者挺胸收腹,收紧臀部,脚尖与膝盖保持同一方向,膝盖不要超过脚尖,两脚发力向上跳起。落地时,前脚掌着地,迅速过渡到全脚掌,再次发力向上跳起,保持身体在空中有短暂停留。

建议:10 至 15 次一组,做三组。(注意每组之间间歇一分钟左右)

(4)单足跳

练习者以右脚跳为例,左腿屈膝提起,右脚前脚掌用力蹬地,起跳腿在离地后迅速折叠向前,摆动腿积极前摆,落地全脚掌着地缓冲,同时手臂以单(双)臂摆动,手脚协调配合,保持身体平衡,上体正直。

建议:连续 10 至 15 次一组,做三组。(注意每组之间间歇一分钟左右)

(5)连续蛙跳

练习者两脚站立与肩同宽,摆臂、收腹、下蹲协调,重心从后脚跟过渡到前脚掌起跳,两手带起,45 度起跳,腾空要高,收腹双脚前伸。落地后继续重复上述动作,保持动作连续性。

建议:连续 5 至 10 次一组,做三组。(注意每组之间间歇一分钟左右)

(6)深蹲跳脚踢臀

练习者屈膝深蹲,整个身体向后蹲坐,至臀部低于髋关节之后腿部用力,快速向上跳起。跳起后双腿折叠,脚后跟向臀部位置接近,落地后迅速顺势下蹲,再快速将身体起立;如此反复训练。

建议:15 至 20 次一组,做三组。(注意每组之间间歇一分钟左右)

4. 上肢力量训练内容精解

(1)跪姿俯卧撑

练习者双脚交叉跪于垫上,腰背挺直,从侧面看身体呈一条直线,双手撑于胸部两侧,间距略比肩宽。屈臂俯身至肘关节略高于躯干,然后伸臂起身还原,屈臂吸气,伸臂呼气。发力时动作加快,注意动作节奏。

建议:15 至 20 次一组,做三组。(注意每组之间间歇一分钟左右)

(2)俯卧撑

练习者俯卧撑于垫上,腰背挺直,从侧面看身体呈一条直线,双手撑于胸部两侧,间距与肩同宽。屈臂俯身至肘关节略高于躯干,然后伸臂起身还原,屈臂吸气,伸臂呼气。发力时动作加快,注意动作节奏。

建议:15 至 20 次一组,做三组。(注意每组之间间歇一分钟左右)

(3)宽距俯卧撑

练习者俯卧撑于垫上,腰背挺直,从侧面看身体呈一条直线,双手撑于胸部两侧,间距较标准俯卧撑宽。屈臂俯身至肘关节略高于躯干,然后伸臂起身还原,屈臂吸气,伸臂呼气。发力时动作加快,注意动作节奏。

建议:15 至 20 次一组,做三组。(注意每组之间间歇一分钟左右)

(4)窄距俯卧撑

练习者俯卧撑于垫上,腰背挺直,从侧面看身体呈一条直线,双手撑于胸部两侧,间距双手尽量接近。屈臂俯身至肘关节略高于躯干,然后伸臂起身还原,屈臂吸气,伸臂呼气。发力时动作加快,注意动作节奏。

建议:15 至 20 次一组,做三组。(注意每组之间间歇一分钟左右)

(5)俯卧撑交替摸肩

练习者身体呈俯卧撑准备姿势,屈臂俯身至肘关节略高于躯干,然后伸臂起身还原,紧接着抬起一侧手臂经胸前触摸另一侧肩关节后还原。然后做第二次俯卧撑,另一侧手臂重复相同动作。注意动作节奏。

建议:15 至 20 次一组,做三组。(注意每组之间间歇一分钟左右)

(6)动态支撑

练习者四点支撑撑于垫上,两臂依次折叠,用前臂撑于垫上,然后还原至初始动作。重复上述动作,注意保持每个动作环节的节奏。

建议:10 至 15 次一组,做三组。(注意每组之间间歇一分钟左右)

(7)支撑抬臀

练习者俯卧撑于垫上,从侧面看身体成一条直线,重心后移,臀部上抬,腰背挺直,至手臂与躯干成一条直线,稍作停留后还原。重复上述动作,注意动作节奏。

建议:15 至 20 次一组,做三组。(注意每组之间间歇一分钟左右)

(8)波比跳

练习者双脚与肩同宽站立,俯身下蹲,双手撑地与肩同宽,同时双腿向后跳跃伸直;屈肘,身体触地双手先推起上半身,再将双腿快速向腹部收回;起身跳跃,双手在头上空击掌之后迅速俯身下蹲,没有站立过程,尽力向高处跳。

建议:15 至 20 次一组,做三组。(注意每组之间间歇一分钟左右)

5. 核心力量训练内容精解

(1)平板支撑

练习者肘关节弯曲使前臂紧贴地面,双脚脚尖触地。保持头部、肩部、背部、胯部和踝部在同一平面。收紧腹部和臀部。双眼正向看着地面,保持呼吸匀称。

建议:30 秒一组,做三组。(注意每组之间适当间歇)

(2)平板支撑交替抬腿

练习者肘关节弯曲使前臂紧贴地面,双脚脚尖触地。保持头部、肩部、背部、胯部和踝部在同一平面。收紧腹部和臀部。依次抬起左腿保持 2 至 3 秒,下落换右腿。双眼正向看着地面,保持呼吸匀称。

建议:左右各 5 至 10 次一组,做三组。(注意每组之间适当间歇)

(3)动态支撑

练习者四点支撑撑于垫上,两臂依次折叠,用前臂撑于垫上,然后还原至初始动作。重复上述动作,注意保持每个动作环节的节奏。

建议:10 至 15 个一组,做三组。(注意每组之间间歇一分钟左右)

(4)跪姿鸟式伸展

练习者俯卧在瑜伽垫上,右手和左膝着地,左手和右膝收于胸前,向远处伸展左手和右脚,背部保持平直,腰部不可下塌;略作停顿后回到起始状态,换另一侧重复上述动作,收紧腹部保持身体稳定,伸展时吸气,回收时呼气。

建议:左右各 5 至 10 次一组,做三组。(注意每组之间适当间歇)

(5)屈膝收腹

练习者后仰坐于地上,臀部着地,手臂自然放于双腿外侧,双腿微屈,腹肌绷紧稳定身体。收腿同时收腹,身体微屈,手臂超过脚跟,然后还原至初始位置。注意伸腿时吸气,收腿时呼气。

建议:15 至 20 次一组,做三组。(注意每组之间适当间歇)

(6)支撑侧提膝

练习者俯撑在瑜伽垫上,双手与肩同宽,肘微屈,身体保持一条直线,将一侧膝盖提至身侧,同侧手臂屈肘向该侧膝盖方向贴近,目光注视该侧手臂,略作停顿回到起始位置,做另一侧的提膝,提膝时呼气,还原时吸气。

建议:左右各5至10次一组,做三组。(注意每组之间适当间歇)

(7)俄罗斯转体

练习者后仰坐于地上,臀部着地、收紧腹肌、双手胸前交叉、双腿伸直。扭动身体使手接触一侧地面后,继续保持腹肌收缩,慢慢回到原来位置,然后转向另一侧。循环往复,左右交替即可。

建议:左右各5至10次一组,做三组。(注意每组之间适当间歇)

(8)V字坐

练习者后仰坐于地上,臀部着地、收紧腹肌、双手交叉贴于胸前、双腿伸直夹紧,使身体呈V字型。保持身体稳定,不要晃动。

建议:30秒一组,做三组。(注意每组之间适当间歇)

6. 爆发力素质训练

(1)俯身快速踮脚

练习者双脚开立,与肩同宽,俯身,双脚快速的踮脚,越快越好。手臂跟随腿部自然摆动。

建议:20至30秒一组,做三组。(注意每组间歇一分钟左右)

(2)快速原地纵跳

练习者双脚站立与肩同宽,前脚掌发力双脚同时向上跳起,注意膝盖尽量不要弯曲,保持踝关节稳定,两臂协同摆动,落地之际迅速发力再次向上跳起。多次重复上述动作,注意动作频率。

建议:15至20次一组,做三组。(注意每组间歇一分钟左右)

(3)快速深蹲跳

练习者腰背挺直,收紧腰腹部,下蹲时手臂自然放置身体两侧,利用蹲到底时大腿和臀部的肌肉弹性快速跳起,起跳的瞬间发力,手臂配合向上摆动,下落时吸气,跳起时呼气,重复上述动作。注意动作节奏。

建议:15 至 20 次一组,做三组。(注意每组间歇一分钟左右)

(4)开合深蹲

练习者挺直腰背,双手交握放于胸前,双脚略宽于肩,深蹲起身时,双脚蹬地跳起下落时,屈髋屈膝,缓冲落地,下蹲吸气,跳起呼气。

建议:15 至 20 次一组,做三组。(注意每组间歇一分钟左右)

(5)快速高抬腿

练习者直立提踵、提高身体重心位置。一侧大腿屈膝高抬与地面平行,另一侧腿蹬伸髋、膝、踝,两臂协同摆动。一侧腿下压脚扒地式落地之际,另一侧大腿屈膝高抬与地面平行。两腿快速交替多次重复。

建议:20 至 30 秒一组,做三组。(注意每组间歇一分钟左右)

(6)跳深

练习者选择一个与膝盖差不多高度的台阶或箱子,站立在箱子上。双脚或交叉步跳下箱子,顺势下蹲,然后摆动双臂,在腿上加满能量。关节同时伸展(踝膝髋)拔地而起向前,向上爆发跳起,落地缓冲。

建议:10 至 15 次一组,做三组。(注意每组间歇一分钟左右)

(7)跪跳起

练习者从跪立开始,上体前倾,两臂后摆,臀部后坐。两臂迅速向前上摆,摆至前举时立即制动,同时伸腰展髋,脚背与小腿用力下压。身体向上腾起,迅速提膝收腿成半蹲姿势。

建议:10 至 15 次一组,做三组。(注意每组间歇一分钟左右)

(8)跪跳起接挺身跳

练习者从跪立开始,上体前倾,两臂后摆,臀部后坐。两臂迅速向前上摆,同时伸腰展髋,脚背与小腿用力下压。身体向上腾起,迅速提膝收腿成半蹲姿势。紧接着双腿用力向上跳起,两臂向后上方、两腿向后下方展开,身体成背弓,落地屈膝缓冲。

建议:10 至 15 次一组,做三组。(注意每组间歇一分钟左右)

五、1分钟跳绳居家训练

1分钟跳绳除了提高跳绳成绩外,重要的是通过跳绳锻炼来提高身体素质、增强自身免疫力。我们给出的锻炼方案是隔天练习,每次训练针对性不同,建议训练周期不要间断。锻炼前需要准备适合自己的跳绳、瑜伽垫、适合的运动鞋以及相应的活动空间。

表4-8　1分钟跳绳的居家大课间锻炼方案

课次	训练计划	要求提示
第一次课	1. 准备活动:静力拉伸→室内(外)慢跑10分钟 2. 双脚前后连续跳跃50次×2组,间歇1分钟 3. 双脚左右连续跳跃50次×2组,间歇1分钟。 4. 原地快速碎步跑20秒×2组 5. 双手摇绳50次×2组,间歇30秒 6. 双脚跳绳100次×3组,间隔1分钟 7. 交换脚跳绳100次×3组,间隔1分钟 8. 双脚提踵20次×3组,间隔30秒 9. 放松:静力拉伸	静力拉伸:保持肌肉处于被拉伸状态静止一段时间,一般为5至10秒 慢跑:室内、楼梯间、小区都可以,跑步过程中注意不要用脚尖着地 双脚前后连续跳跃:跳绳双折放于地面;自然站立于跳绳后,屈膝收腹,两臂自然摆动前后跳跃,前脚掌着地,以最快速度完成跳跃动作,跳跃过程中需注意跳跃高度,脚不可触绳;双脚左右连续跳跃与前后相同要领,方向变化 原地快速碎步跑:双腿分开略比肩宽,双手相握,快速碎步跑,注意踝关节发力,前脚掌落地,呼吸节奏把握好 双手摇绳:两手各持一根跳绳,将绳对折持绳的两头,位于体侧摇绳,手臂微弯曲,用手腕使劲 双脚跳绳:大臂尽量贴于身体两侧,小臂外展,手腕摇绳,双脚并拢。注意手腕做弧形摆动,落地时双膝微弯曲缓冲 交换脚跳绳:动作要领同双脚跳绳同理,交换脚时注意节奏控制 双脚提踵:身体自然站立,两臂自然置于身体两侧,足后跟抬起后缓慢落下,抬起—落下如此反复 放松:放松时的静力拉伸类似瑜伽,拉伸过程中进行有节奏的深呼吸

续表

课次	训练计划	要求提示
第二次课	1. 准备活动：静力拉伸→室内(外)慢跑 10 分钟 2. 单脚连续前后跳跃 20 次×左右脚×2 组，组间间隔 30 秒 3. 单脚连续左右跳跃 20 次×左右脚×2 组，组间间隔 30 秒 4. 原地快速高抬腿跑 20 秒×2 组，组间间隔 30 秒 5. 开合跳 30 次×2 组 6. 双脚跳绳 100 次×3 组，组间间隔 1 分钟 7. 交换脚跳绳 100 次×1 组 8. 前后开合跳绳 100 次×1 组 9. 持绳侧肌 40 次×2 组，间隔 30 秒 10. 持绳腹肌打腿 30 次×2 组，间隔 30 秒 11. 放松：静力拉伸	单脚连续前、后、左、右跳跃：跳绳放于地面，身体自然站立于跳绳前侧或左侧，屈膝收腹单脚前、后、左、右跳跃，两臂自然摆动，前脚掌着地，以最快速度完成跳跃，跳跃过程中需注意跳跃高度脚不可触绳 原地快速高抬腿跑：两臂以肩为轴，曲臂 90 度前后摆动，上体保持正直，大腿快速高抬，大腿与身体成直角，支撑腿充分伸展，脚掌着地，身体不要后仰和前倾 开合跳：直立准备，双手放在两侧，轻轻跳起来，双脚往外的同时双手往上拍(动作即可无须拍手)，归位时双脚合并，双手归回两侧，动作重复循环，注意配合呼吸 前后开合跳绳：要领同双脚跳绳同理，脚下左前后开合跳，交换脚时注意节奏控制 持绳侧肌：直立，将绳对折两次手持直臂上举准备，躯干左右侧倒，幅度尽量大，手臂躯干保持垂直，髋关节、腿部保持固定 持绳腹肌打腿：上身离地约 45 度，双腿离地约 45 度双手平双手持绳身体前侧，双腿在空中上下交换打腿，注意控制双腿交换速度适中
第三次课	1. 准备活动：静力拉伸→室内(外)慢跑 10 分钟(要求同上) 2. 双脚跳绳 1 分钟计时×3 组 3. 功能性组合练习×2 组 ①单脚前后连续跳跃 ②单脚左右连续跳跃 ③开合跳 ④原地快速高抬腿跑 ⑤原地快速碎步跑 ⑥持绳侧肌 ⑦持绳腹肌打腿 ⑧平板支撑 ⑨原地提踵	功能性间歇组合练习：30 秒钟练习，10 秒间歇 平板支撑：两只脚自然分开，双臂自然弯曲，身体俯撑在瑜伽垫上；躯干与瑜伽垫保持一定高度；全身需保持在一条直线上，腹部肌群发力，尽量使身体延伸，目视地面，保持自然呼吸

六、50 米跑居家训练

练习 50 米跑目的重点是提高跑的体能与技能，为短跑和跳跃项目的考试发挥重要的促进作用，同时改善身体状态，提高心肺有氧能力和身体素质。我们给出的这套方案为隔天练习，方案中的第三次课运动负荷相对较大，建议安排在周末进行。

表 4-9　50 米跑的居家大课间锻炼方案

课次	锻炼计划	要求提示
第一次课	1. 准备活动：静力肌肉拉伸→室内(外)慢跑 10 分钟→静力肌肉拉伸 2. 静力支撑组合练习×3 组——(按顺序完成) ①俯卧平板静力支撑 30 秒→间隔休息 1 分钟 ②半蹲静力支撑 30 秒→间隔休息 1 分钟 ③原地蹲起×10 次 3. 放松：静力拉伸	准备活动：先进行强度(幅度)较小的肌肉拉伸，慢跑后再进行强度较大(幅度)的肌肉拉伸 静力拉伸：保持肌肉处于被拉伸状态静止一段时间，一般为 5 至 10 秒 慢跑：室内、楼梯间、小区都可以，跑步过程中注意不要用脚尖着地 跑步的技术动作：跑是走的扩大化或者最大化。在走路动作的基础上，屈肘，抬高大腿，加大摆臂幅度就完成了跑步动作；慢跑尽量多穿衣服、多出汗，加快新陈代谢 静力支撑练习：不要因为出汗而脱掉之前的衣服，待完成全部课程后直接洗澡 放松：放松时的静力拉伸类似瑜伽，拉伸过程中进行有节奏的深呼吸
第二次课	1. 准备活动：要求同上 2. 室内身体素质组合练习×4 组——(按顺序完成) ①弓箭步交换腿走×20 次 ②原地向上立定跳×15 次 ③波比跳(立卧撑)×10 次 ④手臂负重摆臂×50 次 3. 原地快速高抬腿跑×4 组：原地快速高抬腿跑×20 秒，每组间歇 3 分钟 4. 放松	弓箭步交换腿走：在完成动作过程中，腰部肌肉保持发力绷紧状态，手臂保持摆臂姿势，单腿动作算完成一次 原地立定跳：在下蹲过程中膝关节不要向前突出，下蹲过程中，手臂配合臀部尽量向后摆，在发力向上跳跃时手臂尽量伸展打开 手臂负重摆臂：双手抓住两个装满水的矿泉水瓶进行摆臂动作，腿部呈弓箭步姿态，后腿要蹬直，前腿要用脚掌与地面接触支撑

续表

课次	锻炼计划	要求提示
第三次课	1. 准备活动：要求同上 2. 室内功能性间歇组合练习（HIIT）×2 组 ①弓箭步交换腿走；②弓箭步交换腿跳；③开合跳；④开合蹲跳；⑤俯卧撑（女同学可以将此手段改为原地摆臂练习）；⑥俯卧支撑交换腿跳；⑦波比跳；⑧快速高抬腿跑 ——每组间歇 8 分钟 3. 放松	功能性间歇组合练习：参考视频内容，20 秒钟练习，10 秒间歇。HIIT 练习的关键在于尽量快速地完成每一个动作，并且严格遵守间歇时间。身体素质一般的同学们可以把每组的间歇时间增加到 10 至 12 分钟，数周后（3 周）逐渐缩短回到 8 分钟。身体素质较好的同学则可以在此基础增加一组

七、1000 米跑（男）、800 米跑（女）居家训练

居家锻炼男子 1000 米和女子 800 米主要通过加强原地节奏跑来提高长距离跑动的节奏感。主要采用不同时间段定时原地节拍跑的方法，可选用每分钟 150 至 180 拍的音乐（网页链接提供了 2 段 160 拍/1 分钟、180 拍/1 分钟音乐），也可根据个人的耐力基础水平选择适应的节拍，达到提高耐力素质的同时有效建立跑动的节奏。

表 4-10　男子 1000 米和女子 800 米的周锻炼方案

课次	锻炼计划	要求提示
第一次	1. 准备活动：静力拉伸→原地小步跑 2 至 3 分钟→静力拉伸 2. 持续原地节拍跑练习 8 至 16 分钟×1 组（配有 160 拍/1 分钟、180 拍/1 分钟音乐） 3. 放松练习：静力拉伸	采用持续训练的方法，进行定时节拍原地跑 动作要求：上体正直或稍前倾；两臂自然前后摆动；用前脚掌弹性着地；上下肢随音乐节拍协调配合 持续时间可分为 8 分钟、12 分钟和 16 分钟不同时间段。根据耐力基础理性选择 1 个适宜时间进行锻炼

续表

课次	锻炼计划	要求提示
第二次	1. 准备活动:静力拉伸→原地小步跑 2 至 3 分钟→静力拉伸 2. 高强度间歇原地节拍跑练习 1 至 3 分钟×3 至 5 组 3. 放松练习:静力拉伸	采用间歇训练的方法,进行定时节拍原地跑 持续时间可分为 1 分钟、2 分钟和 3 分钟不同时间段 选择节拍应高于持续跑的节拍,组间间歇时间以机体尚未完全恢复即可开始第二个原地节拍跑(间歇时间也可同锻炼时间相同) 由于同学们存在个体差异,锻炼时间、间歇时间以及重复的组数,还需根据自己的实际情况而定,建议不少于 3 组
第三次	1. 准备活动:静力拉伸→原地小步跑 2 至 3 分钟→静力拉伸 2. 持续原地节拍跑练习 20 至 30 分钟×1 组 3. 放松练习:静力拉伸	采用持续训练的方法,进行定时节拍原地跑 持续时间为 20 至 30 分钟区间。根据耐力基础理性选择 1 个适宜时间进行锻炼 音乐节拍的选择应随着练习时间的增加而适当降低节拍的数量

第七节　天津市中小学体育游戏的可视化资源建设

在本节中重点为大家介绍的是体操、乒乓球和瑜伽三个项目有趣、有益的锻炼内容。

一、体操游戏

(一)有趣的“体操滚动”游戏,在家也能玩!

1. 团身抱膝横向滚动

(1)难度系数:★★

(2)要领:身体平躺在铺好的被子上,双手经身体两侧抱于膝盖位置,身体团起,身体发力向左侧倾倒,左肘触及地面时发力,地面给身体一个向右滚动的对抗力，使身体向右滚动。当右肘触及地面时发力，再给身体一个向左滚动的对抗力，就这样左右来回滚动。

（3）功效：由于团身的缘故，身体只有背部会与地面的接触，因此，身体自重会在滚动中给予腰背部横向按摩的作用，这个动作可以"按摩"到脊柱两侧的竖脊肌，如果这段时间你待在家，长时间不动，这个练习就会让你感觉像被按摩放松了一样。

2."滚"——直体横向滚动

（1）难度系数：★★

（2）要领：俯卧平铺的被子上，身体挺直，双臂屈肘支撑，头要梗住像个"木头人"，然后向左向右滚动。向右滚动时左臂发力使身体向右滚动，向左滚动时左臂发力使身体向左滚动。

（3）功效：滚动时几乎全身用力，身体与地面的接触能够得到按摩，能使僵硬的身体快速热起来。

（4）玩法：你和爸爸一人喊口令，一人按照口令节奏进行滚动，口令喊得慢，就要慢些滚动，口令喊得快了就快些滚动。这个游戏就是看谁的身体协调性好，不会滚歪。

3."滚"——团身抱膝前后滚动

（1）难度系数：★★★★

（2）要领：身体平躺在被子上，双手经身体两侧抱于膝盖位置，身体团起，梗头，向后倒，臀部向上摇摆起来，就像跷跷板一样，头低臀高，臀落头起，让身体前后滚动。

（3）功效：这个动作能开发身体协调性，让身体的各个部位与地面接触到竖脊肌、背阔肌、斜方肌等背部肌肉，能够使背部肌肉得到拉伸按摩的效果。

（4）玩法：和上一个玩法相同，只是动作有变化。这个游戏也是比一比谁的身体最协调，滚得像球一样圆滑。

4.“滚”——前滚翻成分腿坐

(1)难度系数:★★★

(2)要领:在前滚翻快结束时双腿分开有控制地落地,双手撑在体前或体后都可以。

(3)功效:这个动作能够训练翻滚状态下的空间感、协调和控制能力。

(4)玩法:如果上面的基本做法你完成得很轻松,就可以跟爸爸妈妈比赛,逐步升级玩的难度,看谁最先能完成前滚翻后双手上举不撑地;如果轻松,可以再升级,看谁先完成滚翻后双脚悬空不落地;如果轻松,就挑战最高难度,看谁先完成双手双脚都不落地,滚翻后用臀部就能保持平衡。

5.“滚”——后滚翻分腿起

(1)难度系数:★★★★

(2)要领:蹲撑开始,双手推撑,梗头,身体后倒,臀部、背部、颈部、头依次着地,双手在肩上推撑,双腿分开双脚着地,头和肩抬起。

(3)功效:锻炼身体向后倒的空间感,以及身体各部位用力的协调配合。

(4)玩法:如果上面的基本做法你和爸妈都能完成,接下来就可以跟他们比赛了。先来比比谁能一气呵成地后滚翻后抬起头和胸部,也许爸妈会臀部朝天下不来呢;如果都能轻松地推起来,就比比谁推起来后可以高举两个手臂;最后再挑战一下,看谁后滚翻推起后能接到第三个人抛过来的沙包或小球。

6.“滚”——翻来滚去跳跳虎

(1)难度系数:★★★★★

(2)要领:这是一个终极挑战啦!前面所有的动作在这里大汇合。你可以数着节拍来回翻滚,在结束时加速向前或向后翻转,然后突然向空中跳起,好像老虎腾空抓猎物一样。

(3)功效:这是前面各种滚翻的综合,对提升身体的时空感、力量、协调能力有非常良好的锻炼效果,随着难度的加大,全身的滚动对大脑、小脑的锻炼将格外强烈。

(4)玩法:一个人当教练,用口令指挥另一个人“前后滚动—左右滚动—前滚翻分腿坐—后滚翻分腿起—前滚翻跳……”口令变化可慢、可快还可以停,每人每组持续玩20秒或30秒,看谁先败下阵来谁就喊“大人请饶命”。要特别注意周围的家具和墙壁,要注意安全。

(二)蹦床操

蹦床是借助网面的反弹性将人体抛向空中,在空中做出各种高难度动作的竞技运动,它属于体操运动的一种,蹦床有“空中芭蕾”之称。在2000年第27届悉尼奥运会上,蹦床被列为正式比赛项目。蹦床活动不仅是很好的健身活动,更具有娱乐性,蹦床也是一项解压运动。

1. 目的

发展平衡能力,提高空间感知力,促进下肢与核心肌肉力量的发展,愉悦身心。

2. 功效

能够燃烧脂肪,达到减肥塑身的效果,促进新陈代谢和血液循环,增强血液的载氧能力,增强心肺功能,提高身体协调性。提高儿童身体肌肉力量、平衡神经系统。

(三)动物爬行操

为响应“停课不停学”的号召,大部分中小学都选择进行线上教学,但是长期坐在电视前、电脑前严重威胁了学生们的身体健康。有趣的爬行练习能够增加学生锻炼的积极性,吸引学生的眼球。

1. 目的

爬行练习是全身性运动所以可以改善血液循环系统的功能;在爬行运动中采用的是腹式呼吸方法能够快速激活腹肌,提高呼吸能力的同时有效地刺激内脏器官,增加肠胃蠕动;四肢爬行、“返璞归真”有助于脊柱的矫正,增加四肢的协调性、灵活性以及关节的柔韧性。

2. 方法

本套操是针对核心力量的训练，1 至 4 节为本套操的热身部分——分别针对腕、肘、肩、髋等关节的活动；5 至 12 节是不同体位的爬行动作增加练习者的核心力量，关节柔韧、灵活度及稳定性，每一小节的练习数量使用时间度量，练习者可以选择合适的节奏进行练习，当然练习者也可以在热身充分的前提下选择某一小节进行练习；第 13 节是放松拉伸练习，可以帮助练习者缓解练习过程中的肌肉紧张。

3. 动作内容

(1)彩蝶飞舞：双腿并步的同时，双臂侧平举，头转向运动的方向。难度系数一星。

(2)跃动金鸡：双腿交替垫步的同时，双臂以肩关节为轴，向前或向后环绕。难度系数一星。

(3)小鸡啄米：双腿交替做髋外展的同时，双手紧握以肘关节为轴上下运动。难度系数一星。

(4)跃动金鸡(直臂侧平举)：双腿交替垫步，两臂侧平举做腕关节的屈伸运动。难度系数一星。

(5)熊爬：双手双脚紧贴地面，交错向前移动，背部保持平直。难度系数二星。

(6)猫爬：直臂触地双腿屈膝，膝不挨地交错前行，背部保持平直。难度系数二星。

(7)小猫转圈圈：在猫爬的基础上转圈行进。难度系数二星。

(8)猩猩跳：两臂直臂触地，双腿微微屈膝，双臂向前支撑，双腿向前跳动。难度系数二星。

(9)螃蟹爬：四肢仰撑双手双脚交错向前移动，腹部越接近水平面难度越大。难度系数二星。

(10)鳄鱼爬：身体下降时，右膝顶右肘向前移步，撑起身体时右臂向前爬，左膝顶左肘。难度系数三星。

(11)猫坐爬:以猫爬姿态出位向前四步,再分别向左向右蹬出左右腿。难度系数三星。

(12)僵尸爬:双手靠拢直臂撑地,两腿分开,右手左脚向右平移,身体要保持平直。难度系数两星。

(13)昆虫爬:以熊爬姿势出位向前爬行,拉出背弓停留三秒,四肢推地将骨盆躯干推离地面停留三秒,难度系数二星。

以上内容可以根据居家的场地空间进行移动锻炼,也可以与父母进行亲子比赛,以游戏的方式进行锻炼。

(四)居家练习“移动操”

闭门不出是抑制病毒传播的有效方式,但连续闭门不出,大多数人都会选择看电视、玩手机来消磨时间,身体缺乏运动,消耗量减少,体重容易往上升。这套减脂的“移动操”对身体各大肌群力量、各部位协调能力和心肺机能有很好的强化作用,是一套有一定难度和挑战度的移动组合。

1. 鳄鱼爬,锻炼部位为胸大肌外侧

起始姿势:双手略宽于肩撑地,双脚并拢,挺胸收紧腰腹部。

动作分解:以基本的俯卧撑姿态出位,身体下降时,用右膝去顶右肘(右腿向前移一步),撑肘,重复上面的动作继续向前爬。

呼吸:身体下降呼气,往前爬吸气。

2. 青蛙跳,锻炼部位是臀、大腿前后侧

起始姿势:双脚微微分开,自然开立,双臂垂于体侧。

动作分解:屈膝小跳落地的同时屈髋下蹲,下蹲时双脚比肩略宽,双手轻轻触地发力跳起,回到起始状态下蹲时膝盖向外张开,与脚尖方向一致,且不能超过脚尖,腰背始终挺直,动作轻盈,带有弹性。

呼吸:起跳时吸气,下蹲时呼气。

3. 平板平移,锻炼部位是腹部核心肌群

起始姿势:俯撑在瑜伽垫上,双脚并拢。

动作分解:左手和右脚同时向右侧平移,然后回到起始位置做另一侧的平移;双手双脚交替进行,身体保持稳定,肩部、腰部和腹部全程收紧,动作越快越流畅越好。

呼吸:全程保持均匀呼吸。

4. 双脚三角跳;左、右脚三角跳(视频是以左脚为例),锻炼部位是踝关节肌群

起始动作:双手叉腰,左脚站立,右脚抬起。

动作分解:双腿膝盖微屈,沿着三角形的轨迹进行跳跃。

呼吸:自然呼吸。

5. 简化支撑转体,锻炼部位为胸部、腰部和大腿

起始动作:俯撑,双手与肩同宽挺直背部。

动作分解:一侧脚向前最大幅度迈开,同侧手肘触地后用力向上伸展,目光跟随手移动依次回到起始状态,做另一侧的转体。

呼吸:转体时呼气,还原时吸气。

6. 滑雪跳,锻炼部位是臀和腿部

起始动作:双腿分开,两臂自然垂于体侧。

动作分解:左右交替单脚跳跃;起跳瞬间摆臂、转身、蹬腿的同时发力落地后,后脚脚尖可以轻点地保持平衡,膝盖不能超过脚尖,用臀部力量吸收落地的缓冲动作轻盈流畅,带有弹性。

呼气:起跳时吸气,下蹲时呼气。

7. 环游世界,锻炼部位是全身放松

起始动作:双脚分开,站距略比肩宽,手臂上抬举高。

动作分解:想象自己在抱着一个球,身体向一侧侧屈,当侧屈到最大幅度时,向前向下俯身,让手掌尽可能地靠近地面,同时身体继续向另一侧转动,逐渐将身体转动到起始位,略作停顿后再反向转动一周。可以把自己想象成一台钟表,手臂是表针,手臂在绕着身体做圆周运动。

呼吸:自然呼吸。

(五)摆好椅子,综合练习,燃烧你的卡路里!

这是一套强化腿部、上肢与核心肌肉群的力量训练。

1. 保加利亚深蹲

动作要领:以左侧为例,左侧单脚站立,右脚脚面搭在椅子边沿,双手叉腰尽可能放松,左腿屈膝下蹲,至大腿与地面平行,膝盖不超过脚尖,不要弓背,脚后跟发力站起。

注意事项:如果站不稳,可以扶着桌子或其他固定物。下蹲吸气,站起呼气。

2. 箱式深蹲

动作要领:自然站立,双脚分开与肩同宽,椅子放于身后,手臂前平举同时臀部缓慢向后推并向下蹲,蹲至臀部触碰椅子边缘;略作停顿后,臀部发力站起还原至起始状态。

注意事项:坐在椅子边缘时,膝盖与脚尖垂直,腰腹始终收紧,坐下时只有下肢稍放松。下蹲时吸气,站起时呼气。

3. 坐姿左右交叉腿

动作要领:坐在椅子边缘,双手握住椅子,挺直背,收腹抬腿至大约30度,双腿交换做交叉动作。

注意事项:动作不要过快,注意抬腿不要太低,不要倚靠在椅子上。双腿交叉时吸气,打开时呼气。

4. 坐姿屈膝收腹

动作要领:双手扒住椅子两边,身体稍微后仰保持平衡,下背部挺直,屈膝抬起双腿,腹部发力带起大腿靠近身体,然后还原至起始位置。

注意事项:不要过于后仰,腹部主动发力。如果减小强度可不用伸直腿。还原吸气,卷腹呼气。

5. 下斜俯卧撑

动作要领:双手撑于垫上或者地上,间距比肩稍宽,双脚放于椅子上,身体绷成一条直线，腰背挺直，屈臂俯身接近垫面或地面，然后伸臂起身还原。

注意事项：下落到最低点，胸部有轻微牵拉感。撑起时，胸部收缩发力感明显，肩前侧和上臂后侧辅助发力。屈臂吸气，伸臂呼气。

6. 宽窄距俯卧撑

动作要领：两手的手指朝前，两手间距与肩略宽，两手交替摸肩后做俯卧撑，在伸直手臂时用力上弹，两手迅速靠拢，交替摸肩后做俯卧撑，起身时用力上弹分开至原始动作，依次循环。

注意事项：变换宽窄距时胳膊要注意发力的时机，不要着急做快，力量不足的小学生需在家长辅助下完成。屈臂吸气，伸臂呼气。

7. 站姿左右侧拉伸

动作要领：身体直立，向左、右侧伸展时，感受腹部、肩部、手臂左、右侧的拉伸感。

注意事项：做拉伸时全身肌肉放松即可。全程保持均匀呼吸。

（六）花式跳绳

跳绳是一项大众健身运动，简单易学，省时价廉，跳绳也是一种运动量较大的锻炼方式，几乎人人都可参与。持续跳绳 10 分钟，与慢跑 30 分钟或跳健身舞 20 分钟相差无几，可谓是一种耗时少、耗能大的力量训练内容。

1. 功效

能促进血液循环，提高肺活量，锻炼心肺机能。促进青少年发育，强身健体，开发智力，有益身心健康。清晨起床睡眼惺忪，若先跳绳，可使头脑清醒，精力充沛；晚上跳绳，则会让人睡个好觉。长期坚持跳绳能训练人的弹跳、速度、平衡、耐力和爆发力，还能培养身体的准确性、灵活性、协调性。

2. 方法

跳绳练习前一定要做好身体各部位的准备活动，特别是足踝、膝关节和手腕一定要充分活动。开始练习跳绳时，动作要由慢到快，由易到难。一开始每次练习 5 至 10 分钟即可，再慢慢增加到 10 至 15 分钟，随着坚持时间的增长,可以逐渐提高跳绳的速度。

3. 动作组合

(1)左右摇绳+向侧摇垂直跳

动作做法:左右摇绳,两手臂向前摇至一边体侧甩绳,绳子不过脚,接着将绳子甩至另外一边体侧。向侧摇绳,垂直跳两手持绳向前摇,一拍至左边体侧甩绳,同时两脚跳跃一次,二拍两手打开成直摇姿态,同时双脚并拢跳跃过绳,反方向做同样动作。

练习提示:摇绳时两手柔和甩绳,向侧摇垂直跳注意甩绳和跳跃同步进行。

(2)屈膝弹跳+扭动跳

动作做法:屈膝弹跳两手持绳向前摇,慢摇绳,屈膝 2 次,双脚过绳 1 次。扭动跳两手持绳向前摇,髋关节带动双腿先向左转跳起,再向右转跳起。

练习提示:膝盖与踝关节有节奏地跳动,落地要缓冲,用前脚掌着地。

(3)踏步跳+开合跳

动作做法:踏步跳两手持绳向前摇,双脚做踏跳跳跃,摇一次跳一次。开合跳两手持绳向前摇,当绳子过脚置于空中时,两脚跳跃成开立,膝盖微曲,当绳子快到地面时,两脚合并跳跃过绳。

练习提示:动作用前脚掌着地,膝盖与踝关节有缓冲和弹性,注意动作协调进行。

(4)吸腿跳+弓步跳

动作做法:吸腿跳两手持绳向前摇,当绳子过脚置于空中时,一脚向前上方提膝,另外一脚直立跳跃过绳,反方向做同样动作。弓步跳两手持绳向前摇,当绳子过脚置于空中时,两脚分开前后成弓步,当绳子打地快过脚时,双脚并拢跳跃过绳。

练习提示:吸腿跳大腿尽量与地面平行,弓步跳注意后腿绷直。

(5)垫步勾脚跳+快速勾脚跳

动作做法:勾脚跳两手臂向前摇绳,其中一只脚勾脚同时向前点地,另外一只脚直立跳跃过绳,反方向做同样动作。

练习提示:脚尖翘起,勾脚点地膝盖伸直,垫跳动作要控制节奏。

(6)后踢腿跳+前踢腿跳+弹踢腿跳

动作做法:弹踢腿两手持绳向前摇,当绳子过脚一拍时,一脚向后折叠后踢,当绳子过脚二拍时,后踢脚踝关节绷直,小腿向前方弹踢,反方向做同样动作。

练习提示:后踢腿跳 1 个八拍,前踢腿跳 1 个八拍,弹踢腿跳 2 个八拍,注意动作协调进行。

二、乒乓球游戏

(一)球性练习

1. 原地托球

这个练习可以帮助练习者熟悉球性、球感。

(1)方法:练习者两脚开立,与肩同宽,用执拍手按要求握好球拍,另一只手将球放在球拍上,运动员尽量让球停留在球拍上,身体保持稳定。

(2)要求:握拍方法要正确,身体和手臂放松,注意身体和球拍尽量保持稳定,双脚尽量不要移动。

2. 原地颠球

这个练习能够进一步让练习者熟悉球性、球感。

(1)方法:练习者两脚开立,与肩同宽,用执拍手按要求握好球拍,将球拍平放于体前,非执拍手将球轻轻抛起,当球下落接近球拍时,用球拍轻轻向上颠球,反复进行,颠球时要注意握拍的力量以及颠球的力量。练习者以肘关节为轴,前臂上下运动,尽量让球在球拍上上下跳动,身体保持稳定。

(2)要求:握拍方法要正确,身体和手臂自然放松,球拍尽量保持稳定,球被颠起的高度不宜过高也不宜过低。

（二）基本步伐练习

1. 滑步移动

（1）方法：练习者两脚打开，与肩同宽，前脚掌着地，屈膝弯腰含胸略向前倾，双手自然弯曲于胸前，小范围内进行滑步练习。

（2）要求：练习者保持自然放松状态，练习者身体始终保持正前方，练习者练习次数保持在每组 30 次，共 3 组。

（3）注意事项：练习中整体保持前倾放松状态但不能松懈；练习中始终保持前脚掌着地；练习中双脚不能并上、碰上；练习中往返一趟为一次，30 次为一组，共练习 3 组；每组练习结束及全部练习结束后进行适当放松练习。

2. 乒乓球重心转换练习

这个练习是为了提高击球质量，增加击球的稳定性。

（1）方法：进行重心转换时，首先站好基础站位，左脚在前，右脚在后，引拍时收胯、转腰，右腿膝盖和右脚前脚掌向身体右侧转动 45 度左右，左腿自然跟转。击球时，依次蹬腿、顶胯迎前发力，快速收小臂，重心顺势压至左腿。还原时，左腿蹬地快速弹回。

（2）要求：练习时身体保持自然放松状态，保持基本站位姿势，体会从右至左的蹬转感觉。

（3）注意事项：两脚脚尖辅助腿和膝盖的旋转发力，动作幅度不应太大；重心在两脚前脚掌上，脚后跟微抬；腰胯要有制动，有助于快速蹬转还原。

3. 乒乓球推侧步法练习

通过推侧训练，能使反手转正手的能力大大提高，通过反手回击后侧身击球，获得更大的发力空间，回击出更高质量的攻球。

（1）方法：反手推挡或拨球回击来球，同时重心压在右脚上。右脚往后稍撤一点，采用并步转为侧身位。移动到侧身位，正手引拍回击来球。

（2）要求：移动时使用并步，一脚先向另一只脚移半步或一步，另一只脚在并步脚落地后，向同方向移动。

(3)注意事项:反手位击球后转到侧身位需要注意速度,用步法来调整击球位置;先练习脚下步法,熟练后再加手上的动作,脚手协调用力,做到脚到手到。

三、瑜伽锻炼

(一)走上瑜伽垫,甩掉"葛优躺"

这套体式能够帮助练习者提高身体的免疫力,更好地抵御病毒侵害。

动作一:挤肩胛式。

山式站立,双手在身后十指交扣,臀部稍收,肩膀轻轻后展、还原,做5至10次。待肩膀逐渐放松下来,然后吸气充分扩展胸腔,手臂逐渐向后向上抬高一些,呼气保持手指交叉,手背贴靠腰部,两肘屈肘向前,放松后背,动态地练习5至10次。

注意:尽可能地深吸气、慢呼气。

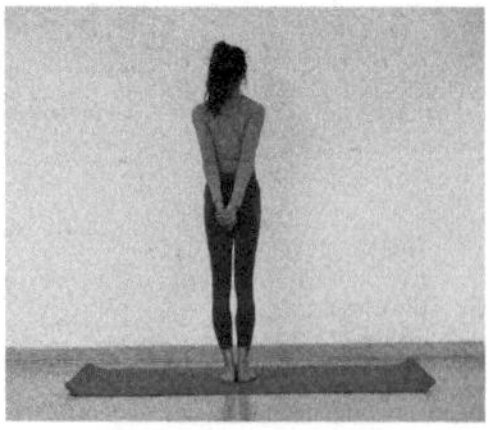

图4-74 准备

图4-75 吸气

图4-76 呼气

动作二:猫式呼吸练习。

跪坐在垫子上,进入四柱支撑,然后吸气抬头,收缩背部肌肉,保持此姿势几秒钟;接着呼气垂下头,拱起脊柱,再保持姿势几秒钟。跟着呼吸重复练习10至20次。

图4-77 吸气

图4-78 呼气

动作三：下犬式。

上一个练习结束后，吸气脚尖踮起，抬高臀部升起到极限；呼气脚跟向下踩，把两只脚掌完全贴放在地面上；系可以稍屈，也可以充分蹬直，保持正常的呼吸，保持姿势1至2分钟。

图4-79　吸气

图4-80　呼气

动作四：斜板式+连续屈伸膝。

上一个练习结束后，如果感到疲劳，可以跪坐休息片刻，如果不感到疲劳，可以直接进入斜板式，吸气，蹬直两腿，脚向后并拢，脚趾撑地，收紧腰腹，尽量使身体呈一条斜线；呼气，保持双腿有力，脚底用力向后蹬伸，收紧腹部向脊椎方向靠拢；然后两腿交替向前屈伸，做动态的登山跑动作10至20次。还原时先回到斜板式调整几次呼吸。

图4-81　动作跟随呼吸

动作五：战士二。

上一个练习结束后，左脚向前迈，两脚分开一腿宽，左脚向内转45度，右脚向右转90度，右脚跟对着左脚足弓。吸气时，两臂侧平举；呼气时，弯右膝，让小腿和躯干都与地面垂直；稍收下巴，同时轻轻地向右转头，注视手指，双脚均匀地下压,臂伸直,均匀缓慢地呼吸。保持姿势30至60秒;还原时头先转回正中,吸气时伸直右腿,呼气时两脚转到前面,放下手臂,休息片刻,然后做另一面。

图4-82 均匀呼吸

动作六:斜板式保持1分钟。

上一个练习结束后,双手撑在前脚两旁,吸气蹬直两腿,脚向后并拢,脚趾撑地,收紧腰腹,尽量使身体呈一条斜线;呼气保持双腿有力,脚底用力向后蹬伸,收紧腹部向脊椎方向靠拢;保持均匀的呼吸,保持姿势1分钟或更长。

图4-83 均匀呼吸

动作七:大拜式。

上一个练习结束后,脚背贴地,跪撑,深吸气臀部向后推送,呼气时,躯干往前弯,腹部靠在大腿上,前额着地。两膝并拢或稍分开,手臂放松前伸掌心向下,自然轻柔地呼吸,保持姿势 1 分钟或更长。还原时,依次抬起头部、胸部和腹部。

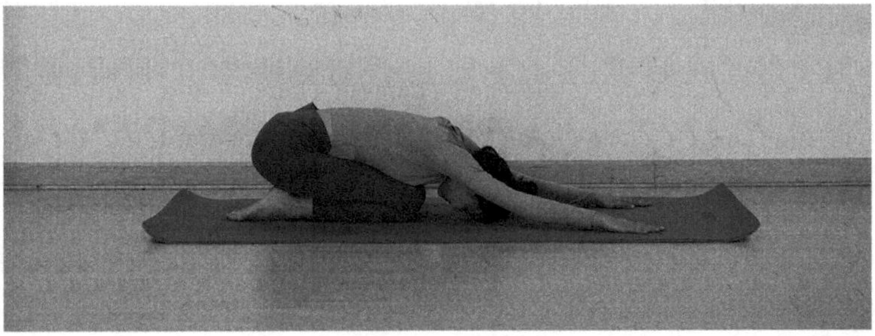

图 4-84　均匀呼吸

这套练习可以每天重复做 2 遍,早晨起床后空腹练习一遍,下午晚餐前或晚餐后 60 分钟再练习一遍,坚持练习三至四周,你会发现身体与之前有明显不同。

(二)小学生的核心可以这样练

这套动作能够提升核心区力量,增强身体稳定性,提高平衡能力,改善血液循环,加快新陈代谢,消除多余脂肪,修正体态并提升自信。在反复练习中,培养毅力品质。

注意事项:练习时要配合呼吸,关注自身感受,练习强度达到可承受的范围即可。

动作一:上伸腿式。

仰卧在瑜珈垫上,双腿伸直并拢,双手放在身体外侧,掌心向下。吸气,双腿抬高至 45 度,保持几个呼吸。继续抬腿,逐渐将双腿提升到 90 度,过程要平稳缓和,双脚绷脚。还原时,呼气,将双腿放落,过程同样要平稳缓和,直至放下双腿,恢复到仰卧山式。建议重复完成三组练习。注重呼吸配合。

图 4-85　准备

图 4-86　保持呼吸

图 4-87　保持呼吸

动作二：蹬车式。

吸气，左腿弯曲，大小腿成 90 度，大腿垂直于地面，小腿平行于地面，右腿抬起伸直于地面成 45 度，在此基础上，保持自然均匀的呼吸，做向前脚蹬自行车的姿势，初步建议 10 次之后向后做脚蹬自行车的姿势 10 次。注意整个练习过程中脊柱始终不离开垫面。还原时，双腿向上伸直，依次下落。建议重复完成三组练习。注重呼吸配合。（熟悉 10 次练习之后，可按自身素质增加次数）

图 4-88　准备

图 4-89　保持呼吸

图 4-90　保持呼吸

动作三：船式。

首先，身体平躺在垫面上，双手放于身体两侧，掌心向下。吸气时，身体躯干绷紧向上抬起至 45 度，同时双脚绷脚，双腿向上抬起至 45 度，双手放于膝关节两侧，脊柱延展，脖颈拉长，保持 4 次呼吸。还原时，核心收紧，将身体缓慢还原至平躺于垫面上。建议重复完成三组练习。注重呼吸配合。

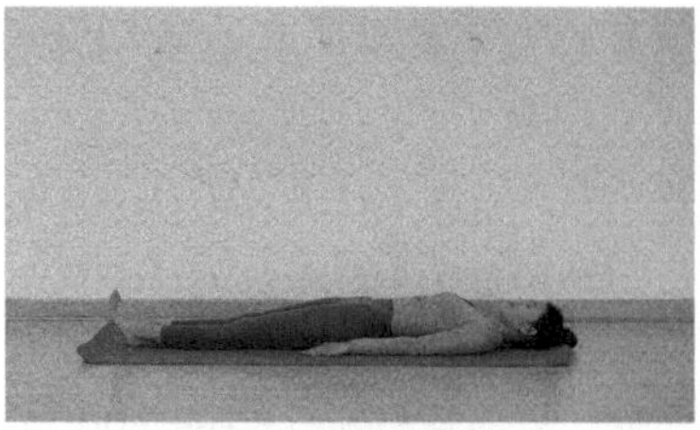
图 4-91　准备

图 4-92　吸气

动作四：平板式。

双脚脚掌蹬地，双膝打开与髋同宽，轻轻点地，双手按压于双肩正下方，核心收紧，保持躯干平直，双眼目视正前方，保持自然均匀的呼吸。按照自身素质可在此保留。仍有力量者,吸气时可将双腿蹬直,然后保持呼吸。建议在此保持 4 至 8 次呼吸,重复完成三组练习。

图 4-93　保持呼吸

图 4-94　吸气

动作五:侧平板式。

在平板式的基础上,保持核心收紧,将身体向右侧扭转 90 度,左脚在前,脚背着垫;右脚在后,脚掌着垫,右手贴于身体右侧。延展脊柱,脖颈拉长。建议在此保持 4 至 8 次呼吸,重复完成三组练习。

图 4-95　吸气

图 4-96　保持呼吸

(三)中小学生手指瑜伽操

每个人的 10 个手指都对应着身体部位,手指对于人的健康具有十分重要的作用,通过练习这套手指瑜伽操不仅能强化手部肌肉,缓解手指、手掌和手腕的肿胀、僵硬、疲劳和酸痛,还能很好地放松大脑,练习后会感到明显的作用。

动作一:手握拳头,然后把手指一个一个地伸开,尽量向后伸,使手指变为扇形。(见图 4-97 至 4-102)

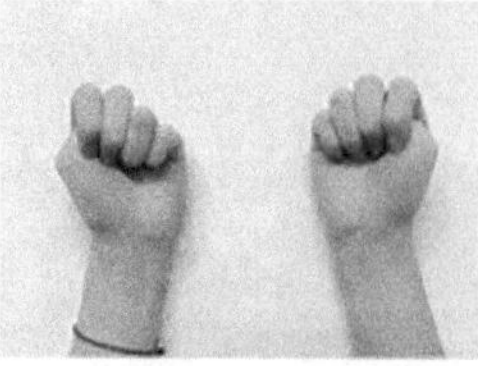

图 4-97

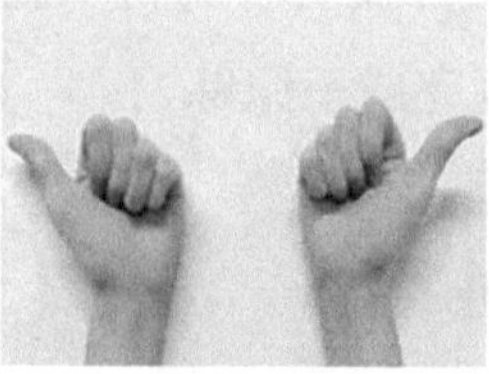

图 4-98

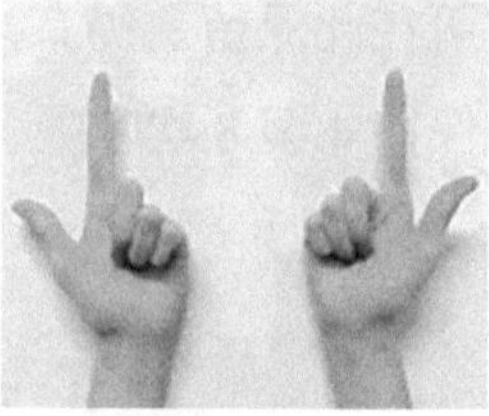

图 4-99

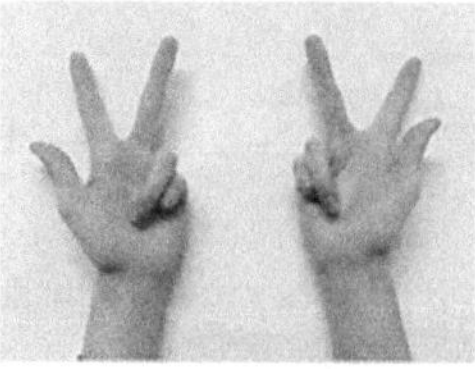

图 4-100

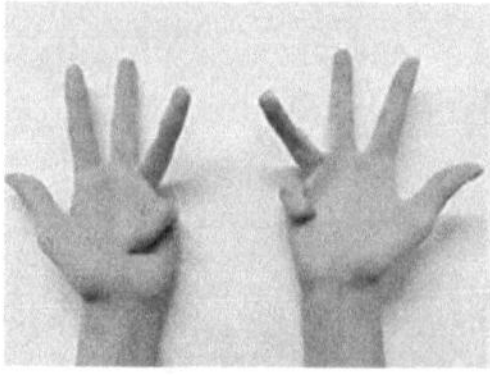

图 4-101

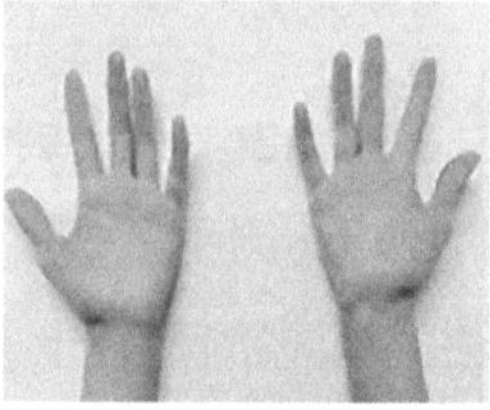

图 4-102

动作二:用一只手用力拉另一只手的每一根手指,两手相互交替地拉。(见图 4-103 至 4-104)

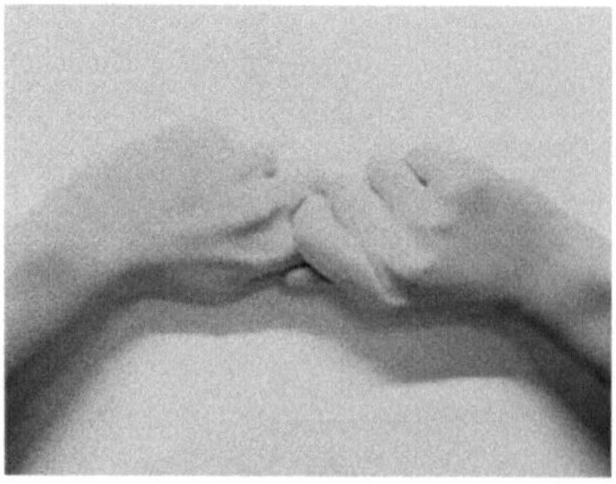

图 4-103

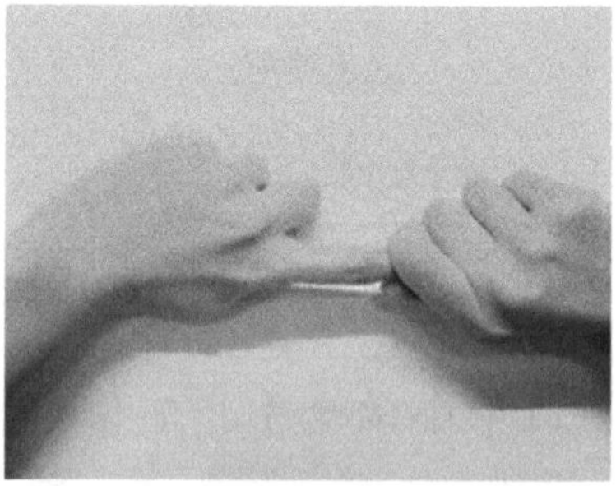

图 4-104

动作三:两手张开,先弯曲左手大拇指;左右手同时再弯曲一根手指,以此类推,直至左手握拳;然后从小指开始两手,两手同时一一松开手指,直到两手完全张开。以上为一遍,可重复多做几遍。(见图 4-105 至 4-110)

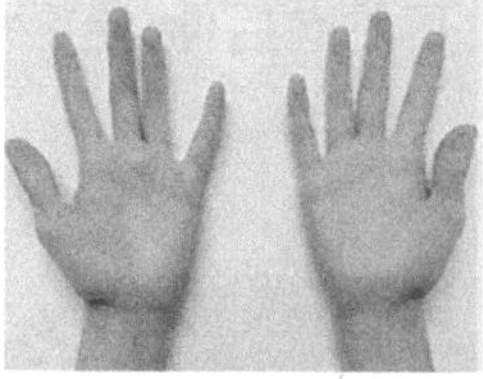

图 4-105

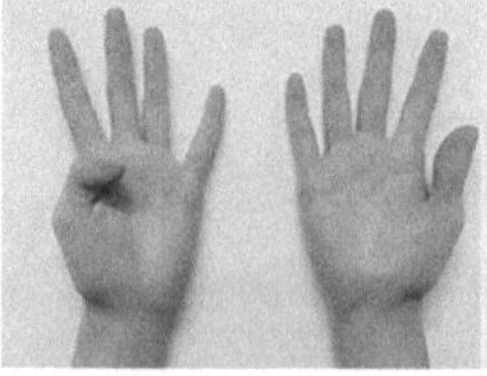

图 4-106

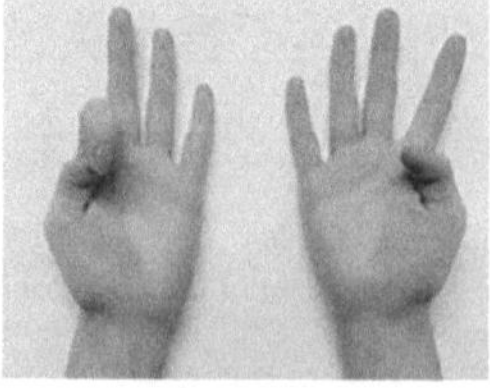

图 4-107

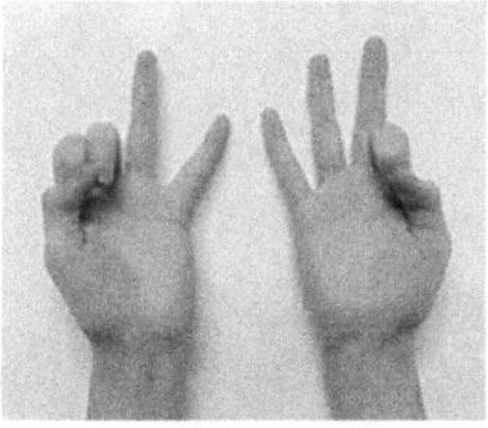

图 4-108

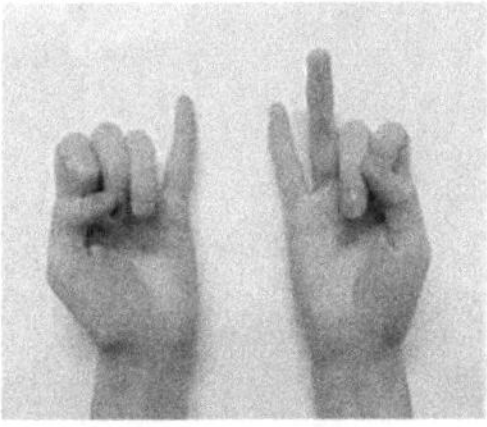

图 4-109

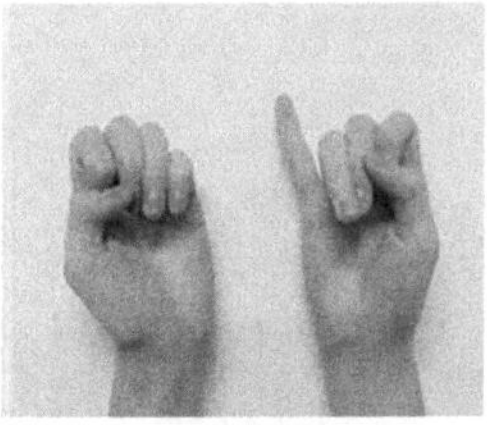

图 4-110

动作四:两手用力张开,然后握拳,左手大拇指握在内,右手大拇指握在外;左右手大拇指替换内外位置,即左手大拇指握在外,右手大拇指握在内。以上为一遍,可反复做。(见图 4-111 至 4-112)

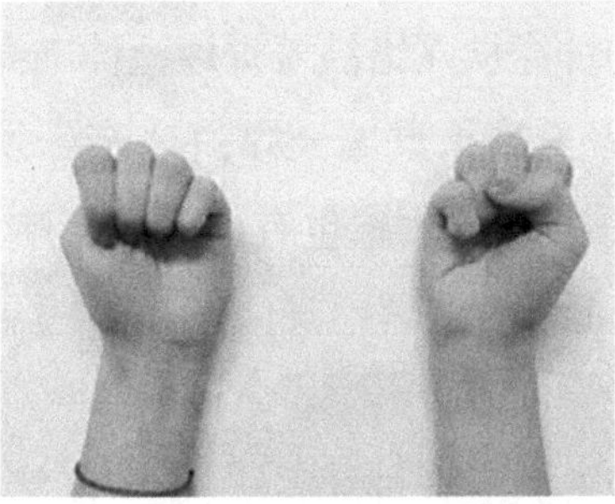

图 4-111

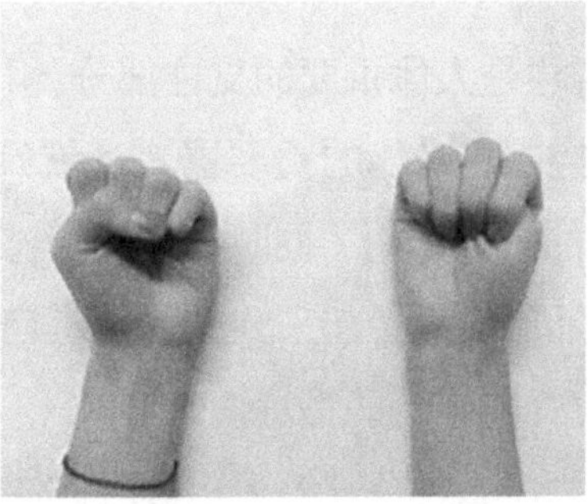

图 4-112

动作五:两手张开,大拇指指尖与食指指尖相捏;松开食指,大拇指指尖与中指指尖相捏;松开中指,大拇指指尖依次与无名指、小指指尖相捏。以上为一遍,可反复做。(见图 4-113 至 4-116)

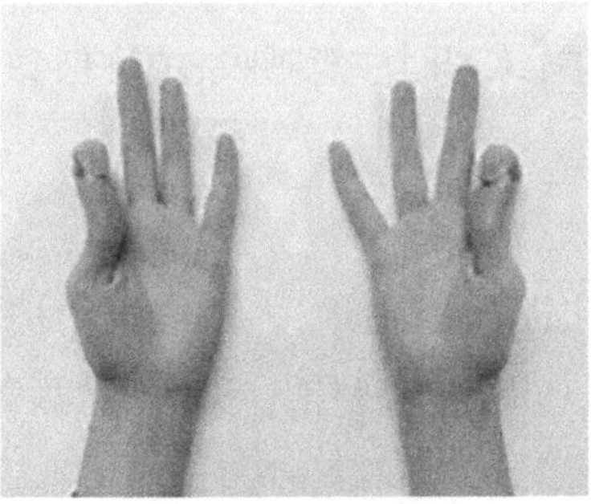

图 4-113

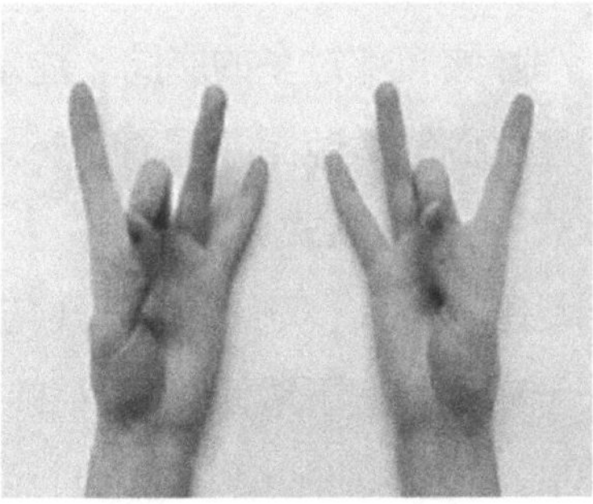

图 4-114

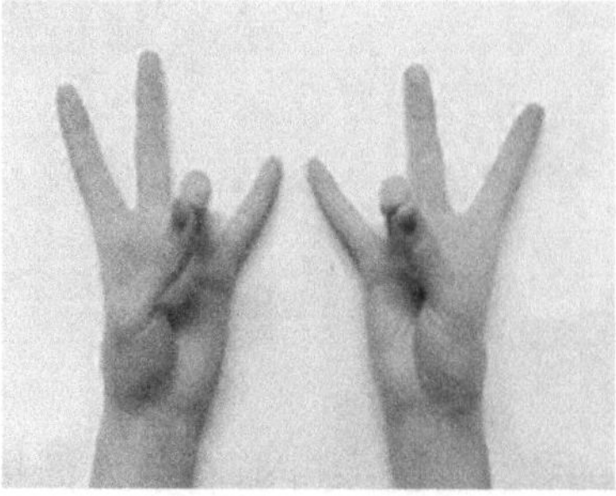

图 4-115

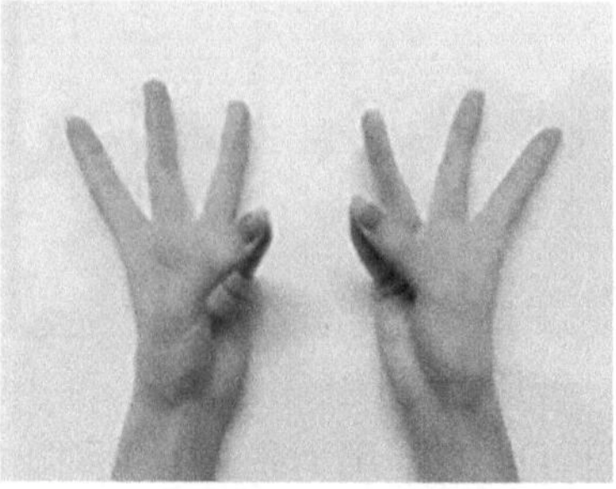

图 4-116

(四)五个瑜伽练习,赶跑含胸驼背

脊柱是人体重要的支柱部分,粗壮的神经从网络沿着脊柱延伸向身体各部位,控制着身体的重要器官。就好像房子的承重墙一样,有“牵一发而动全身”的重要作用。同时脊柱的形态对一个人的体态也有很大的影响,脊柱正直、延展使人看起来健康、挺拔、自信。因此,在学生身体发育阶段更应该加强对脊柱躯干的锻炼。

七大功效:经常练习这套瑜伽体式能够激活脊神经系统,稳定情绪;改善脊椎侧弯、强直的不良形态,增强脊椎的灵活性;平衡脊背两侧肌肉的收缩和伸展,消除含胸驼背,缓解腰背酸痛,对腰椎小关节错位有很好的修复效果;能积极刺激肠道蠕动,缓解便秘,有益消化系统功能;改善脊背的血液循环,有助于腹腔和盆腔的血液循环;能消除颈肩的酸胀感,放松肌肉,排除压力;有助于消除腰腹部过多的脂肪。注意事项:练习时注意呼吸,关注自身感受,练习强度达到舒适范围即可。

体式一:猫伸展式

四足跪姿进入,双腿双脚分开与肩同宽,脚掌蹬地,大腿垂直于地面,双手打开于肩宽垂直于地面,指尖朝前,吸气向上推高臀部,呼气屈肘两臂慢慢向前伸展,下巴胸部贴地。还原时,手掌依次推地还原成四足跪姿。建议重复完成两次练习。注重呼吸配合。

图 4-117　准备

图 4-118　呼气

体式二:猫扭转式。

四足跪姿进入,双腿双脚分开与肩同宽,脚掌蹬地,大腿垂直于地面,双手打开于肩宽垂直于地面,指尖朝前,吸气脊柱保持不动,呼气脊柱向左弯曲,头部和臀部偏向右侧,吸气时还原正位,呼气时反方向。建议重复完成三次练习。注重呼吸配合。

图 4-119　准备

图 4-120　呼气

图 4-121　反方向

体式三:门闩式。

跪立,左脚脚掌蹬地,将右脚向右侧迈开一大步,脚尖指向正右方,右脚内侧与左腿膝盖在一条直线上,上体直立,双手侧平举;吸气时保持不动,呼气身体向右侧弯,右手放在右腿上,左手向上,大臂贴耳,向左转头,透过大臂内侧看向上方;再有能力者,深呼气再向下至双手抓握脚踝。反方向动作相同方向相反。建议重复完成三次练习。注重呼吸配合。

图 4-122　准备

图 4-123　呼气

图 4-124　深呼气

体式四:骆驼式。

跪立,双脚打开与髋同宽,双脚脚掌蹬地,大腿肌肉上提,收臀收腹,双手扶髋,双肘内收,胸骨上提,双眼目视正前方,呼气,身体后弯,双手依次放在双脚上,头在脊柱的延长线上,胸腔打开,髋部与膝盖在一条直线上垂直于垫面。建议重复完成三次练习。注重呼吸配合。

图 4-125　准备

图 4-126　呼气

体式五:三角扭转伸展式。

双脚分开约一腿长,初学者可以距离小一点,吸气延展脊柱,双手侧平举,掌心朝下,转左脚向左 90 度,膝盖与脚尖同向,右脚向左转 45 度。呼气,躯干向左向下扭转,带动右手掌抓握左脚脚踝,左臂向上伸直,双手臂成一条直线垂直垫面,转头眼睛看上方手指尖的方向,伸展肩部。反方向动作相同方向相反。建议重复完成三次练习。注重呼吸配合。

图 4-127　准备

图 4-128　呼气

(五)打通全身关节气血,提高免疫抵抗病毒——关节操

这套操能激活全身气血运行,让身体各个部分快速发热;刺激关节滑膜液的分泌,润滑关节,预防关节僵硬,增强全身关节的灵活性;锻炼关节周围的小肌群力量,更好地保护关节稳定;缓解肩部、颈部紧张导致的疼痛;充分扩展胸腔,增加两肺的气体交换,拉伸肩、胸肌群;消除整条脊椎的僵硬,强化躯干两侧的伸展,缓解腰背酸痛;瑜伽音乐还能缓解焦躁情绪,放松心情。

动作一：灵活颈椎。

头部左右扭转8次，左右侧屈8次，再向后向前屈8次，最后还原回正。

动作二：灵活手指。

两臂前举，用力伸展和抓握手指，大拇指在内，四指扣紧大拇指，做8至10次。

动作三：灵活手腕。

手腕上下屈伸8-10次，握拳顺时针转动8至10次，然后再逆时针转动8至10次；两手掌心相对，推展手腕。

动作四：灵活肘关节。

握拳，保持两拳滚动不分开，交替做肘关节的向内、向外绕环，练习8至10次。

动作五：灵活肩关节。

五指用力分开，手臂伸直，向前向上向后做绕环练习8至10次，然后再向后向上向前绕环8至10次。

动作六：灵活胸椎。

两手臂在胸前平屈，随呼气向后平振2次，吸气自动还原，然后直臂经前向侧打开，充分扩展胸部，深吸气。以上动作交替练习8至10次。

动作七：灵活腰椎。

吸气左臂经侧上举，呼气躯干向右缓慢地侧弯，吸气躯干和左臂还原，右臂上举，呼气躯干向左缓慢侧弯。以上动作交替练习8至10次。

动作八：灵活脊椎。

两脚分开比肩稍宽，微屈膝，稳定住骨盆，吸气两臂侧举，呼气向左扭转脊柱，吸气还原，呼气反方向，以上动作交替练习8至10次。

动作九：灵活髋关节。

两脚分开比肩稍宽，双手叉腰，顺时针转动骨盆8至10次，再逆时针转动骨盆8至10次，最后还原回正。

动作十：灵活脚趾脚腕。

左脚支撑站立，右脚向前下方伸出，先上下屈伸踝关节8至10次，然后顺时针转动8至10圈,再逆时针转动8至10圈,换另外一只脚再练习。

动作十一:灵活膝关节。

两脚分开与肩同宽,脚尖微微外展,双手扶膝,呼气柔和地屈膝下蹲,吸气伸直膝,交替这样练习8至10次。

动作十二:灵活膝、髋关节。

两脚分开一腿宽,脚尖微微外展,手臂前举,呼气屈髋屈左膝向左移重心,右腿伸直,吸气柔和地站立,呼气向右移重心下蹲,左腿保持直膝,以上动作交替练习8至10次。

最后两脚依次收回还原至直立,调整呼吸,放松全身。

(六)七个体式疗愈身心,居家健身——体前屈

1. 安全注意事项

空腹状态下练习是最安全的;这7个体式并非适合每个人,腘旁肌撕裂所有体式不能练习;如果有腰背损伤或高血压者可以选择★或★★的3个体式进行练习;因为每个人都有自身的局限性,应避免生拉硬拽,做到自我感觉舒适稳定的限度内即可;练习时专注在身体的感受上,每一步的深入都跟随呼吸而进;柔软有弹性的衣服更能伸展自如和放松。

2. 体式的难度、益处与禁忌

(1)靠墙倒箭式★

放松双腿和双脚,消除腿部的肿胀,帮助血液回流,缓解静脉曲张引起的疼痛和压力,轻柔地伸展腿后肌群,加强髋的屈曲,让紧张的心能够得到快速平复。

(2)仰卧上举腿★★

温和地加强腿部前侧力量,适度拉伸脚掌、跟腱、小腿和腘绳肌,放松腰背。

(3)靠墙坐立山式★

依靠地面和墙的承托可以获得整个脊柱和腘旁肌的伸展。

(4)顶峰式★★★

较强的伸展腰背臀部和两腿后侧肌群,平静头脑,稳定情绪;缓解腰腹气虚、乏力,肠胃虚弱胀气。

禁忌:女性生理期不要做。

(5)下犬式★★★

较强烈的拉伸两肩和两腿韧带,强化背部力量,矫正驼背,改善消化功能,缓解腰背痛,改善失眠,给予头部和面部更充沛的血液。

禁忌:女性生理期不要做。

(6)双腿背部伸展式★★★★

增进消化和生殖系统的功能,让整个背部和双腿得到伸展并恢复活力,缓解紧张和压力。

禁忌:有椎间盘突出症或坐骨滑囊炎的不要做。

(7)站立前弯★★★★

放松大脑并缓解紧张和焦虑,按摩肝和肾脏,伸展脊柱、臀部和腿后肌群,缓解脊骨间的压力,激活脊神经;减轻头痛和失眠,平静内心。

禁忌:足底筋膜炎、椎间盘突出症、坐骨滑囊炎、女性生理期不要做。

(七)三个后弯一个扭转,让脊柱充满力量

这套体式练习的益处是延展脊柱、激活脊神经系统,舒缓神经、调节身心;增强后背部力量、缓解颈部疲劳、促进头部血液循环,强化肺部功能;平衡脊背两侧肌肉的收缩和伸展,消除含胸驼背,缓解腰背酸痛,对腰椎小关节错位有良好的修复效果;有助于灵活脊柱、刺激肠胃运动、缓解便秘、排除多余水分和盐分、消除水肿;改善脊背的血液循环,有助于腹腔和盆腔的血液循环;加强肺活量、治疗哮喘、支气管炎等疾病。

体式一:桥式。

仰卧在垫子上,身体放松,双手放于身体两侧,掌心向下;屈双膝,将双脚后踩在地面上,分开双腿与髋同宽,脚后跟尽量靠近臀部。呼气,臀部向上发力,将臀部、腰椎、下背部依次发力离开地面,呼气,缓缓地松开双手,下背部、

腰椎、臀部一次缓慢落地。

图 4-129　桥式

体式二：鱼式。

仰卧，双手掌心朝下放于身体两侧，脚尖向前伸直，吸气，胸部微微上提，稍抬起腰背，将双手置于臀部下方。呼气，手肘推起上身，肩膀往后打开；再次呼气时，头缓慢向后仰，下巴拉高，眼镜看向后，胸部向上挺，身体进一步向后仰，至头部着地，注意力在腰部，肩胛骨在后面夹紧，保持 3 至 5 次呼吸的时间。

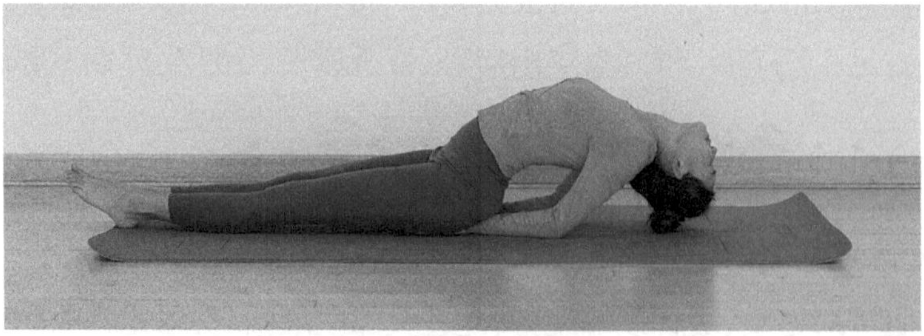

图 4-130　鱼式

体式三：骆驼式。

跪立在垫子上面，手扶骨盆，吸气，由上背开始，慢慢把身体向后弯，收紧大腿股四头肌、臀部和腹部。脸朝着天花板，呼气，先把右手放在右脚跟上，手掌向下，手指向后，然后再把左手依同一方法放在左脚跟上。吸气，双手往脚掌方向用力，胸腔上提。盆骨和大腿与地面保持垂直。头部放松，保持呼吸自然。

图 4-131　骆驼式

体式四：脊柱扭转式。

坐在地面上，双腿向前并拢伸直，挺直腰背，弯曲右腿，抬起跨过左腿，上半身保持直立不动，两手分别扶住右大腿。吸气，抬起手臂；呼气，左臂抵住右腿膝盖，右手移到臀部后方，指尖点地，手臂伸直，脊柱和头部向右后方扭转，眼睛看向身体后方。

图 4-132　脊柱扭转式

(八)腰部健康操　赶走腰背痛

这套操是针对久坐、不良体态、运动过度等导致的各种腰背疼痛,精准选择瑜伽体式进行创编的,围绕脊柱的三个运动轴进行的动作设计,按照肌肉拉伸与力量强化、腰椎灵活与稳定相对应交替进行的结合方式,进行科学串联,每个动作既可以单独重复练习,又可以整套完整练习,对改善腰背的僵紧、疼痛都有很好的锻炼效果,工作学习之余,可以轻松解除腰背痛。

练习组数:如果选择单个动作练习,请按照整套动作顺序进行,每个动作可以重复练习 8 至 10 次,静态保持的时间根据个人情况可长可短,以体感舒适为准。如果您选择整套练习,可以每天练习 2 至 4 组。如果您有严重的腰损伤,请先咨询医生,再小心谨慎地练习。

1. 屈伸醒腰:两臂两腿垂直于地面,吸气凹背挺胸,呼气弓背含胸。

2. 扭转活腰:呼气躯干向侧方屈,并稍扭转看向臀部,呼气回正。

3. 跪撑挺腰:吸气右臂左腿向远延伸、腰挺直,呼气弓背收腹屈膝,静态保持时,手臂、躯干、腿成一条直线。

4. 扭转伸腰:呼气右臂从腋下向左伸,吸气躯干右转手臂外展向上,静态保持时,腰部伸展着扭转。

5. 飞翔强腰:腰部收缩胸抬起,腿部远伸上抬。

6. 坐立转腰:腿部屈膝脚踩地,吸气异侧手臂上举,呼气手臂抱腿,吸气手臂伸展,呼气向后旋转手撑地。

7. 仰桥固腰:呼气从臀部开始逐节抬起,吸气肩、背、腰臀逐节落地。

8. 锁腿松腰:呼气将大腿拉向腹部,两肩、腰、背和臀压住地。

9. 抱腿滚腰:手抱膝窝,腿做屈伸带动身体小幅度滚动,呼气抱膝坐,挺直腰背。

(九)晨起练瑜伽,增强免疫力

科学运动能增强免疫力。缺乏运动和运动过度都不利于免疫力的提高。因此,一天中不同的时间段,选择恰当的运动内容来练习是非常重要的。经过一晚的睡眠，晨起是白天脉搏最慢、血压最低的时候，也是一天中肌肉、关节和韧带最紧、最僵硬的时候，此刻如果做简单的全身伸展和较柔和的力量练习，能够安全有效地让心率逐渐加快，促进血液循环，加速机体的新陈代谢，有利于排除代谢后产物，达到增强机体免疫力的目的。

这是一套由 12 个动作组成的序列组合，围绕身体前后侧的伸展与收缩，全身上下交替起伏。对调节呼吸系统、强化心肺机能，增强机体免疫机能，增强上下肢力量，柔软全身有很好的锻炼作用。如果做得正确，练习者能感到身体逐渐发热、发汗，有利于消除晨起身体的僵硬，最适合清晨起床后练习。

1. 练习方法与注意事项

初学者可以先单个动作练习，熟练后按照整套动作顺序进行，每个动作保持 3 至 5 个呼吸，每天练习 6 至 8 组。初学者如果感到疲劳可在每组之间的胸前合掌调整 3 至 5 个呼吸。运动能力强者可适当增加练习组数，组间不休息。

身体僵硬者不必追求动作幅度，做到自身舒适程度即可；正确的呼吸配合非常重要，练习全程不要屏气和过度用力。

2. 动作步骤

(1)站立祈祷式：胸前合掌。

(2)手臂上举式：两臂伸展，扩展胸腹。

(3)站立前屈式：以髋为轴前弯，手触地。

(4)奔马式变体——奔马式变体 2：脚后撤，膝盖落地，胸腔上提。

(5)板式：双手撑地，身体成一条直线。

(6)八肢式变体：两膝、胸腔、下颚落地。

(7)眼镜蛇式：脊柱向上延展，双臂加紧。

(8)顶峰式：两臂、两腿充分推地，踩脚跟落地。

(9)奔马式变体：腿向前，膝盖落地。

(10)站立前屈式；脚蹬地向前并拢腿，前弯。

(11)手臂上举式；两臂带动躯干向上伸展。

(12)站立祈祷式:胸前合掌。

第八节 天体护眼操

疫情期间由天津体育学院的专家们研制,并经天津市教育委员会审定的“校园护眼操”在继承和发扬中小学生眼保健操的基础上,从机理穴位、身体部位、音乐和动作入手,共分9节,每节4个八拍,涉及头部、颈部的百会穴、攒竹穴、睛明穴、四白穴、瞳子髎穴、风池穴等穴位。

第一节 揉百会推胆经

动作提示:双手适度按揉百会穴,理胆经至耳朵上方即可。

图 4-133 揉百会推胆经

第二节 揉攒竹抹双柳

动作提示:按揉时双手拇指对称且同时着力,推行力度均匀持续,速度宜缓慢,切不可自外向内逆行。

图 4-134 揉攒竹抹双柳

第三节　按睛明松眼肌

动作提示：双肩处于放松状态，拇指用力均匀、循序渐进，双眼望向前下方。

图 4-135 按睛明松眼肌

第四节　按四白童子髎

动作提示：食指用力，适度均匀按揉四白穴，食指由眶下区推至太阳穴位置。

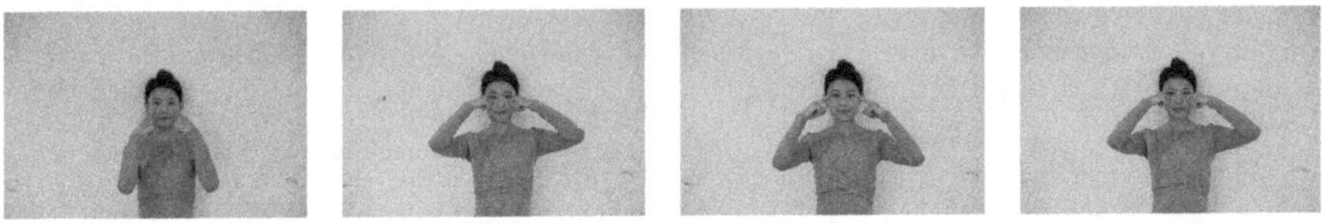

图 4-136　按四白童子髎

第五节　慢轮睛按肩井

动作提示：两肩自然下沉，按住一侧，眼球随头部运动轨迹转动。

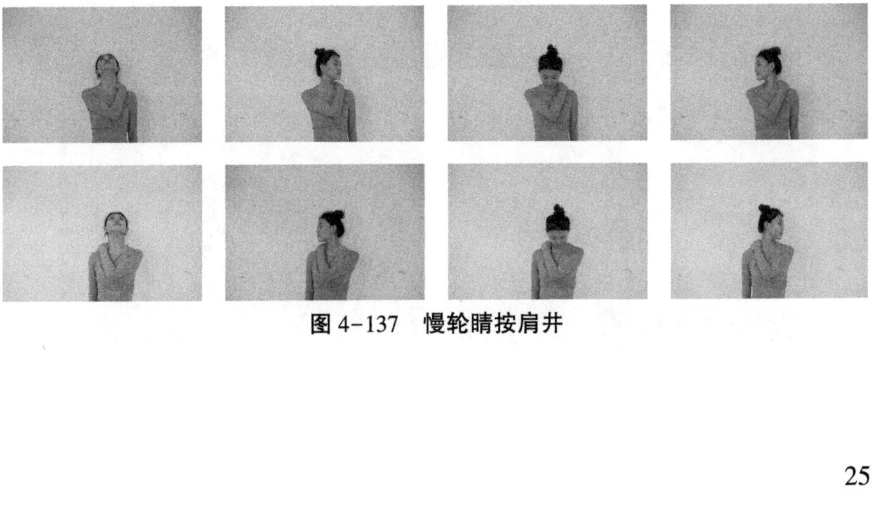

图 4-137　慢轮睛按肩井

第六节　抬玉枕按风池

动作提示:双肩同时发力按住风池穴,两肩放松平行。

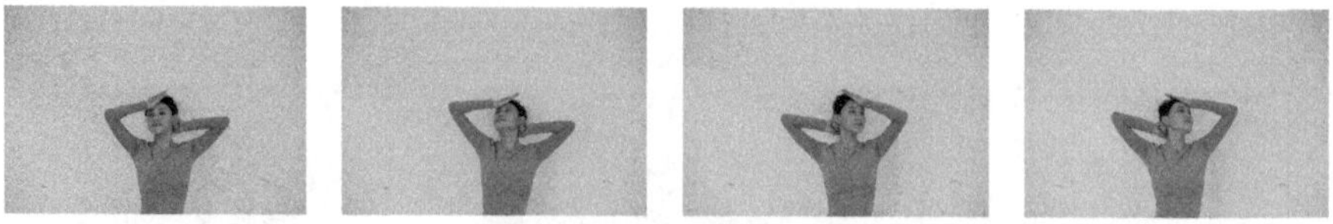

图 4-138　抬玉枕按风池

第七节　揉耳垂转头颈

动作提示:头部水平旋转,保持颈部直立,两肩与身体保持平行。

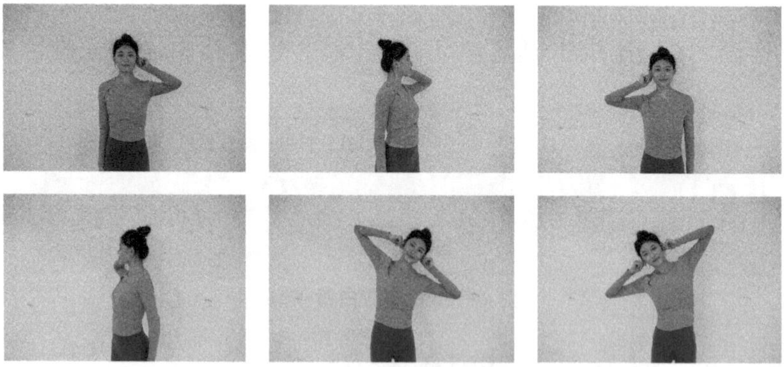

图 4-139　揉耳垂转头颈

第八节　提踵眺落看掌

动作提示:两脚开立与肩同宽,提踵慢抬慢落,身体保持直立。

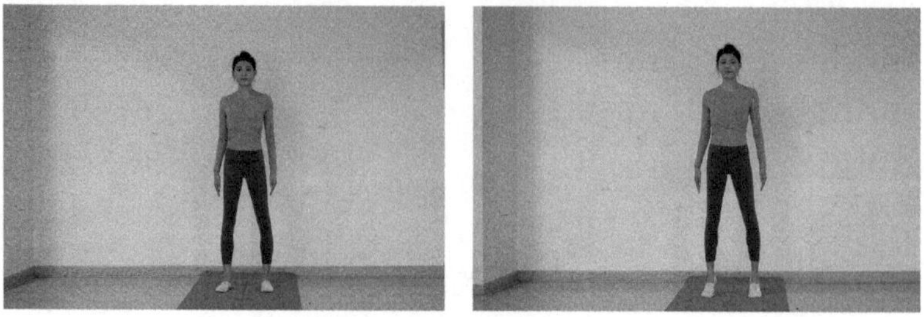

图 4-140　提踵眺落看掌

第九节　托天顶理三焦

动作提示：两肩放松下沉，双脚开立与肩同宽，保持髋关节位置不动，水平方向转动上体。

图 4-141　托天顶理三焦

后 记

仲夏始,仲秋实,五年更迭,三载新冠。

由天津市哲学社会科学规划立项的研究项目《大数据背景下天津市中小学"大课间体育活动互联网+"建设研究》(项目批准号 TJTY17-007)经过课题组成员的共同努力终于以《互联网+大课间体育活动设计与实践》一书完成了研究任务。回首细思,走过的路虽艰苦却步步扎实。从 2009 年加入北川中学支教团队开始,花了许多时间关注和思考体育大课间的"事",从如何整理挖掘民族民间传统元素,到如何创新内容、形式、路径、方案;从思考我要怎样做好,到我怎样做能让更多人获益。经过几年的实践积累,最初的理念、设想和具体的成果在五年间得到了宝贵的检验。特别是在历经了公众号的创建、小程序的创设后,在学校的引领和支持下,诸多专家学者为平台的构建和建设贡献了智慧与力量。在此诚挚地感谢孙延林教授、岳游松教授和赵培军副教授的鼎力支持。也要感谢邱地秀、马明阳、赵光明、郑艺、董雨瑾、李小龙、李佳庆、牛宣宣等 8 位研究生跟随我一起完成了调查研究和制作视频、照片、二维码等工作。

回顾研究过程,还有许多有待进一步深入思考和探究的内容,我将继续努力,也愿接受各位专家学者和读者朋友们提出的宝贵意见与建议。

最后,衷心希望在精彩纷呈的大课间体育活动内容中,体育老师、家长和学生们能从中获益,为学生们的身心健康创造美好的运动体验。